世界の経営学者はいま何を考えているのか

入山章栄
ニューヨーク州立大学バッファロー校
アシスタント・プロフェッサー

知られざるビジネスの知のフロンティア

英治出版

この本を手にされた方へ

この本は、世界のビジネススクールの最前線にいる「経営学者」たちが取り組んでいる研究、その「知のフロンティア」をわかりやすく、まるでエッセイを読むように、気軽にみなさんに知ってもらうことを目的としています。

私はニューヨーク州立大学バッファロー校のビジネススクールでアシスタント・プロフェッサーをしています。現在アメリカのビジネススクールで活動している、数少ない若手（というほど若くもないですが）の日本人経営学者の一人です。

さて、その私がアメリカのビジネススクールに籍をおきながら日本のビジネスマンや経営学に関心のあるみなさんと交流させていただく中で、とても驚いたことがあります。それは、世界の経営学者のあいだで議論されている「経営学の知」が日本のみなさんにあまりにも知られていない、ということなのです。

このことについて私が痛烈に問題意識を持つようになった理由は二つあります。

第一に、海外のビジネススクールのプロフェッサー（教授）が第一線で経営学をどのように発展させようとしているのか、経営のどのような疑問をどのように解明しているのか、そしてそれはみなさんの役にも立つのか……そういったことは日本のみなさんにももっと知られてもよいのではないか、と思ったからです。

日本には欧米のビジネススクールでＭＢＡ（経営学修士）を取得した方々が多くいらして、彼らが書いた経営のハウツー本が多く出版されています。しかし考えてみてください。そのＭＢＡホルダーの方々はビジネススクールの授業で教授から経営理論や分析ツールを習ったわけです。ではその当の教授たちはどうやってその知見を得たかというと、それは彼ら自身の研究を通じてにほかなりません。

ビジネススクールの教授の本業は、教育と研究です。とくに欧米の上位のビジネススクールにいる大部分の教授は博士号を持った研究者であり、彼らは研究を通じて経営学の知を発展させ、そこで得られた知見をＭＢＡなどの授業を通じてみなさんに還元しているのです。

だとすれば、世界のビジネススクールの教授すなわち経営学者たちが、今そのフロンティアでどのような研究をしているか、彼らが何を論争していて、どんなことがわかっているのかは、みなさんもとても関心のあることなのではないでしょうか。

第二の理由は、誤解をおそれずに申し上げれば、日本の多くのみなさんがなんとなくイメージされている経営学と、海外で学者たちが今発展させている経営学の研究のあいだには隔たりがあるのではないか、と私が感じているからです。

本書では、世界の経営学のフロンティアでは今どのような知見が得られているかをわかりやすく紹介していきます。そしてみなさんは、本書で語られることが、普段みなさんが漠然と「経営学」と思っていたものとかけ離れていることに驚かれるかもしれません。

今、経営学ではグローバル化がすさまじい勢いで進展しています。

最近はアメリカやヨーロッパだけでなく、中国、インド、シンガポール、韓国、台湾などのアジアの経営学者、そして南米やオセアニア、さらには中東の研究者までもが、グローバル化された同じ土俵の上で研究をするようになってきています。彼らは経営学の共通の理論基盤をもち、共通の分析手法で、英語という共通言語を用いて研究を進め、国際的な上位の学術誌に論文を発表することを目指して激しい競争を演じているのです。

そしてその中から、キラ星のごとく優れたスター経営学者たちが登場し、めざましい勢いでそのフロンティアを前進させています。経営学のことを多少ご存知の方なら、欧米の経営学者というとマイケル・ポーターやヘンリー・ミンツバーグといった大御所の名前が思い浮かぶかもしれません。しかしそのような時代は昔のことで、今や世界の経営学はもっともっと先に進んでいるのです。

では、なぜこのことが日本では知られていないのでしょうか。

私は、その一つの理由は、国際的な舞台で活動している日本人の経営学者の数がとても少ないことに起因していると考えています。

たとえば世界最大の経営学会であるアカデミー・オブ・マネジメントの二〇一二年の年次総会はアメリカのボストンで行われましたが、そこに世界八五カ国から参加登録のあった九三六九人のうち、日本からの参加者は四一人に過ぎませんでした(1)。

他方でイギリスからは六四一人、ドイツからは四〇六人、フランスからは二六九人、アジアでは韓国から一一一人、台湾から一七九人、そして中国本土と香港からは三五三人が参加しています。加えて、欧米のビジネススクールには韓国人や中国人の教授が多く在籍しており彼らはその数に含まれていませんから、日本を除いたアジア人の参加者は実際にはもっと多いはずです。

ここで誤解のないように、二点述べさせてください。

(1) 参加者数の情報は、同年次総会のプログラムにもとづいています。

第一に、今国際的なレベルで活躍されている日本人の経営学者がまったくいないわけではありません。本書で紹介する機会はないのですが、日本の大学にも、また海外の大学にも、私も尊敬するとても素晴らしい業績を残されている方が何人もいらっしゃいます。

とはいうものの、やはりその総数は少ないと言わざるをえません。おそらく私の関心のある分野でいえば、毎年コンスタントに国際的な学会に参加して論文を発表したり、国際的な学術誌に論文を投稿している日本人は、私のようなかけ出しの若手も含めて、両手で数えて足りるほど、多く見積もっても二〇人ぐらいでしょう。

第二に、私はこの状況が良いとか悪いとか言っているのではありません。海外では活動されていなくても、日本国内で素晴らしい研究をされている経営学者の方々は言うまでもなく数多くいらっしゃるからです。私自身もそういった方々の優れた研究から影響を受けることはとてもよくあります。

しかしそういった方々の多くは、どちらかというと国内の学界を中心に活躍されており、なかなか海外の学界でコンスタントに活動される方は少ないようです。私にはその理由はわからないのですが、第二章で見るように欧米と日本の経営学では主要な研究アプローチが異なることや、そもそも国内の学界が十分に充実しているということがあるのかもしれません。

いずれにせよ、私が感じている問題意識は、良くも悪くも日本から国際的な経営学のアカデミアに参加する人が少ないために、結果として、みなさんも本当は関心があるはずの「世界の経営学のフロンティアで何が議論されているか」が日本ではほとんど知られていないのではないか、ということなのです。

私は博士号をとって間もないかけ出しの研究者ですが、世界の経営学のド真ん中で悪戦苦闘している最中ですので、今その知のフロンティアで何が起きているかだけは、よく知っているつもりです。本書でその一端をわかりやすく紹介することで、みなさんに新しい知見を得ていただいたり、日頃のビジネスを考える上でのヒントを提供したり、あるいは同僚にウンチクを傾ける材料にしてほしいのです。

この本の読み方は自由です。寝ころがって読んでも、通勤電車の中で読んでも大丈夫です。この本は学術書のようなややこしい書き方を一切せず、統計手法などの説明は避けて、エッセンスだけをエッセイのように書いているつもりです。

本書の構成ですが、まず第一章から第三章で世界の経営学の全体像をまとめています。とくに第一章は目を通してみてください。第二章と第三章も先に読んでいただくと全体像がつかみやすくなりますが、とばしてしまって先に第四章以降の各論に進んでも大丈夫です。第四章以降は、世界の経営学のフロンティアの研究トピックを紹介しています。順番に読んでも、自分の興味のある章から読んでもかまいません。

私は、みなさんがこの本を読んでいろいろな感想をお持ちになることを期待しています。まず、みなさんの知らなかった世界の経営学のフロンティアの知見が少なからず得られることは受け合います。そこからみなさんのビジネスへの示唆も得られるかもしれません。あるいは逆に「海外の経営学者はこんなこともわかっていないのか」とか、「こんな役に立たない研究をしてどうするんだ！」といった感想もあるかもしれません。それも私は大歓迎です。この本を通じて、世界の経営学の知のフロンティアの一端にふれていただき、みなさんの知的好奇心を少しでも刺激するのに役立てばいいな、と思っています。

では、まずはみなさんが世界の経営学に対しておそらくお持ちになっている「三つの大きな勘違い」からお話しすることにしましょう。

世界の経営学者はいま何を考えているのか◉目次

＊本文内は特別に明記しないかぎり、敬称略とします。
＊本文内で紹介される経営学者の所属先は、特別に明記した場合を除いて、論文が発表された時点でのものです。

PART

I

これが世界の経営学

第1章

経営学についての三つの勘違い

本章では、アメリカのビジネススクールの教授の実態について、日本の多くの方々が勘違いしているのではないかと私が感じていることを述べたいと思います。

私はビジネススクールの職について間もないかけ出しの経営学者です。しかしその私でも、日本のみなさんがアメリカのビジネススクールや経営学について抱いているイメージとその実態のあいだに、大きなギャップがあることを痛感せざるをえません。

本章では、そのような「勘違い」の中でも、特筆すべき三つの点をお話しすることにします。なお、ここでお話しすることの多くはヨーロッパにも当てはまる可能性が高いと私は思っていますが、それらの国の事情に完璧に精通しているわけではないので、あえてアメリカに話を限定しておきます。

アメリカの経営学者はドラッカーを読まない

本書を手にされる方の多くは、ピーター・ドラッカーの名前はご存知でしょう。言うまでもなく「経営学の父」とさえ呼ばれる大思想家です。「もしドラ」[1]の大ヒットに象徴されるように、日本人ほどドラッカーが好きな国民はいません。日本の書店のビジネス書コーナーに行くと、さまざまなドラッカー関連の著作がところせましと並んでいます。

経営学にさほど関心のない方々の中には、「欧米の経営学の代表とはピーター・ドラッカーの考えのことだ」と思われている方もいらっしゃるのではないでしょうか。

正直なところ、日本のドラッカー・ブームは私にとっては驚き以外のなにものでもありません。なぜなら、私はアメリカに来てから九年が経ちますが、その間研究のためにドラッカーの本を読んだこともなければ、大学院の授業でドラッカーについて議論したことも大学の同僚とドラッカーの話題になったことも一度もなかったからです。

さらにこれは確信を持って言いますが、アメリカの経営学の最前線にいるほぼすべての経営

(1) 岩崎夏海『もし高校野球の女子マネージャーがドラッカーの『マネジメント』を読んだら』(ダイヤモンド社、2009年)

学者は、ドラッカーの本をほとんど読んでいません。

もう一度くり返します。アメリカの経営学者、少なくとも私が知る範囲で、たとえば『ビジネスウィーク』などのランキングでトップ五〇〜七〇位ぐらいまでに入ってくるような上位・中堅クラスの研究大学で、経営学の本としてピーター・ドラッカーの著作を普段から読んでいる教授はいません。

もちろんドラッカーは世界的な有名人ですので、何冊かであれば彼の本を読んだことのある経営学者もいるはずです。しかし少なくとも、ドラッカーの考えをもとに研究をしている、という経営学者はいません。いや、もしかしたら、そういう方が奇跡的に一人か二人ぐらいいるかもしれませんが、残念ながら私はそういう人に出会ったことがありません。

むろん、私はピーター・ドラッカーの著作、あるいはそれを読んでいる方々を批判するつもりは毛頭ありません。それどころか、実は私もドラッカーの「名言」は示唆に富むところが多いなあ、といつも感じ入っているのです。「未来を予測する最良の方法は、未来を創ることだ」という彼の言葉は私も大好きですし、「成果とは、そこに失敗を許す余地がなければならない」という言葉はいつも失敗ばかりしている私の心の支えになってくれています。

おそらく、（私も含めて）日頃仕事の問題に直面して悩んでいる人たちにとって、ドラッカーの言葉は何かしらのヒントを与えることが多いのでしょう。ドラッカーの言葉を通じて、みなさんが自分の仕事やキャリアへのヒントを得られるのであれば、それは素晴らしいことだと思います。日本にはドラッカーの名言を研究する会もあるようですが、それもとても素晴らしい試みだと思います。

ただ私が確実に言えることとは、アメリカのビジネスクスクールの教授の大半は、ドラッカーの本を「学問としての経営学の本」とは認識していないし、研究においてもドラッカーの影響は受けていない、ということです。もしみなさんの中に、「アメリカのビジネススクールの教授たちの多くはドラッカーの影響を受けている」とか、ましてや「彼らはドラッカーの研究をしている」と想像されている方がいたら、それはとんでもない誤解である、と言いたいのです。

なぜアメリカの経営学者はドラッカーに興味を持たないのでしょう。あくまで私の推論になりますが、おそらくドラッカーの言葉は「名言ではあっても、科学ではない」からではないでしょうか。

世界の経営学は科学を目指している

これは本書を通じて私がみなさんにお伝えしたい大きなテーマの一つなのですが、世界の経営学者のあいだでは、経営学は社会科学の一部であるということが重視されているのです。より正確には「社会科学になることを目指して研究者が日夜奮闘している発展途上の分野」というべきかもしれません。

大学とは教育の場であると同時に研究の場でもあります。科学分野における学者の重要な仕事の一つは、科学的な研究を通じて分析・発見・確認されたことを、教育を通じて社会に還元していくことです。したがって、ビジネススクールにいる経営学者のするべき仕事とは、「企業経営を科学的な方法で分析し、その結果得られた成果を、教育を通じて社会に還元していく」ことであると、アメリカの主要なビジネススクールでは考えられているのです。

では、そもそも科学とは何でしょう。

人によっていろいろな定義があるとは思いますが、それは「世の中の真理を探求すること」である、ということに異論はないでしょう。

そして真理の探究のためには、可能なかぎり頑健な理論を構築し、それを信頼できるデータと手法でテストすることが何よりも重要です（詳しくは次章をお読みください）。これは、他の科学分野、たとえば物理学や化学、あるいは経済学でも同じことです。

そして、これは「企業経営の真理」を探究することを重視しているアメリカの経営学者が目指していることでもあるのです。

誤解をおそれずにいえば、ドラッカーの言葉は、名言ではあっても科学ではないのです。たしかにドラッカーの言葉一つ一つには、はっとさせられることが多くあるかもしれません。しかし、それらの言葉はけっして社会科学的な意味で理論的に構築されたものではなく、また科学的な手法で検証されたものでもありません。

アメリカの経営学者は、自分の経験や思いつきだけで、たとえそれが名言のように聞こえても、それらをビジネススクールの教育に反映させることをよしとしません。なぜならそれらは科学的に構築・検証されたものではないので、「真理に近くない」可能性が大いにあるからです。

私は、これがドラッカーとビジネススクール教育の決定的な差だと思っています。「アメリカの経営学＝ドラッカー」と今まで勘違いされていた方には、ぜひこの点をわかっていただきたいのです。

くり返しですが、私はドラッカーを否定するわけではありません。それどころか、「これだけドラッカーの言葉に注目が集まるということは、彼の数々の名言を科学的に咀嚼《そしゃく》して、経営学に反映させることも重要なのかもしれない」とすら考えています。実際、ドラッカーの本は他の多くの経営学者が書いた本よりも売れているのですから、それだけみなさんの心に響いているわけです。

アメリカのクレアモント大学のビジネススクールは、まさにその名もドラッカー・スクールといい、私の知るかぎり全米で唯一ドラッカーをまじめに研究しようとしているところです。私は、この大学の研究成果がドラッカーと既存の「科学を目指している経営学」を結びつけることができるのであれば、それは素晴らしいことであると期待しています。

ただし、もしみなさんがクレアモント大学以外のアメリカのビジネススクールに行って、「私はドラッカーを勉強することに関心があります」と言っても、かなりの確率で怪訝な顔をされるであろう、ということは付言しておきましょう。

ハーバード・ビジネス・レビューは学術誌ではない

二つ目の大きな勘違いは、『ハーバード・ビジネス・レビュー』(2)（以下、ＨＢＲと書きます）を経営学の学術誌（アカデミックジャーナル）だと認識されている方が少なくないことです。

これも誤解をおそれずにいえば、ＨＢＲはけっして経営学の「学術誌」ではありません。

なぜでしょう。これはまさに先ほどのドラッカーと同じ理由です。ＨＢＲに掲載される論文に

(2) 日本版は『DIAMOND ハーバード・ビジネス・レビュー』としてダイヤモンド社から刊行されています。

は、学者が紹介する経営分析の新しいツールや、最新の企業戦略の動向などは語られていますが、それらの科学的な分析の仔細《しさい》が報告されているわけではないからです。

実は、アメリカのビジネススクールの経営学者にとって、HBRに論文を載せるということは重要な業績にはならないことが多いのです。

たとえば、私のいるニューヨーク州立大学バッファロー校では、教授が論文を載せるべき学術誌に「A」「Aマイナス」「B」といった明確なランキングがあります（このようなランキングはアメリカのほぼすべての研究大学にあります）。通常は、上位の大学ではAか最低でもAマイナスランクの学術誌に論文を掲載しないと、学者として実績がないとみなされ、出世できません。そしてHBRは、私の大学の基準ではBランクにも入っていないのです。

ここまでの話を読んだみなさんには誤解しないでいただきたいのですが、私はHBRに意味がないと言っているのではありません。それどころか、HBRは経営学にとってたいへん意義のある、そしてみなさんにもぜひ読んでいただきたい雑誌なのです。

なぜでしょうか。それは、HBRでは、経営学者が研究してきたその蓄積を、現実に応用しやすいようにわかりやすく組み直した「意思決定・企業分析のためのツール」が紹介されているからです。

アメリカの経営学者は、日々、科学的な分析手法で研究を重ね、その成果をトップクラスの学術誌に載せようとしています。しかし、それらの研究論文は学者の世界でだけ通用する特殊な用語を使い、そして多くは複雑な統計分析を駆使していますから、研究者以外のみなさんが読んでおもしろいものではありません。

HBRで発表される論文のすべてではありませんが、その多くは、各分野の代表的な研究者たちが自分の専門領域の研究の蓄積の上に得られた成果をもとに、それらの成果を経営の実践に応用してもらうにはどうしたらいいかを、ビジネスパーソンの方々に伝えることを目的の一つとしています。すなわちHBRとは、研究を積み重ねる経営学者と、実社会で活躍するみなさんの接点の場なのです。

アメリカの経営学者もHBRを読むことはよくあります。なぜなら、ここで発表されている論文の多くは、すでに積み重ねられた研究の成果を実践に応用するために書かれていますから、ビジネススクールの授業で学生に紹介するのに最適だからです。欧米でMBAをとられた方の中には、教授からHBRの論文を読むように勧められた経験のある方も多いのではないでしょうか。

そして本書でも、数は多くありませんが、HBRに掲載された素晴らしい論文をいくつか紹介し、それが他の「学術的な研究」とどう関わっているのかも解説します。

しかしくり返しですが、ＨＢＲに論文を載せることはけっしてアメリカの主要な大学にいる経営学者の本業ではありません。彼らの本業は、できるだけ科学的な手法で経営の真理に近づくためのフロンティアを切り開く研究を行い、その理論や分析結果を「学術誌」に載せることなのです。

それでは、その「フロンティアではあるけれど、一般の人が読んでも退屈な堅苦しい学術誌」に載っている論文の内容は、学者以外のみなさんが知るには値しないものなのでしょうか。もちろん、そんなことはありません。

実は、それこそが本書のねらいなのです。

この本では、ＨＢＲの論文は数本しか紹介されず、そしてドラッカーは一切登場しません。そのかわり本書では、みなさんが普段目にされることのない、アメリカの、そして世界の経営学者がまさに本業として日々奮闘しながら分析・投稿・掲載している「社会科学としての経営学」の研究が、いかにおもしろいことをやっているか、いかに挑戦的なことを試みているか、あるいは（みなさんの眼から見れば）いかにバカバカしいことをやっているか、その知のフロンティアの一端を知っていただきたいのです。

よい授業をしても出世などできない

みなさんの中には、ビジネススクールの教授というと、大きな教室の壇上でパリッとしたスーツを着て生徒と議論をしている姿を想像する方も多いでしょう。実際、ビジネススクールの教授にとって、研究と教育の二つがもっとも大切な仕事であることは言うまでもありません。

しかし、実はアメリカのビジネススクールの経営学者たちにとって教育（ティーチング）は、研究と比べればさほど重要ではないのです。

実際のところ、アメリカの上位・中堅のビジネススクールの多くでも、経営学者は「ある程度のレベル」のティーチングをすることは求められます。

アメリカの大学では、生徒が授業の内容や教授のティーチングの仕方をさまざまな角度からポイント制で評価します。それなりに生徒を満足させる授業ができないと、私のような若手はクビになる可能性もあります。とくにビジネススクールは、他の学術分野よりもティーチングへの要求度が高いことはまちがいありません。

しかし、「ある程度のティーチング」はあくまで最低条件であって、出世に決定的に重要なのは、やはり研究業績なのです。

たとえば、アメリカの大学はアシスタント・プロフェッサー、アソシエイト・プロフェッサー、フル・プロフェッサーの三段階制ですが、上のポジションに昇格するために決定的に重要なのは、前述の「上位ランクの学術誌に何本論文を載せたか」がほぼすべてです。学生からのティーチングの評価は「教授全体の平均ぐらいか、あるいは多少下でもかまわない」といった程度でしょう。

なぜなのでしょう。もはや言うまでもないかもしれません。経営学者たちにとって重要なことは、研究を通じて経営学の知のフロンティアを切り開き、発展させることだと考えられているからです。そしてアメリカの上位の大学は、研究で世界をリードしたいと考えていますから、そこにいる学者には優れた研究業績を残すことが何よりも期待されているのです。

念のためですが、私はビジネススクールの教授がティーチングに熱心でない、と言っているわけではありません。私の知るかぎり、むしろ多くの経営学者はたとえそれが出世にそれほど重要でなくとも、ティーチングに全力で取り組んでいます。私もティーチングは大好きですし、学生に学んでもらうことにはとても幸せを感じます。

しかし他方で、ティーチングが研究の負担になると不満をもらす人がいるのも事実です。実際、アメリカではビジネススクールのあいだで頻繁に教授が移籍しますが、その契約交渉の際の重要な条件は、第一に金銭的な報酬であり、第二に「どれだけティーチングの負担が少ないか」であったりするのです(3)。

(3) なお、ここでお話ししたことは、アメリカの中でも、たとえば『ビジネスウィーク』のランキング等で比較的上位（たとえば上位100位ぐらいまで）に入っているような大学のビジネススクールのことである、とご理解ください。それよりも規模の小さい大学のビジネススクールでは、研究が重視されないところも多くあります。

経営学者のしていることは正しいのか

本章をここまで読んで、みなさんはどのような感想をお持ちになりましたか。もしかしたら「自分の想像とまったく違う」と驚かれた方もいらっしゃるかもしれません。しかし、ここまでお話ししてきたことは、私がアメリカで経営学研究の世界に入ってこれまで見てきた紛れもない実態なのです。

アメリカのビジネススクールの教授は「研究にとても力を入れている」、「ドラッカーなど関心がない」、「授業を教えることは出世に関係ない」と聞いて、もしかしたら、アメリカのビジネススクールで勉強しても本当に役に立つのだろうか、と疑問を感じた方もいらっしゃるかもしれません。

では、これらの実態とまったく逆のことをビジネススクールの学者は目指すべきなのでしょうか。すなわち「学生にドラッカーを読ませ」、「HBRのような実践向けの論文を書くことを重んじ」、「研究よりもティーチングに専念する」べき、なのでしょうか。

少なくとも私はそうは思いません。そしておそらく、アメリカの主要な大学にいる多くの経営学者もそのような考えには賛成しないでしょう。ここまでお話ししてきたように、経営学者の役割は、可能なかぎり科学的に経営の知を発展させ、そこで得られた成果を教育を通じて実社会へ還元することにある、と考えられているからです。

他方で、経営学が観念的な研究だけに陥って現実から遊離しては意味がありません。実際、アメリカの上位のビジネススクールの中にも、実業界での経験を買われて教授に就任されている方もいらっしゃいます。また、ビジネススクールには実業界からゲストスピーカーが頻繁に呼ばれて交流が行われています。

そして往々にして、こういった方々のお話は実務的な経験や知見に富んでいますのでビジネススクールの学生にはとても「おもしろい」のです。「今日のゲストスピーカーの話は○○教授の授業よりよほどおもしろかった」というのは、ビジネススクールの学生から聞かれる言葉の定番でしょう。

しかし大事なことは、「おもしろい」ということと、それが「真理に近い」かは別の話であるということです。

みなさんが実務家の方々の話に感じ入るのは、その方がビジネスで素晴らしい成功や経験をされてきたということが、その背景にあるはずです。他方で「経営学者」と呼ばれる人たちは、さまざまな経営の事象や意思決定を、科学的な視点で分析・検証するためのトレーニングを徹底的に積んでいます（そのために博士号をとるのです）。

次章でもお話ししますが、社会科学の目を通じて、まさにそのようなおもしろい話が本当に経営の真理なのかを探求することが、世界の経営学者に求められている仕事ともいえます。言うなれば、実務経験に富んだ方々の含蓄ある話と、そこに科学的に経営の真理を見出したい経営学者の視点がせめぎあうことで、みなさんの役に立つような経営学が今後も発展していくのかもしれません。

経営学はどこまで「科学」か

本章の最後に、もう一点述べたいことがあります。

ここまで何度もしつこく「世界の経営学は科学を目指している」と述べてきました。しかし実は、その科学性はまだかなり薄弱なものだということを強調せねばなりません。少なくとも私はそう考えています。

なぜなら、経営学とは、つきつめていえば人間・あるいは人間の集団の意思決定を分析することにほかならないからです。

経営学の論文を読むと、やたらと難しい単語が多く出てきます。しかし、どのように難解な言葉を使っても、企業経営とは所詮《しょせん》は人間がすることであり、したがって、経営学は人間が何をどう考えるかを分析する学問にほかなりません。

そして、人間ほど複雑怪奇なものはありません。これから本書でも述べていくように、企業経営で人間が考えることは、とても複雑で、あいまいで、泥くさいものです。それは日頃ビジネスに携わられているみなさんが一番よくおわかりでしょう。

だからこそ、世界の経営学者はとても苦労しているのです。「人間が企業経営の何をどう考えているか」を科学的に分析するには、どうしても人間の思考について仮定をおいたり、あるいは一つの経営現象を多角的な視点から分析することが不可欠になってきます。同じ経営現象でも、ある視点から見れば白でも、他の視点から見れば黒にも赤にも見えてくることは、経営学ではよくあります（詳しくは第三章をご覧ください）。

その意味で、世界の学者が目指している経営学は発展途上の学問だと私は思います。しかし、だからこそ経営学者はこの未成熟な分野をそれでも発展させようと、日夜努力・奮闘しているのです。みなさんには本書を通じて、そのような彼らの努力・苦心も感じていただければ、と思っています。

世界の経営学は科学を目指しています。しかし、主役はあくまで人間なのです。

第2章 経営学は居酒屋トークと何が違うのか

本章では世界の経営学者の研究の進め方について、かいつまんでお話ししたいと思います。

この章をもうけた理由は二つあります。第一に、本書の第四章以降では世界の経営学のフロンティアの研究トピックがいろいろと紹介されていますが、それらの章を読む前に、そもそも経営学者がどのように研究をしているかを理解していただくことで、各章がさらにわかりやすくなると考えるからです。

そしてもう一つの理由は、欧米を中心とした海外の経営学者と、日本の大学で活躍されている経営学者の方々のあいだでは、研究のアプローチが異なることが少なくないからです。

みなさんの中には、日本の著名な経営学者の著作を読んだことのある方もいらっしゃるかもしれません。他方で、本書は世界の経営学者の研究を紹介しています。したがって、事前に彼らの研究プロセスを理解してもらうことで、みなさんが各章を読むときにこれまでの先入観にとらわれないようにしておきたいのです。

とはいえ、本章を読まなければ以後の内容が理解できなくなる、というものではありません。本章にあまり関心のない方は後回しにして、第四章以降の各論に進んでいただいても大丈夫です。関心のある方はぜひ気楽に読んでください。

もし経営学者が居酒屋トークを聞いたら

「これからは攻めの経営の時代だよ。うちの経営陣はそこをわかってないんだよなあ」

「日本人は集団主義だから個人主義的なアメリカ人と仕事するのは難しいんだよ。部長はそこがわかってないよねえ」

会社勤めのみなさんの中には、居酒屋で焼酎でも飲みながら同僚とこんなグチをこぼしたことのある方もいらっしゃるのではないでしょうか。会社の同僚とお酒を飲めば、決まって社内の噂話や仕事の話題になるものです。

しかしよく考えてみると、こういう居酒屋トークでは、往々にしてみなさんが日頃の経験から感じている経営の一般的な法則のように聞こえる話を知らず知らずのうちにしていることが多いのではないでしょうか。

「これからは攻めの経営が重要」、「日本人は集団主義でアメリカ人は個人主義」といった話は、みなさんがなんとなく正しそうに感じてしまう一般論です。このような耳当たりのよいセリフはビジネス書などでもよく見られます。

しかし、これらの一見なんとなくそれっぽい経営の一般論は、本当に正しいのでしょうか。「攻めの経営が重要」というのは、本当でしょうか。本当に日本人は集団主義なのでしょうか。言い換えれば、それらははたして経営の真理なのでしょうか。

同僚が居酒屋で「攻めの経営が重要」と主張しても、多くの方は「そうかもしれないなあ」とうなずくぐらいで、そのまま居酒屋を出て二次会はカラオケにでも行って、翌日にはすっかり忘れてしまうでしょう。

経営学者はそこが少し違います。

「攻めの経営が重要」といういかにも経営の真理のようなことを言われたら、「本当にそうなのだろうか」と疑うのが経営学者です。そして、カラオケぐらいは行くかもしれませんが、翌日には研究室で「攻めの経営が重要というのは、はたして経営の一般法則なのだろうか」と考えだすはずです。

理論と実証

これが世界で行われている経営学の研究の第一歩です。「攻めの経営が重要」という経営法則のようなものを検証するために、世界の経営学では他の多くの科学分野と同じように二つのステップを踏みます。それは理論分析と実証分析です。

理論分析とは「なぜそうなるのか」という原理を理論的に説明することです。「攻めの経営が重要」とは、きちっとした表現でいえば「攻めの経営戦略をとる企業のほうが、守りの経営戦略をとる企業よりも業績がよくなる」ということにほかなりません。ではなぜそういえるのか、それを整合的に説明するために経営理論が用いられます。そして理論分析を通じて、経営の真理法則かもしれない「(理論) 仮説」を導き出すのです。

しかし、もし仮説が一つの企業にあてはまっても他の多くの企業にあてはまらないのであれば、それは一般的な経営法則とはいえません。

ここは大事なところです。いかにトヨタが優れた企業でも、トヨタを観察することで導かれた法則がそれ以外の企業にはまったく役に立たないのであれば、それに何の意味があるでしょうか。世界の経営学では、なるべく普遍的に多くの企業に応用できるような一般法則を探求することが科学的な態度である、と考えられているのです。

したがって、「理論分析から導かれた仮説が、世の多くの企業に一般的にあてはまるのか」をテストする必要があります。これが実証分析と呼ばれるものです。世界のフロンティアの経営学の実証研究では、数百社、数千社、あるいは数万社という企業のデータを集め、それらを用いて仮説を統計的に検証することがとても重視されているのです。

たとえばある経営学者が、理論分析から「攻めの経営戦略をとる企業のほうが、守りの経営戦略をとる企業よりも業績はよくなる」という仮説を導き出したとしましょう。するとさらにこの学者は、たとえば二〇〇〇社の企業データを集め、各企業が攻めと守りのどちらの経営戦略をとっているかを何らかの方法で指数化し、そして企業の業績との関係を統計的に検証するでしょう。

そして厳密な統計分析の結果この仮説が支持されたのであれば、居酒屋トークだったこの話も、晴れて「経営の真理に近い可能性がある」といえるのです。これが世界の経営学者の多くが行っている研究の進め方です。

経営理論への批判は妥当か

さて経営理論という言葉を聞くと、「現実の経営はもっと複雑で、理論なんかで説明できるものではない」とか、「理論はそうでも、うちの会社は事情が違う」とおっしゃる方が少なくありません。私自身、そういうご批判めいたものを受けることもあります。

私も民間企業で働いていましたので、現実のビジネスがどのくらい複雑で泥くさいものかはわかっているつもりです。私だけでなく、欧米のビジネススクールの教授の多くは実務経験がありますから、彼らもその辺りのことはわかっています。

本書を読んでいるみなさんの中にも、営業先を駆け回って苦労されている方や、聞く耳を持たない上司のせいでプロジェクトが進まず困っている方などもいらっしゃるでしょう。現実のビジネスでは、企業の一つ一つで直面する問題は異なり、それを解決するためにみなさんは知恵を絞り、実行するため汗水を流しており、それぞれの企業にはそれぞれの物語があるはずです。

しかし、それはその通りなのですが、世界の経営学で重視されていることは、それぞれの企業の事情が違うからといって、「だから経営の一般法則を探求しても意味がない」と安直に思考を停止させてはならない、ということなのです。

これはきわめて科学からかけ離れた態度といえます。もしある理論が企業の現実を説明できないのであれば、なぜその理論では説明できないのか、別の理論では説明できないのか等々をさらに理論的に考えて検証することが社会科学的には重要である、と世界の経営学では考えられているのです。

企業で働かれているみなさんには、それぞれの成功体験や苦労話があります。それらの話は一見バラバラのように見えても、多くの方々の泥くさい話をたんねんに精査して検証していけば、その中に経営の真理法則が見つかるかもしれません。実際、みなさんはそういう法則を知りたいと思っているからこそ、居酒屋でそのような話をするのではないでしょうか。

世界で進められている経営学の研究とは、そのような企業ごとの泥くさい事情を踏まえた上で、みなさんが居酒屋で話したり、ビジネス本を読んで疑問に思ったり、著名経営者の講演で感じ入ったりした、その「経営の真理法則らしきもの」が本当にそうなのか、なぜそうなのか、それは他の多くの企業にも一般的にあてはまるのか、を科学的に解明することにあるのです。そしてそこで得られた成果を、ビジネススクールの授業などを通じて社会に還元していくのです。

日本の経営学と海外の経営学

さて、ここからは誤解をおそれずに大胆に申し上げますが、経営学の研究アプローチについては、欧米を中心とした海外の経営学者と、日本で活躍されている経営学者の多くの方々のあいだで、やや隔たりがあると私は感じています。

私は「日本型・欧米型」といった紋切り型の区分けは好きではないのですが、あえてそのように分けるとすれば、私がこれまで話したような「理論仮説を立て、それを統計的な手法で検証する」というアプローチは、いわゆる欧米（そして香港、シンガポールなど）の経営学者のあいだで多く用いられています。専門用語を使えば、これはいわゆる「演繹《えんえき》的なアプローチ」に近いといえます。

他方で、私の知るかぎり日本の経営学者の方々は、一社かあるいは数社の企業を選んで、その一社一社をたんねんに観察されるケース・スタディー（事例分析）のアプローチをとられることが多いようです。そして、そのケース・スタディーで得られた定性的な情報から、経営の法則や含意を引き出そうとします。これはいわば「帰納的なアプローチ」といえます。

ここは本書を読む上で、ぜひみなさんに理解しておいていただきたいことです。

みなさんの中には、経営学＝ケース・スタディーとこれまで認識されてきた方も少なくないのではないかと思います。しかし、海外の、少なくとも欧米のトップクラスのビジネススクールにいる教授のあいだでは、「理論→統計分析」という演繹的なアプローチで研究を進めることが主流になっているのです。

ここで誤解を招かないように二点述べさせてください。

第一に、この演繹的アプローチはあくまで欧米の経営学の主流というだけで、もちろん国際的な学術誌にもケース・スタディーの研究が掲載されることはあります。

とはいうものの、その割合はやはり少ないのが現状です。たとえば経営戦略論の代表的な学術誌である『ストラテジック・マネジメント・ジャーナル』に二〇一一年に掲載された五七本の実証研究のうち、実に五二本が統計分析を用いており、いわゆるケース・スタディーを用いた論文は五本に過ぎませんでした。

ヨーロッパではアメリカよりはケース・スタディーを重視する風潮がまだ残っていますが、それでも統計分析が主流になりつつあることはまちがいありません。欧州発の主要な学術誌の一つである『ジャーナル・オブ・マネジメント・スタディーズ』に二〇一一年に発表された実証研究五一本のうち、四一本は統計分析を用いています。(1)

(1) 二つの学術誌の実証研究論文の数は筆者調査による。

第二に、私は統計的な手法が世界の経営学の主流になってきているからといって、ケース・スタディーが有用でないとはまったく言っていません。むしろその逆で、私見としては、一つの企業の詳細について事実をたんねんに積み上げるケース・スタディーはきわめて重要であり、欧米の経営学は少し統計分析に偏り過ぎではないかとすら思っています。

実際、統計分析はどうしてもビジネスの表層的な部分をとらえがちです。企業の内部に入り込んで、そこからデータだけでは浮き上がってこない情報を定性的に深く分析することは、経営学ではとても重要なはずです。私の存じ上げている日本の研究者の多くは、ビジネスの現場に足しげく通うことで得た奥深い知見から、素晴らしい事例研究をされており、私自身もそこから多くを学んでいます。また、統計分析は本質的に経営学の目的の一部となじまないのではないか、という批判もあります（この点については第一六章で詳しく議論しています）。

最近になって、『アカデミー・オブ・マネジメント・ジャーナル』や『ジャーナル・オブ・インターナショナル・ビジネス・スタディーズ』といった海外のトップクラスの学術誌が、ケース・スタディーの論文だけを掲載した特集号を相次いで刊行しました。これは、近年の世界の経営学が統計分析に大きく偏りつつあることへの危惧が学者の中にあることの表れかもしれません。

この本は、統計的なアプローチとケース・スタディーのどちらが望ましいか、ということを議論することが目的ではありません。しいていえば、両者が互いの長所短所を補い合うことが重要なのだと私個人は考えています。

私が申し上げたいことは、現在欧米を中心としたトップスクールにいる経営学者の多くは（彼らが考える意味での）科学性を重視しており、そのために「理論→統計分析」の演繹的なアプローチが支配的であるという事実です。そして、一般的な法則を検証することを世界の経営学が目的としているかぎり、この潮流は当面変わらないものと思われます。

なぜこの本が珍しいのか

そして、本書がみなさんに紹介したいのは、まさにそのような研究の数々なのです。

実際にはこのような研究はややこしい経営理論や統計分析を使っていますが、本書ではそれらを大胆に省略して、その本質的な考えや興味深い話だけをわかりやすく紹介します。それらを通じて、世界の経営学者がフロンティアで何を研究しているかを知っていただきたいのです。

今後もみなさんは、国内の著名な経営学者の方々が書かれた素晴らしい本を読む機会は多くあるでしょう。それらの本の多くは、特定の企業の内状や戦略をたんねんに検証したケース・スタディーを用いているはずです。

それに対して、本書で紹介するような、海外の研究者がややこしい経営理論や統計手法でどのような研究をしているのか、彼らは何を考えているのかをみなさんが知る機会は、今後も少ないでしょう。私はそこに本書の一つの意義があると思っています。

では、そのややこしい「経営理論」をどのように把握すべきかを、次章で解説しましょう。

第3章

なぜ経営学には教科書がないのか

本章では世界の経営学、とくに経営理論の大きな枠組みを解説します。この章でその全体像をつかんでいただくことで、次章以降の各トピックをより深く理解していただけるのではないかと思っています。

とくに学問としての経営学研究に深く関心のある方には、ぜひこの章を読んでいただきたいと思います。逆にそのようなことに関心のない方は、本章は後回しにして次章以降の各トピックに進んでしまってください。それでも次章以降の内容は十分にご理解いただけるようになっています。

経営学には教科書がない

さて、私は日本にいる方から「アメリカの大学の博士課程で一般的に使われている、経営学の理論を網羅した教科書を教えてくれませんか」と尋ねられることがあります。それに対して私はいつも「残念ながら、そういう教科書はないんですよ」とお答えしています。

これは冗談ではありません。本当に教科書がないのです。経営学、少なくとも本書で中心的に扱う経営戦略論、組織論、国際経営論、アントレプレナーシップなどの分野において、研究者向けの代表的な教科書はありません。

誤解のないようにいえば、ビジネススクールで学んでいるMBA生や学部生向けの経営学の教科書は数多く存在します。しかしこれらは研究に重きをおいたものではなく、研究の成果から導かれた実践的な経営分析のツールを紹介しているものがほとんどです。他方で、研究者を養成する博士課程の学生を対象とした、経営学の理論を体系的に網羅した教科書はないのです。

前章で申し上げた通り、世界の経営学は科学であることを目指しており、そのためには経営理論を発展させることが欠かせません。

理論とは現実を切る刀のようなもので、経営学者は複雑な現実の経営事象を、理論を用いて整合性をもたせながら説明しようとしています。その経営理論を網羅した教科書が経営学には存在しないとは、いったいどういうことなのでしょう。

実は、これは私自身もアメリカで博士課程に入ったときに驚いたことでした。

私は日本の学生時代には経営学ではなく経済学を勉強していました（経営学と経済学は重なる部分もあるのですが、基本的には違う学問領域です）。

そして経済学では分野ごとに研究者を志す者なら誰でも読まねばならないような代表的な理論の教科書がありました。

たとえばミクロ経済学なら、ポンペウ・ファブラ大学のマスコレル教授たちの書かれた難解な教科書が、博士課程の学生が手に取るべき一冊の代表でしょう。マクロ経済学なら、私が勉強していた当時はカリフォルニア大学バークレー校のデビッド・ローマー教授の教科書が有名でした。

このような先入観があった私は、渡米する前に、アメリカで指導教官になるはずの教授に「事前に勉強しておきたいので、経営戦略論の代表的な教科書を教えてください」と質問しました。

そして彼からの答えは、やはり「そのような教科書はない」というものでした。

そして実際にピッツバーグ大学の博士課程に入ると、まさにその通り、二年間のコースワークの中で経営学の教科書は一冊も使わなかったのです。私はおとなりにあるカーネギーメロン大学でも博士課程の授業をいくつかとりましたが、そこでも教科書は使いませんでした。現在所属しているニューヨーク州立大学バッファロー校でも、博士課程の経営戦略論の授業で教科書は使っていません。アメリカの他の大学でも状況は似たようなものだと思います。

では博士課程の学生はどうやって経営学の理論を学んでいるかというと、まずはとにもかくにも数多くの論文を読む、ということになります。経営学のたいていの博士課程の授業（セミナー）では、代表的な古典論文から最新の論文までを幅広く大量に読まされ、そこで経営学の体系的な知識を習得していくのが普通だと思います。

なぜ経営学には教科書が存在しないのでしょうか。

この問いに答えるには、みなさんに経営学の世界観を把握していただくことが必要です。というわけで、まずはビジネススクールで研究されている分野にどのようなものがあるのかを紹介していきましょう。

そもそも経営学とは

さて、図1は、アメリカの名門ペンシルヴァニア大学ウォートン・スクールの学科の構成を示しています。アメリカのビジネススクールは多少の違いはあれ、おおよそこのような学科に分かれています。ご覧のように、一言でビジネススクールといっても、その中には会計学、ファイナンス、マーケティング、オペレーションなどいろいろな学科があり、それぞれに専門の教授がいるわけです。

一般に、ビジネススクールでいう経営学（Management）とは、ウォートンの例でいえばまさにManagement学科の研究者が専門としている分野になります。

本書でいう「経営学」もこのManagement学科で研究されている内容のことだと考えてください。ファイナンス、会計学、マーケティング、オペレーションなどは本書で紹介する範囲の外になります（とはいえ、経営学はこれら他分野とも深く関連していますので、他分野に興味のある方もぜひ本書を読み続けてみてください）。

経営学はさらに細分化されています。図2をご覧ください。

まずおおまかに、マクロとミクロとでもいうべき分野に分かれ

図1　ウォートン・スクールの学科（Department）の構成

会計学（Accounting）
ビジネス経済学と公共政策（Business Economics and Public Policy）
ファイナンス（Finance）
ヘルスケア経営（Health Care Management）
法学とビジネス倫理（Legal Studies and Business Ethics）
経営学（Management）　**← 本書の主な対象**
マーケティング（Marketing）
オペレーションと情報経営（Operations and Information Management）
不動産学（Real Estate）
統計学（Statistics）

ウォートン・スクールのホームページを参考に作成。各学術分野の日本語表記は筆者が訳したもの

ます。「ミクロ分野」とは、企業内部の組織設計や人間関係を分析する研究領域で、「組織行動論（Organizational Behavior）」と呼ばれます。たとえば企業内の人事制度、上司＝部下の関係、企業内の効率的なグループ編成、リーダーシップのあり方などが研究トピックです。

この本はミクロ分野も一部紹介していますが、主には「マクロ分野」の研究を多く紹介しています。マクロ分野は、企業を一つの単位としてとらえ、その行動や、他企業との競争関係、協調関係、組織構造のあり方などを分析する分野です。

その代表は「経営戦略論」でしょう。経営戦略論とは、おおざっぱにいえば、企業がライバル企業との競争の中でどのような行動をとれば優れたパフォーマンスを実現できるかを考える学問です。

経営戦略論に近い領域としてマクロ組織論という分野もあります。両者は重なる部分も多く、なかなか違いが明確ではない

図2　経営学（Management）の研究領域

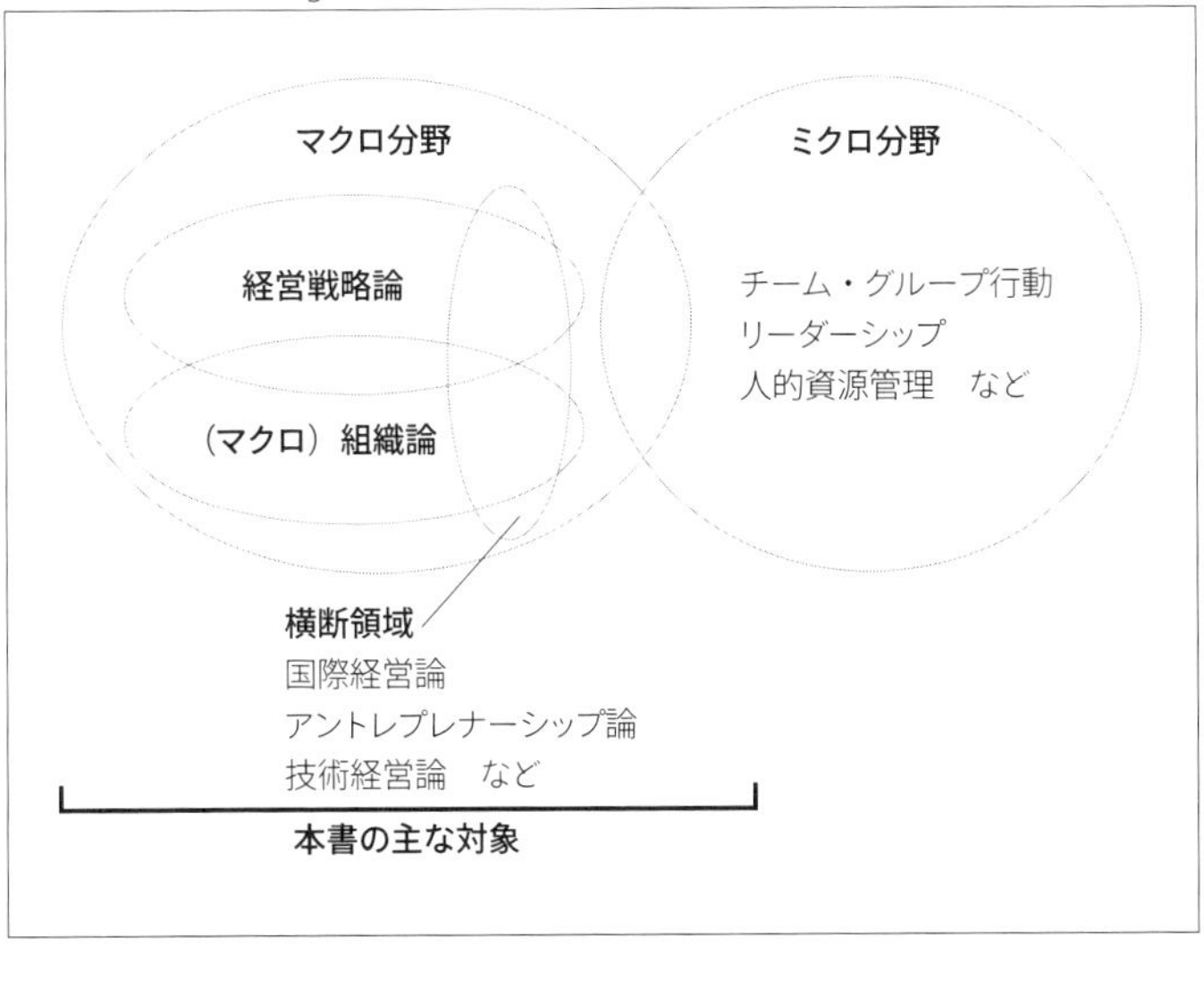

のですが、後者は非営利組織（たとえば学校やＮＰＯ）も分析の対象にしており、より幅広く組織のメカニズムやあり方を考える学問領域といえるでしょう。

さらに、これらの分野を横断する研究分野があります。多国籍企業を研究する国際経営論、ベンチャー企業や起業家を研究するアントレプレナーシップ論、イノベーションや製品開発を分析する技術経営論などがこの横断領域にあたります。

本書では、主に経営戦略論、マクロ組織論、国際経営論、アントレプレナーシップ論、技術経営論におけるフロンティアの研究トピックを紹介していきます。

経営学の三大流派

さて、ここで重要なポイントをお話ししましょう。それは、経営学者にも「流派」がある、ということです。

人は誰にでも得意・不得意や好き・嫌いがあります。みなさんの中にも、英語が好きな方もいれば、数学はどうしても苦手という方もいらっしゃるでしょう。イチロー選手はヒットを多く打つ天才ですが、松井秀喜選手はホームランを打つ天才です。

そして経営学者にも、みなさんや野球選手と同じように、それぞれに得意・不得意な経営理論の流派があるのです。

現在の世界の「マクロ分野」の経営学は主に三つの理論ディシプリンから構成されています。「ディシプリン」とはなかなか定義が難しいのですが、ある経営理論を考えていく上での流派だと考えてください。現在の経営学は他の社会科学分野から理論的な基盤（ディシプリン）を借りて、それを応用して使っているのです。

そして経営学者それぞれの得意・不得意や好き・嫌いによって、それぞれがどのディシプリンに立脚点をおくかが異なります。ディシプリンの選択は、経営学者の思考にも影響を与えます。

つまり、一口に経営学者といっても、実は三つのディシプリンの下でいろいろな考えを持つ研究者がせめぎあって、それぞれの信じる考えを発展させようとしているのです。

ディシプリンが異なれば、同じ経営事象に対して異なる見解を持つこともありますし、論争になることも少なくありません。逆に異なるディシプリンが互いを補完し合うこともあります。このことが経営学をとても複雑で、厄介で、それでいておもしろいものにしているのです。

ではマクロ分野の経営学の主要な三つのディシプリンを概観しましょう。

①経済学ディシプリン

第一に、経済学に基礎をおくディシプリンがあります。この流派の研究者は、経済学の中でも産業組織論や組織の経済学といわれる分野に基礎をおくことが多いようです。経済学ディシプリンでは、かなりおおざっぱに言って「人は本質的に合理的な選択をするものである」という仮定がおかれます。

有名なハーバード大学のマイケル・ポーター教授はこのカテゴリーに入ります。そもそもポーター教授は経営経済学という専攻で博士号をとられていますし、MBAで誰もが学ぶポーター教授の「ファイブ・フォース」といった分析ツールは、ミクロ経済学の基礎を勉強した方なら簡単に理解できるものです。また、二〇〇九年にノーベル経済学賞を受賞したカリフォルニア大学バークレー校のオリバー・ウィリアムソン教授が発展させた取引費用理論を信奉する経営学者たちもこのグループに該当します。

本書では、第四章でポーター教授の理論について紹介しています。また第一五章では、ポーターの理論と並んで有名なリソース・ベースト・ビューという考えを紹介していますが、これもそもそもは経済学の発想にもとづいています。第一二章で紹介するリアル・オプションという考えも経済学に関連しているといえるかもしれません。

②認知心理学ディシプリン

第二は認知心理学に基礎をおくグループです。彼らは、古典的な経済学が想定するほどには人や組織は情報を処理する能力がなく、それが組織の行動にも影響を及ぼしている、という考えを出発点にしています。

認知心理学ディシプリンの始祖は、なんといっても一九七八年にノーベル経済学賞を受賞したハーバード・サイモン教授でしょう。サイモンの名前は聞いたことのある方もいらっしゃるかもしれません。現在では、たとえばスタンフォード大学のジェームス・マーチ教授やペンシルヴァニア大学のダニエル・レビンサール教授などが有名な大御所です。一橋大学名誉教授の野中郁次郎氏も（ご本人に確認はとっていませんが）このディシプリンに近いのではないかと思います。

この認知心理学ディシプリンにもとづいた経営理論は、とくにイノベーション経営の分析に多大な貢献をしています。たとえば本書の第七章で紹介する「知の探索・深化」というコンセプトの基盤はここにあるといえます。第五章で紹介するトランザクティブ・メモリーという考えも、認知心理学に関連しているといえるでしょう。

なお、認知心理学と関連する分野で社会心理学というディシプリンもあります。とくにいわゆる「ミクロ分野」の経営学では社会心理学や、より広範な心理学を理論背景にした研究が盛んに行われています。本書は主にマクロ分野を扱っていますので、ここではあえて認知心理学という言葉を使っています[1]。

③社会学ディシプリン

第三のディシプリンは社会学の考え方を応用します。アメリカでは社会学がとても進展しており、統計学やシミュレーションを使って膨大な社会現象の研究が行われています。そこでは人と人、あるいは組織と組織がどのように「社会的に」相互作用するかが研究されており、その理論が経営学に応用されているのです。

社会学ディシプリンの理論は、人間の意思決定に経済学ほどには厳密で一貫した仮定をおかないこともあります。そのため、経済学ディシプリンの学者からは、その論理にあいまいな部分が残ると批判を受けることもあるようです。とはいうものの、社会学ディシプリンは経営学に貢献する理論をこれまでに数多く生み出しており、その影響力はとても大きいのです。

本書では第八章と第九章の二章に渡って社会学系理論の中心的存在である「ネットワーク理論」や「ソーシャル・キャピタル」の基礎とフロンティアを紹介しています。

企業とは何か、についての四つの視点

(1) 最近は経済学で行動経済学という考えか発展してきていますが、経営学への影響はまだこれからといった印象がありますので、本書ではとりあげません。

経営学では、ディシプリンが異なれば同じ事象を説明するにも視点がまったく異なる、という例には事欠きません。

そもそも「企業とは何か」という根源的な問いに対してさえも、経営学者は多様な考えを持っているのです。ここでは欧州経営大学院（ＩＮＳＥＡＤ）のフィリペ・サントスとスタンフォード大学のキャスリーン・アイゼンハートが二〇〇五年に『オーガニゼーション・サイエンス』に発表した論文(2)をもとに解説していきましょう。

サントスとアイゼンハートは、企業とは何かという問いに対して経営学は四つの視点を持っていると述べます。

第一に「効率性」を重視する視点です。

この代表的な考え方は、経済学ディシプリンの取引費用理論を用いた説明です。先にも申し上げたように、このディシプリンでは人の経済合理性を重視します。したがって、ビジネス取引では「取引相手が自分の利得を上げるためにこちらを出し抜くこともありえる」というリスクを考えることが重要になります。

そのようなリスクが高ければ、それだけ契約の際に考慮すべきことが多く、契約は複雑になりがちです。そして複雑な契約条項を書くことによるコストが大きすぎるのであれば、その取引先

(2) Santos, Filipe M., and Kathleen M. Eisenhardt. 2005. "Organizational Boundaries and Theories of Organization." *Organization Science* 16(5): 491-508.

と同じ商売を自分で始めてしまったほうがむしろ効率的である、と考えるのです。

したがって効率性の視点からは、企業とは「市場取引ではコストがかかりすぎる部分を組織内部に取り込んだもの」ということになります。

第二に企業の「パワー（力）」を重視する視点があります。たとえば社会学ディシプリンの資源依存理論では、企業のあいだの経営資源をめぐる相互依存関係に注目します。

仮に企業Aの製品をつくるのに欠かせない素材を、別の企業Bが独占的に販売しているとしましょう。この場合Aはどうしても Bに対して交渉力が弱くなり、その素材が安定的に購入できるかが不確実になってきます。それを克服するために、Aは同業他社を買収して事業規模を大きくすることで自らの立場を強めたり、あるいはいっそBを買収するような行動をとるはずである、というのが資源依存理論の骨子です。

まさにこの状況が今起きているのが鉄鋼業界です。鉄鋼市場は国際的なレベルで見ると企業集中度が低く、多くの企業が小さいマーケット・シェアを持ってせめぎあっています。他方でその主要素材である鉄鉱石の市場はBHPビリトンなどの三大メジャーに牛耳られているのが現状です。そこで鉄鋼メーカーは鉄鉱石メジャーに対して不利な力関係を克服するために、M&Aなどを通じて業界再編を行い、さらには鉄鉱石ビジネスにも参入するようになってきています。世界最大の鉄鋼メーカーであるアルセロール・ミタルはその代表例でしょう。
すなわちこの視点では「企業とはパワーの集合体である」と考えられているのです。

第三に、企業の持つ「経営資源」を重視する視点があります。これは主に先のリソース・ベースト・ビューや、認知心理学の影響を受けているダイナミック・ケイパビリティにもとづきます。この視点では、それぞれの企業には経営資源の強みがあり、企業はそれを最大化するようにその活動範囲を決めると考えます。たとえば、企業が他業種に進出するときには、自社の強みとなっている経営資源をどのくらい活用できるかを考えることが重要であることは言うまでもありません。
すなわちこの見方では「企業は経営資源の集合体である」とみなされるのです。

最後に、従業員の「アイデンティティ」を重視する視点もあります。これも主に認知心理学ディシプリンの研究者が主張しています。
彼らはそもそも「この会社は何をする会社なのか」、「この会社が目指しているものは何か」といった企業のアイデンティティやビジョンを社員が共有することが重要である、と考えます。すなわち「企業とは経営者や社員がアイデンティティやビジョンを共有できる範囲のことである」

と考えるのです。

いかがでしょうか、同じ「企業とは何か」というテーマでも、経済学的なディシプリンを好む学者は効率性を、社会学ディシプリンの学者は相互依存関係やパワーを、認知心理学ディシプリンの研究者は経営資源やアイデンティティを重視する傾向が強いのです。ここはかなりおおざっぱに書いてしまいましたので、それぞれの専門家からは細かい異論もあるかもしれませんが、ディシプリンの違いのイメージはつかめていただけたのではないかと思います。

ディシプリンが学者の人生を左右する?

ここからはアメリカ限定の話になりますが、アメリカでは大学ごとに経営学のどのディシプリンに力を入れているかが異なります。

たとえば、セントルイスにある私立の名門ワシントン大学の経営学グループは経済学ディシプリンに強いことで有名です。イリノイ大学アーバナ・シャンペーン校も一時期は経済学ディシプリンのスター研究者をそろえていました。ハーバード・サイモンの在籍していたカーネギーメロン大学が認知心理学に強いことは言うまでもありません。社会学系ディシプリンに強いのは、たとえばコーネル大学やケンタッキー大学でしょうか。

もちろん超一流大学になるとビジネススクールの規模も大きいですから、いろいろなディシプリンの研究者が同じ研究科に所属していることも普通です。スタンフォード大学、マサチューセッツ工科大学、ペンシルヴァニア大学などには各ディシプリンのスター教授がいます。

各教授の理論ディシプリンの違いは、研究だけでなく、教育にも反映されている可能性もあります。

たとえば本書を読まれている方の中には、もしかしたらアメリカのビジネススクールで経営戦略論の授業を受けた方もいらっしゃるかもしれません。しかし、それを教えていた教授は、実は経済学系だったかもしれないし、あるいは認知心理学系だったかも、はたまた社会学系だったかもしれないのです。学生側は教授のディシプリンのことなど気にもしないでしょうが、実際にはその教授の得意なディシプリンが教える中身にも少なからず影響を与えているはずです。

さらに、経営学者の主戦場である学術誌にもディシプリンの偏りがあります。

第一章でも述べましたが、学問がフロンティアを切り開き、その知を蓄積していくには、学術誌（ジャーナル）に論文を載せて、世界中の研究者にそれを読んでもらうことが重要になります。

世界中の経営学者も国際的に有名なジャーナルに論文を載せるべく、激しい競争をしているのです。

しかし、ディシプリンの異なる経営学者が同じ学術誌に論文を載せるかというと、それはなかなか難しいのです。

たとえば、有力な学術誌の一つである『アドミニストレイティブ・サイエンス・クォータリー』には社会学ディシプリンの論文は多く載っていますが、経済学ディシプリンの論文を掲載するのは至難の業です。逆に『マネジメント・サイエンス』は、現役の経済学者も投稿するほど経済学ディシプリンを好んでいます。国際経営論の代表的な学術誌である『ジャーナル・オブ・インターナショナル・ビジネス・スタディーズ』はもともと経済学寄りであると言われていましたが、最近は社会学や認知心理学も受け入れつつあるようです。

このような理由で、大げさにいえば、ディシプリンの選択は経営学者の人生を左右するのです。たとえば、もともと社会学的なディシプリンを好んで研究者になることを志した人が、もし経済学ディシプリンの教授ばかりいる大学の博士課程に入ったらとても苦労するかもしれません。逆に経済学ディシプリンの研究者が社会学系の論文を好む学術誌に論文投稿を続けても、なかなか業績は上がらないでしょう。

自分のディシプリンを考えよう

このように世界の経営学は、良くも悪くも学際的なのです。

理論基盤の違う三つのディシプリンがあり、それぞれの興味にもとづいて多様な考え方をする経営学者が存在し、それぞれの意見を戦わせ、すり合わせ、融合させようとしているのです。これを社会科学としてなんとか発展させようとしているのですから、おそろしくたいへんなことであると言わざるをえません。第一章で私が世界の経営学は発展途上な学問である、と申し上げた理由の一つもここにあります。

そして、冒頭で私が「経営学には教科書がない」とお話しした理由も、おわかりいただけたのではないかと思います。これだけバラバラの考えをもった研究者がそれぞれのディシプリンで多様な理論を打ち立てているのですから、それら全体を網羅した教科書はなかなか書けないのです。

もちろん各ディシプリンに精通した学者が、それぞれのディシプリンの理論だけを体系的にまとめた本はあります[(3)]。しかし、たとえ経済学ディシプリンについての本なら書ける学者でも、その人が社会学や認知心理学の理論までを（教科書を書けるレベルにまで）完璧に把握することはとても難しいのです。

(3) たとえは経済学分野では、イリノイ大学アーバナ・シャンペーン校のジョセフ・マホーニー教授の書いた *Economic Foundations of Strategy* (SAGE, 2005) などがその代表例でしょう。

この本は教科書ではありません。あくまで私が独断で経営学のフロンティアの研究のいくつかのトピックだけを選んで、それをエッセーのようにみなさんに紹介することが目的です。ですからこの本では複数のディシプリンの研究を幅広く紹介できているのです。

ところで私は、経営学者だけではなく、本書を読まれているみなさんの中にも潜在的にディシプリンの好みがあるのではないかと思っています。

たとえば、ビジネスをする上でも人と人のつながりを重視される方には、社会学系の話がとてもおもしろく感じられるはずです。「人は合理的に行動する生き物だから、ビジネスをする上ではそれを加味した契約や組織のデザインを考えるべきだ」という方はきっと経済学的なディシプリンに共感を示されるはずです。また、日頃からイノベーションに関心のある方の多くは、認知心理学のディシプリンに興味を示されるでしょう。

以降の章を読み進められる中で、みなさんご自身がどのディシプリンに近いかを考えてみるのもおもしろいのではないでしょうか。

それではいよいよ次章から、世界の経営学のフロンティアの話題を紹介していきましょう。

PART

II

世界の経営学の知のフロンティア

第4章 ポーターの戦略だけでは、もう通用しない

［競争戦略の最先端で語られる「攻め」の競争行動］

本章では、かの有名な「ポーターの競争戦略論」をとっかかりにして、競争戦略論のフロンティアについてお話ししましょう[1]。

経営学を少しでもかじったことがある方なら、競争戦略といえば、まずはハーバード大学のマイケル・ポーター教授の名前が浮かぶのではないでしょうか。みなさんの中にも、ポーターの名著である『競争の戦略』[2]を読まれた方、あるいは読もうとしてその厚さに挫折してしまった方もいらっしゃるかもしれません。

ポーターが競争戦略論という分野を確立した第一人者であることは、疑いの余地がありません。

(1) 経営戦略論には企業戦略論と競争戦略論の二つがあります。前者は、企業の多角化戦略やM&Aなど「企業」の広範なテーマを扱います。それに対して競争戦略論では、ある特定の市場において企業はどのような価格・製品戦略をとるべきかといったテーマを扱います。

ポーターの理論は競争戦略の基本中の基本です。ビジネススクールの戦略論の授業で必ず教えられる「ファイブ・フォース」「バリュー・チェーン」といった分析ツールは、ポーターが生み出したり発展させたものです。これほど近代経営学の確立に貢献した偉大な学者もいないでしょう。

しかしあえて申し上げましょう。これからの競争戦略を理解するには、ポーターの理論だけでは通用しません。

「えっ、かけ出しのあんたがそんなこと言っちゃって大丈夫なの?」という声が聞こえてきそうですが、誤解しないでください。私はポーターの理論を否定しているわけではありません。それ自体は今もとても有効であることはまちがいありません。

本章でお話ししたいのは、経営学者たちの研究の積み重ねにより、「現在の競争戦略は、ポーターの考えだけでは十分でない」ことがわかってきている、ということです。世界の競争戦略研究のフロンティアは、ポーターの戦略論よりももっと先に進んでいます。本章ではそれを紹介したいのです。

そのためにも、まずは競争戦略論の基本のコンセプトである「競争優位」とポーターの理論を、ごく簡単におさらいすることから始めましょう。

(2) M. E. ポーター『競争の戦略』(土岐坤、服部照夫、中辻万治訳、ダイヤモンド社、1995年)

勝ち続ける企業

そもそも企業の究極の目的とは何でしょうか。いろいろな答えがあるでしょうが、競争戦略論では、それは「持続的な競争優位（Sustained Competitive Advantage）」を獲得することであるとされます。

こう書くとなんだか難しそうですが、「企業が長いあいだ――たとえば一〇年間――にわたって高い業績を維持できる力」と理解していただければ大丈夫です（なお、競争優位の定義については第一五章で詳しく議論していますので、そちらもご覧ください）。

ポイントは「持続的な」というところです。

言うまでもなく企業というのは一年だけ業績がよくても意味がありません。優れた企業は、年によって多少のぶれはあってもコンスタントに高い業績を出していくものです。日本の代表的な企業であるトヨタ、武田薬品、キヤノン、ＨＯＹＡ、シマノなどなどが賞賛されるのは、彼らが長いあいだ勝ち続けているからにほかなりません。

ポーターの戦略とは

持続的な競争優位を実現するために企業はどうすべきか、それを説明する上で代表的なのがポーターの考えです。経営学では、「Structure（構造）、Conduct（遂行）、Performance（業績）」の頭文字をとってSCPパラダイムと呼ばれます。

SCPパラダイム（以下、SCP）については多くの経営学書に解説がありますので、深く興味のある方はそちらを読んでいただくこととして、ここではそのエッセンスだけを説明しましょう。

SCPを一言で表せば、それは「ポジショニング」に尽きます。企業は優れたポジションをとることで持続的な競争優位を獲得できる、ということなのです。

ここでいうポジショニングには二種類があります。

第一に、事業を行う上で適切な産業を選ぶ、という意味でのポジショニングです。SCPパラダイムでは、とくに「企業のあいだの競合度が低く、新規参入が難しく、価格競争が起きにくい産業が望ましい」とされます。

アメリカのビジネススクールの授業でよく引き合いに出される代表例は、コーンフレークなどを製造販売しているシリアル産業でしょうか。

この業界では、ケロッグやゼネラル・ミルズなどの大手メーカーがクーポンや広告に多大な投資を行い、小売り業者と綿密な関係を築くことで、たくみに新規業者の参入をはばみ、過度な価格競争を避けてきたことが知られています。結果として、シリアル・メーカーの上位三社は、長いあいだ三〇～五〇%以上の株主資本利益率を実現してきたのです。近年は小売り業者のPB（プライベート・ブランド）商品に圧されてきてはいますが、それでも依然として高い利益率を保っています。

ビジネススクールの経営戦略論の授業でほぼまちがいなく勉強するのが、ポーターの生み出したファイブ・フォースという産業分析のツールですが、これはまさにSCPパラダイムにもとづいたものです。五つのフォース（圧力）とは「新規参入圧力」「企業間の競合圧力」「代替製品・サービスの圧力」「顧客からの圧力」「サプライヤーからの圧力」のことですが、これらのいずれの圧力が強くなってもその産業では競争の度合いが高まるため、SCPの観点からは望ましくないということになります。

しかし、「そうはいっても、テレビを作っているうちの会社がいまさらコーンフレークなんか作れないよ」とおっしゃる方もいるでしょう。

そこで、仮に産業を移れないとしても、今自社がいる産業の中でできるだけユニークなポジションをとりなさい、というのがＳＣＰの第二のポジショニングです。

業界内で競合他社と異なるユニークな商品やサービスを提供することができれば、顧客のロイヤルティは高まりますし、それだけライバルとの直接の競争を避けられます。ユニークなポジションをとりながら顧客に価値を提供できれば、持続的に高い業績があげられる、というわけです。

したがって、ポーターのＳＣＰでは、いわゆる「差別化戦略」が重視されます。逆に、十分な商品・サービスの差別化がないまま、価格だけでライバルとガチンコ勝負をするのは避けるべきである、ということです。


アメリカでは、たとえば国内線航空産業が典型的なファイブ・フォースの強い産業（競争の激しい産業）とされています。しかも、デルタやユナイテッドなどの大手航空会社は、ほぼ同じようなサービスを提供し、各社とも独自の差別化戦略をとれないままズルズルと価格競争を続けています。ＳＣＰの視点からは、こういう競争の仕方は避けなさい、ということになるのです。

他方で同じ航空業界でも、ビジネススクールの授業で「競争優位を持つ企業の見本」としてとりあげられるのが、サウスウエスト航空です。ローコスト・キャリア（ＬＣＣ）の代表格であるこの航空会社は、ハブ空港への発着を避け、路線を中規模都市の二番手空港に絞り、顧客サービスを限定するかわりに低価格路線を実現するなど、ユニークなポジションをとることで大手航空会社との競争をたくみに避けています。こういった差別化が、ＳＣＰでは望ましいとされるのです。

競争戦略とは、競争しない戦略である

さて、もうお気づきになった方も多いと思いますが、ＳＣＰのポイントは、かっこいい用語は使っていますが、早い話が「どうやって競合他社との競争を避けるか」ということにほかなりません。

すなわち、ポーターの競争戦略とは「競争しない戦略」のことである、と言って差し支えないのです(3)（まるで禅問答みたいですが）。なるべく競争の少ない産業を選び、ライバルよりもユニークなポジションをとれば、他社とガチンコで競争しないですむから、結果として安定した収益を得られる、すなわち持続的な競争優位が得られる、というのがその主張なのです。

さて、これでポーターのおさらいは終了しました。ここからいよいよフロンティアの話に入っていきましょう。

(3) この「競争しない戦略」という言葉は、私のオリジナルではなく、東京大学の藤本隆宏教授の受け売りです。私は十数年前に藤本教授が講演でこのことをおっしゃったときに、「なるほど、そういうものなのか」と思ったのを覚えています。そして自分が経営学者のはしくれになった今、まさにそのことを実感できているのです。

ウィギンズとルエフリの衝撃

まずは、この話をするのに欠かせない二人の研究者を紹介しましょう。それは、テューレーン大学のロバート・ウィギンズと、テキサス大学オースティン校のティモシー・ルエフリです。

この二人が二〇〇〇年初頭から半ばにかけて、『ストラテジック・マネジメント・ジャーナル』や『オーガニゼーション・サイエンス』などの学術誌に、三本の論文[4]をたて続けに発表しました。そして、その分析結果のどれもが、それまでの競争戦略論に風穴をあける、衝撃的なものだったのです。

一連の論文で、彼らは「持続的な競争優位なるものが本当に存在するのか」という疑問を、大規模なデータと厳密な統計手法を用いて、徹底的に検証したのです。

この疑問を統計的に検証する試み自体はウィギンズとルエフリに始まったものではなく、一九八〇年代から多くの経営学者によって行われてきました。ここでは紙幅を割きませんが、過去の研究は、総じて「競争優位を持続する企業は少なからず存在する」という結果を示してきました。

それに対してウィギンズとルエフリは、過去の研究を踏まえて、統計手法の問題点を改良し、

(4) Wiggins, Robert R., and Timothy W. Ruefli. 2002. "Sustained Competitive Advantage: Temporal Dynamics and the Incidence and Persistence of Superior Economic Performance." *Organization Science* 13(1): 81-105.; ——. 2005. "Schumpeter's Ghost: Is Hypercompetition Making the Best of Times Shorter?" *Strategic Management Journal* 26(10): 887-911.; ——. 2003. "Industry, Corporate, and Segment Effects and Business Performance: A Non-parametric Approach." *Strategic Management Journal* 24(9): 861-879.

より大規模なデータで分析を行ったのです(5)。

二人は、一九七二年から一九九七年までの全米の四〇産業にわたる六七七二社の投資利益率などの時系列データを用いて、企業が一〇年以上続けて同じ業界のライバルよりも高い業績を残した場合を「持続的な競争優位」を持っているとみなしました。そしてそのような企業はどのくらいあるものなのか、を分析しました。

その結果、興味深い結果が示されたのです。それは以下の三点にまとめられます。

発見①▼アメリカでは「持続的な競争優位」を実現する企業はたしかに存在するが、その数はすべてのうちの二～五％にすぎない。

発見②▼近年になればなるほど、企業が競争優位を実現できる期間は短くなっている。すなわち、持続的な競争優位を実現することは、どんどん難しくなってきている。これはアメリカの産業全般に見られる傾向である。

発見③▼他方で、いったん競争優位を失ってからその後ふたたび競争優位を獲得する企業の数が増加している。すなわち、現在の優れた企業とは、長いあいだ安定して競争優位を保っているのではなく、一時的な優位（Temporary Advantage）をくさりのようにつないで、結果として長期的に高い業績を得ているように見えているのである。

(5) 専門的になりますが、従来の研究では、企業の競争優位を検出するのに自己回帰モデルという統計手法を使っていたのですが、それをノンパラメトリック手法というもので代替したのが一つの特徴です。ノンパラメトリックな手法を用いることで、従来はサンプルの中の外れ値とみなされていた企業を分析に取り込むことができるのです。

時代はハイパー・コンペティションへ

これらの発見は、当時の競争戦略論の研究者には衝撃的なものでした。

くり返しですが、競争戦略の目的は持続的な競争優位を獲得することにあるとされています。しかしウィギンズとルエフリが明らかにしたのは、その競争優位が持続しにくくなっている、ということなのです。言い換えれば、この結果は、現代社会は（少なくともアメリカでは）まさに「企業のあいだの競争が激化している」ことを示しています。

実は、ウィギンズとルエフリが研究を発表する以前から、競争優位を持続させることが難しくなっている可能性を指摘する学者はいました。

その代表格が、ダートマス大学のリチャード・ダヴェニです。一九九四年に出版した著書(6)で、ダヴェニは企業間の競争が激化することで競争優位の持続性が難しくなってくる状況を「ハイパー・コンペティション」と名付けました。

ダヴェニの論点の中でも本章で重要なのは以下の三つです。

論点①▼企業が競争優位を持続できる期間は短くなってきている。

(6) D'Aveni, Richard A., and Robert E. Gunther. *Hypercompetition: Managing the Dynamics of Strategic Maneuvering*. Free Press, 1994.

論点②▼このようなハイパー・コンペティションの事業環境下では、一度競争優位を失っても
またそれを取り戻す「一時的な競争優位の連鎖」を生み出すことが重要になる。
論点③▼ハイパー・コンペティション下では、理論的には、より積極的な競争行動をとる企業
のほうが高い業績を実現できる。

このダヴェニの三つの論点のうち、まさに①と②の状況が実際に起きていることを、ウィギンズとルエフリの統計分析は明らかにしたのです。

まず、ダヴェニの論点①は、ウィギンズとルエフリの発見②そのものです。

本書を読んでいるみなさんの中にも、「企業のあいだの競争が激化している」ことを実感されている方もいらっしゃるのではないでしょうか。

グローバル化の進展、規制緩和、あるいはＩＴ技術の発達などにより、企業の他業種や他地域・他国への参入は以前より容易になっています。また業種によっては、製品のコモディティー化や、長引く不況による値下げ圧力などにより、以前よりも自社の優位なポジションを守るのが難しくなっている可能性もあるでしょう。

よくビジネス誌の中吊り広告などに「激化する競争社会」などといったフレーズが書いてあります。ウィギンズとルエフリは、現在のビジネス環境は本当に競争が激化していることを統計分

析によって示したのです。

さらに、ダヴェニの論点②はウィギンズとルエフリの発見③にそのまま該当します。

図1を見てください。従来の企業は、たとえば優れたポジショニングでライバルとの競争を避けることで競争優位を獲得すれば、ある程度はそのまま高い業績を持続させることができました。サーフィンでいえば、いったん大波に乗ってしまえば、しばらくはその波に身を任せていればよかったわけです。

しかし今の時代に成功している企業は、そうではなくて、短い波をピョンピョンと乗り移っているようなものである、というのがダヴェニの主張であり、そしてウィギンズとルエフリによって示されたことなのです。現在の競争優位は持続的ではなく、一時的なのです。そして「一時的な競争優位」を連鎖するように獲得していくことが、現代の企業に求められることなのです。

コンペティティブ・ダイナミクスとは

ではダヴェニの第三の論点、すなわち「ハイパー・コンペティション下では、

図1　一時的な競争優位のイメージ

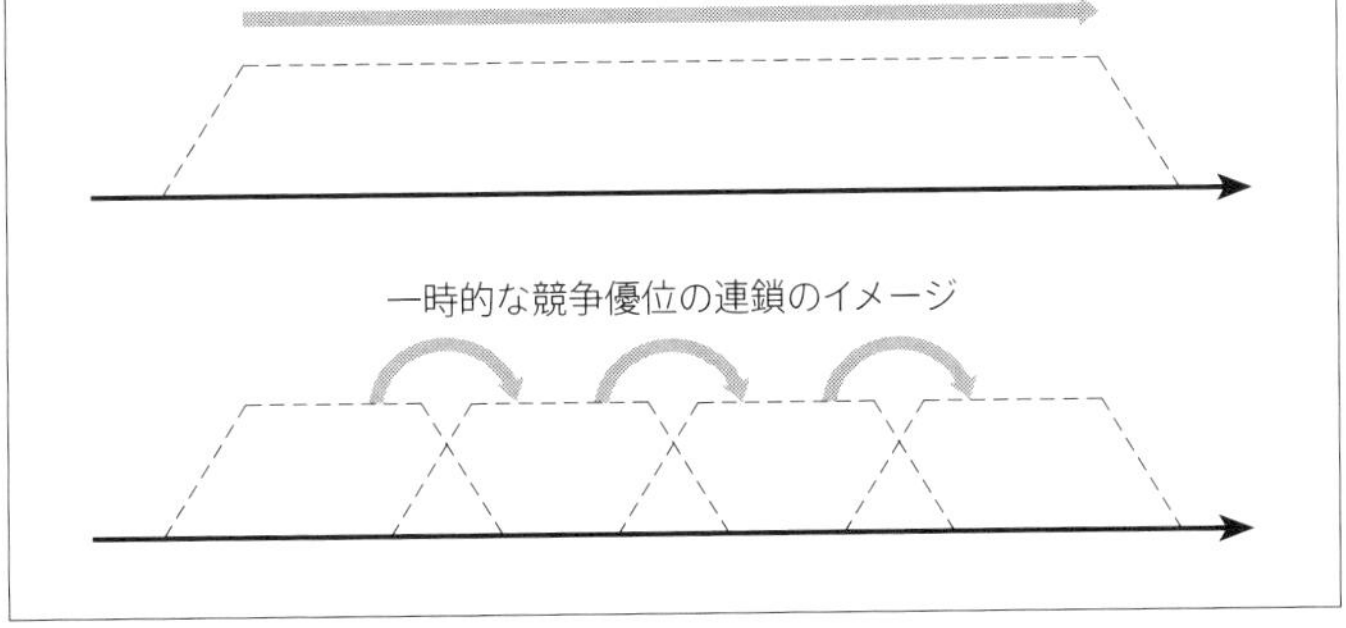

積極的な競争行動をとった企業のほうが高い業績をあげられる」という主張についてはどうでしょうか。

そもそもここでキーワードになっている「競争行動」とは何でしょうか。

経営学における「競争行動（Competitive Action）」とは、ライバルや消費者の目に見えるような自社製品・サービスに関する「動き」のことをいいます。たとえば、新製品を投入したり、製品をモデルチェンジしたり、大がかりな販促活動を行ったり、あるいは価格を大幅に引き下げたりすることは、ライバルや顧客の目に見える競争行動です。

たとえばアメリカの小売業界では、大手のウォルマートやコストコが、同業他社よりも積極的に価格引き下げを行ったり、業界で初めてガソリンを店頭商品とするなど積極的な競争行動を行うことで知られています。日本国内では、たとえばホンダが二〇一三年以降に軽自動車で改良車の投入スピードを上げることを発表していますが(7)、これは同社がより積極的な競争行動を軽自動車市場でとろうとしていると解釈できるでしょう。

もちろん積極的な競争行動はそれだけコストがかかりますし、製品開発やモデルチェンジのためのリードタイムの短縮も求められます。したがって積極的な競争行動が、これらのコストを上回るだけ業績に寄与するのかどうかが重要になります。

(7) 2012年3月17日付『日刊自動車新聞』より

このように「企業が積極的に競争行動することは業績の向上につながるのか」といった疑問を研究する分野をコンペティティブ・ダイナミクスと呼びます。実はこのコンペティティブ・ダイナミクスこそが、一九八〇年代にポーターのSCPパラダイムが一世を風靡《ふうび》したそのあとに、世界の競争戦略研究で多くの経営学者によって分析されてきたテーマの一つなのです。

もちろん、企業の競争行動についてはは、ポーターも議論をまったくしていないわけではありません。たとえば前述の『競争の戦略』の第五章は、ポーターのフレームワークでの競争行動（Competitive Moves）について解説されています。しかし、ポーターのとらえる競争行動は、寡占市場（少数の企業が市場シェアを占めている状況）での分析を中心としており、ハイパー・コンペティションなどに適応する議論をしているわけでは必ずしもありません。

それに対して、「ポーター以後」の研究者たちは、競争行動は寡占的な状況に限らず、ハイパー・コンペティションを含むさまざまな競争環境下で重要になるととらえ、その考えをもとに理論・実証研究を行うようになったのです。

たとえば代表的な実証研究の一つが、ケンタッキー大学のウォルター・フェリアーが二〇〇一年に『アカデミー・オブ・マネジメント・ジャーナル』に発表した論文です[8]。彼は一九八七年から一九九八年にかけてアメリカの一六産業、二二四企業について、新製品の投入、モデルチェンジ、

(8) Ferrier, Walter J. 2001. "Navigating the competitive landscape: The drivers and consequences of competitive aggressiveness." *Academy of Management Journal* 44(4): 858-877.

価格引き下げ、販促活動などの各社がとった競争行動を、たんねんに調査してリストアップしました。

そして集計されたデータを使って統計解析を行った結果、より多く競争行動を行う企業や、長期間にわたって競争行動をしかける企業のほうがその後の市場シェアが上昇する、という結果を示したのです。すなわち市場シェア獲得には積極的な競争行動が有効である、という結果になったのです。

フェリアーよりも新しい研究として、この分野の世界的権威であるメリーランド大学のケン・スミスとカーティス・グリムが、テンプル大学のパトリック・マギッティ、そしてパメラ・ダーファスと二〇〇八年に『アカデミー・オブ・マネジメント・ジャーナル』に発表した論文[9]があります。

フェリアー同様、スミスらは新聞や業界誌などをたんねんに精査し、アメリカの自動車産業やビール産業など主要一一産業の五六企業がとった四四七四の競争行動をリストアップしました。そして彼らも、より積極的な競争行動をとる企業のほうがその後の総資産利益率を向上させることを、統計分析を通じて示しました。

ハイパー・コンペティションが競争行動に与える影響を分析したのが、ケン・スミスと並んでこの分野の重鎮であるヴァージニア大学のミン・ジャー・チェンです。

(9) Derfus, Pamela J., Patrick G. Maggitti, Curtis M. Grimm, and Ken G. Smith. 2008. "The Red Queen Effect: Competitive Actions And Firm Performance." *Academy of Management Journal* 51(1): 61-80.

彼が、台湾の国立成功大学のハオ・チー・リンおよびノートルダム大学のジョン・ミッチェルと二〇一〇年に『ストラテジック・マネジメント・ジャーナル』に発表した研究[10]では、台湾の一〇四企業二八一人の経営者へのアンケートデータを用いた統計分析を行い、(一) 競争環境がハイパー・コンペティションになっていると認識している経営者のいる企業のほうがより積極的な競争行動をとる傾向にあること、そして (二) 積極的な競争行動をとる企業のほうがその後の株主資本利益率が高まること、を明らかにしています。

このように、コンペティティブ・ダイナミクス分野の多くの実証研究では、積極的な競争行動をとる企業のほうが業績を高められるという結果が出ています。すなわちダヴェニの第三の論点を支持する結果が得られているのです。

攻めか、守りか

さて興味深いのは、これらのコンペティティブ・ダイナミクス研究で主張されてきたことは、一見するとポーターのSCPパラダイムの「競争しない戦略」と逆の考え方のように聞こえる、ということです。

くり返しですが、SCPの主張の中心はライバルとの競争を避けることにあります。企業は

(10) Chen, Ming-Jer, Hao-Chieh Lin, and John G. Michel. 2010. "Navigating in a Hypercompetitive Environment: The Roles of Action Aggressiveness and TMT Integration." *Strategic Management Journal* 31(13): 1410-1430.

業界内でユニークなポジションをとってライバルとガチンコの競争を避けることで持続的な競争優位を実現できる、という考えでした。いわば「守りの戦略」といえるでしょう。

それに対して、ダヴェニ、スミス、グリム、チェン、フェリアーたちは、企業はむしろ積極的に競争行動をとるべきである、すなわち果敢に攻めて競争をしかけるべきである、むしろそのほうが業績は向上する、という主張なのです。

実は、前出のスミスやグリムが二〇〇八年に発表した論文には続きがあります。この論文では、企業が積極的に競争行動をしかけた場合、それがライバルの反撃的な競争行動を誘発してしまうことも実証分析から明らかにしているのです。すなわち、こちらが攻めるほどライバルとの競争が激化してしまうわけですから、これはSCPの「競争しない戦略」とまさに矛盾しているように見えます。

では、はたしてSCPの主張する「守りの戦略」とダヴェニたちの「攻めの競争行動」の主張は、どう折り合いをつければよいのでしょうか。

一つの仮説は、「SCPの守りの戦略は企業間競争の緩かった時代には有効だったかもしれないが、ハイパー・コンペティションの進展した現在のビジネス環境ではそれほど有効ではない」ということかもしれません。実際ウィギンズとルエフリの分析結果からは、企業が競争優位を獲得しにくくなっていることが確認されているわけです。

それでは多くの産業がハイパー・コンペティションの状況にある現代では、守りの戦略はまったく意味がないのでしょうか。守りの戦略と攻めの競争行動は両立しないのでしょうか。

私の知るかぎり、この「攻めか、守りか」という疑問については、競争戦略論の研究者のあいだで十分なコンセンサスがあるようには見えません。まさにこれからの研究課題、フロンティアの問いといえるかもしれません。

とはいっても、このままではすっきりしませんので、両者の関係を探る糸口として、以下で私の個人的な考えを少しだけ述べたいと思います（あくまで私論ですので、経営学者の総意ではありません）。

攻めも、守りも

さて、コンペティティブ・ダイナミクスの研究者のあいだにはもう一つよく知られた命題があります。それは「複数市場競争（Multi-Market Competition）」と呼ばれるものです。

ビジネスでは、同じ業界内の企業同士でも、主要な顧客のいるセグメントがライバル企業と重複していることもあれば、ライバル企業との重複が少ないこともあります。たとえばアパレル業界では、ある婦人服と子供服を作っているメーカーAは、同じように婦人服と子供服を作っているメーカーBとは市場が重複することになりますが、紳士服に特化したメーカーCとは重複度が低い、ということになります。

先ほど紹介したチェンが一九九六年に『アカデミー・オブ・マネジメント・レビュー』で発表した論文[11]では、アメリカの国内航空業界が例にとられています。

航空会社のあいだでは、どの路線に飛行機を飛ばしているかで、企業のあいだの路線(セグメント)の重複度合いは異なります。たとえば一九八九年のアメリカの航空路線のデータを使ったチェンの分析によると、アメリカン航空はノースウエスト航空とは路線があまり重複しませんが、デルタ航空と重複度が高いという結果になっています。

このような状況下で、もしアメリカン航空がある路線で価格を大きく下げたらどうなるでしょうか。競合するデルタ航空は、その路線の価格を引き下げるだけでなく、対抗措置としてアメリカン航空が飛行機を飛ばしている他の路線でも価格を引き下げるかもしれません。このように、複数のマーケットで反撃される可能性を事前に考えていれば、アメリカン航空は自ら積極的に価格を引き下げないほうが賢明である、ということになります。

このようにチェンをはじめとするコンペティティブ・ダイナミクスの研究者たちは、「市場(セ

(11) Chen, Ming-Jer. 1996. "Competitor Analysis and Interfirm Rivalry: Toward a Theoretical Integration." *Academy of Management Review* 21(1): 100-134.

グメント）の重複度が高い企業同士は、互いに積極的な競争行動がとりにくくなる」と主張したのです。そして多くの実証研究でもこの命題を支持する結果が得られています。

ここからが私論になります。この命題が正しいとすると、ある企業が積極的な競争行動をとれる一つの条件は、ライバルとのセグメントの重複が少ない、ということになります。言い換えれば、「業界の中でユニークなポジション取りをすることで、ライバルとの競争を避ける」ことと同じ意味合いにならないでしょうか。そして、これはまさにSCPパラダイムの主張の骨子でした。すなわち、（SCPの主張するように）差別化などによって業界内でユニークなポジションをとれば、それだけライバル企業との市場の重複度が低下するので、結果として積極的な競争行動もとりやすくなるはずなのです。

もちろんユニークなポジションをとれているということは「うまく守れている」ということなのですが、ハイパー・コンペティション下ではただ守るだけではいつかは競争優位を失う可能性が高いのですから、同時に攻めの競争行動をとることも理にかなうはずです。

このように、SCPの主張する「守りの戦略」とコンペティティブ・ダイナミクスの主張する「攻めの競争行動」は、相矛盾するものではなくむしろ両立する可能性がある、と私は考えています。

たとえば、先ほどのサウスウエスト航空の例をとってみましょう。アメリカの航空業界では企業間の競争が激しいことはすでに申し上げた通りです。これはハイパー・コンペティションの状況に近いといえます。しかしその中でも、サウスウエスト航空はユニークなポジションをとることで、大手との競争を避けてきました。

ではサウスウエスト航空は、そのような守りの戦略だけで、攻めの競争行動はとっていないかというと、そんなことはありません。むしろ同社は、今も積極的に路線を拡張し、新サービスを次々に打ち出しており、積極的に競争行動をとっています。

そしてなぜサウスウエストにそのような「攻めと守りの両立」が可能だったかというと、同社は中規模都市の第二空港を中心に発着するなどのユニークなポジションをとっていたため、ライバル企業との市場の重複性が低かったからではないか、というのが私の意見です。実際、チェンの論文のデータを見ると、一九八九年時点では同社は多くのライバル企業とは市場の重複性がきわめて低い、という結果になっています。

しかし、サウスウエストも積極的な路線の拡大の結果、最近では大手が拠点としているハブ空港にも少しずつ進出しています。今後ライバルとの市場の重複性が高まるようなことがあれば、同社も積極的な攻めの競争行動をとりにくくなっていくのかもしれません。

競争戦略の研究はますます重要に

これまでの議論をまとめてみましょう。

- ポーターの競争戦略論（ＳＣＰパラダイム）とはライバルとの競争を避けるための戦略、いわば守りの戦略のことである。
- ウィギンズとルエフリの分析によると、近年では競争優位は持続的でなくなってきている。すなわちハイパー・コンペティションが進展している。
- ハイパー・コンペティション下では攻めの競争行動が有効になる可能性がある。
- ＳＣＰの主張する守りの戦略とダヴェニたちの主張する攻めの競争行動は、必ずしも相矛盾するものではない。しかし、この点はこれからの研究課題といえる。

いかがでしょうか。現在の競争戦略の研究では、ポーターを超えて新しい事実が統計的に検証され、いろいろな概念が提示されているのです。

この章を通じて、私がとくにビジネスに携わっているみなさんに考えていただきたいのは、（アメリカのデータではありますが）どうやらやはり企業のあいだの競争は激化してきている、という事実が経営学でも明らかになってきていることです。競争優位を持続できる企業はもはや全体の二~五%しかないのです。

そして、このようなハイパー・コンペティション下では、これまで通りの業界ポジションにとどまってあぐらをかいているのではなく、積極的な競争行動により攻めること、そしてそのためにも業界の中でユニークなポジショニングをとって「攻めの姿勢をとりやすくすること」がますます重要になってきているのではないか、ということを考えていただきたいのです。少なくとも、これまで通りやっていれば今の地位を保てるさ、という気楽な考えは現在の競争環境下では通用しないことを、これらの研究成果は教えてくれているのだと私は思います。

経営戦略論の代表的な学術誌である『ストラテジック・マネジメント・ジャーナル』は二〇一〇年に、「一時的な競争優位」をテーマにした特集号を組みました。

その冒頭論文[12]は前述のダヴェニとスミスによって書かれていますが、そこでは競争戦略論が答えなければならない今後の研究課題が実に数多く提示されています。まさにこれからいっそうの発展が必要とされている分野なのです。そのような中から、みなさんのビジネスにも示唆に富む成果がさらに出てくることを期待したいものです[13]。

(12) D'Aveni, Richard A., Giovanni Battista Dagnino, and Ken G. Smith. 2010. "The Age of Temporary Advantage." *Strategic Management Journal* 31(13): 1371-1385.

(13) 経済学に知見のある方の中には、本章の議論の一部はゲーム理論でも説明できるのではないか、と思われた方もいらっしゃるかもしれません。経営学ではゲーム理論以外のアプローチによる研究が盛んなため、本章ではゲーム理論には触れずにお話ししました。

第5章 組織の記憶力を高めるにはどうすればよいのか

［組織学習の決め手となるトランザクティブ・メモリー］

本章では「組織の記憶力」というテーマについて世界の経営学のフロンティアを紹介しましょう。

みなさんの中には、ビジネス書などで「組織学習」という言葉を聞いたことのある方も多いはずです。ヒトは過去の経験から学んだことを将来に活かすことで成長する生き物です。では、ヒトの集合体である組織も同じように学習をするのでしょうか。

組織学習はみなさんの多くが関心のあるテーマだと思います。もし組織が過去の経験から学習するのであれば、そしてもし組織ごとに学習能力に差があるのならば、そのメカニズムを理解することで組織の効率を高め、より速いスピードで組織を成長させられるかもしれません。

組織学習はこれまで世界の経営学でも大きな研究分野の一つとして発展してきました。数多くの実証研究が行われ、科学的にそのメカニズムが解明されつつあるのです。

組織のラーニング・カーブは実在するか

まずは、そもそも「組織は経験から学習するのか」という問いに、世界の経営学がどう答えているかをお話ししておきましょう。

この疑問を分析するシンプルな方法は、組織のラーニング・カーブ（学習効果曲線）を測定することです。

みなさんもラーニング・カーブという言葉はご存知かもしれません。ラーニング・カーブのコンセプトは、図1に示されています。人は同じ作業を何度もくり返すことでその経験から学習し、次第に作業の効率を上げていきます。もし同じように組織も経験を積むほどその作業効率が高まっていけば、それだけ学習効果があったということになります。このように、経験を蓄積するほど、その作業効率や生産性が高まる右上が

図1　ラーニングカーブ

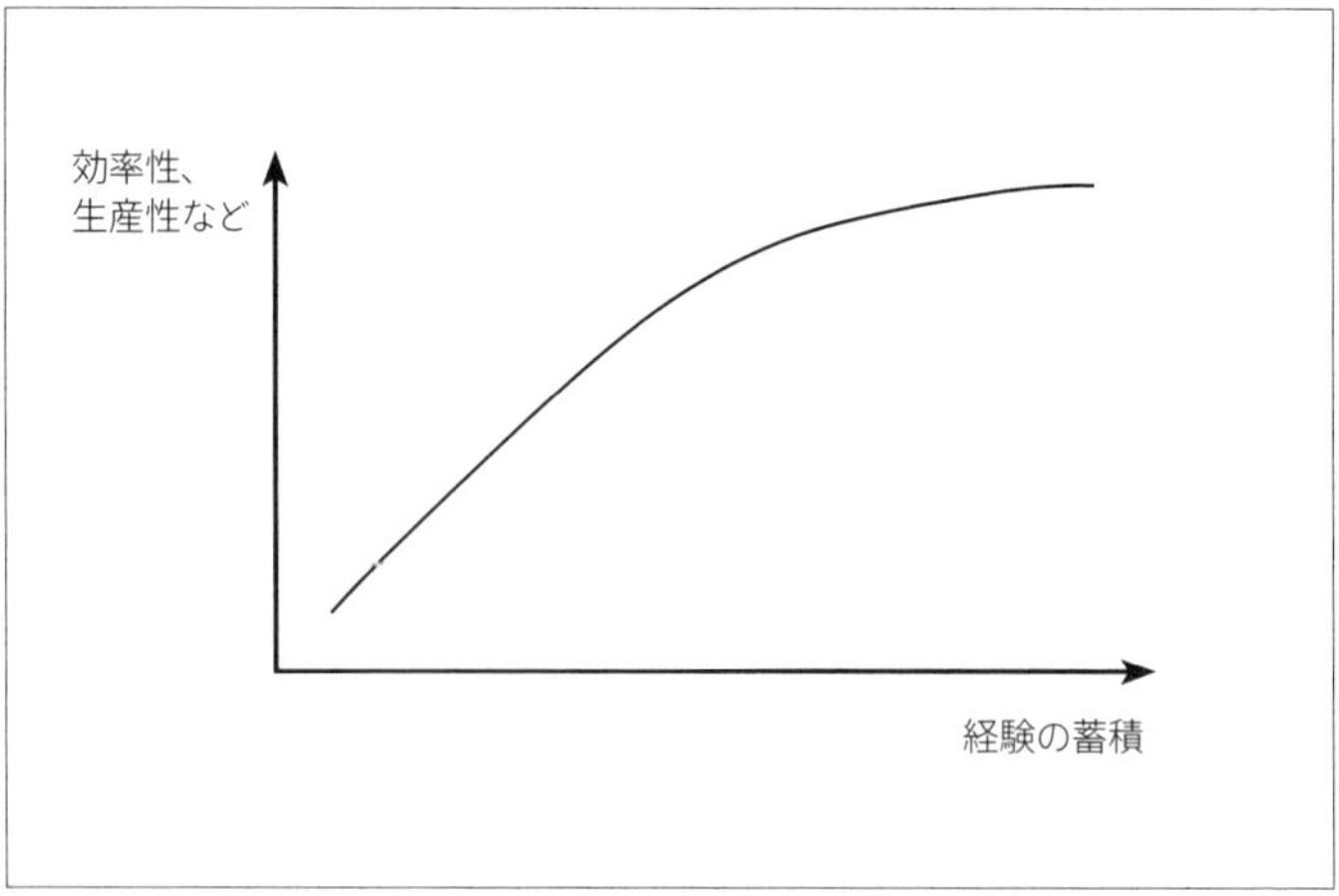

りの関係のことを、総称してラーニング・カーブといいます。

経営学ではこれまでに、いろいろな企業・組織のデータを使って、組織にラーニング・カーブが実在するかどうかを統計的に検証する試みが行われてきました。そして、多くの研究でラーニング・カーブを確認する結果が得られているのです。

最近の研究の代表例として、マサチューセッツ工科大学のレイ・リーガンズが、組織学習研究の世界的権威であるカーネギーメロン大学のリンダ・アルゴーティー、そしてノースウェスタン大学病院のダリア・ブルックスと二〇〇五年に『マネジメント・サイエンス』に発表した論文(1)を紹介しましょう。

この研究では、なんと外科手術が分析の対象となっています。リーガンズたちはある病院の整形外科部門で行われている肘と臀部《でんぶ》の関節置換手術に注目しました。

この病院の整形外科部門は大規模なため、複数の執刀チームが同じ種類の手術を行います。リーガンズたちがデータを集めてみると、この関節置換という比較的手法の確立された手術でも、その施術にかかる時間は執刀チームごとにかなりバラツキが見られたのです。

データによると、この病院で同手術にかける時間は平均で三・六時間ですが、もっとも早く

(1) Reagans, Ray, Linda Argote, and Daria Brooks. 2005. "Individual Experience and Experience Working Together: Predicting Learning Rates from Knowing Who Knows What and Knowing How to Work Together." *Management Science* 51(6): 869-881.

手術を終えられたチームはわずか二八分で終了しており、もっとも時間のかかったチームはなんと一一・五時間もかかっていました。リーガンズたちは、この執刀チームの手術パフォーマンス（どれだけ早く手術を終えられるか）のバラツキが、経験による学習と関係があるのではないか、と考えたのです。

そこでリーガンズたちは、この病院で過去に行われた一一五一の関節置換手術のデータを入手し、さらに執刀チームメンバーの過去の施術経験のデータも合わせて統計分析を行いました。そしてその結果、以下のことがわかったのです。

発見①▼執刀チームが同じメンバー同士でくり返し手術を経験するほど、手術にかかる時間は短くなる。分析結果では、たとえば同じメンバー同士が一〇回の手術を経験することで手術時間は約一〇分短くなる。すなわち「チーム」としてのラーニング・カーブが存在する。

発見②▼病院そのものにもラーニング・カーブが認められる。この分析では、病院全体で計一〇〇回の手術を経験することで、執刀チームの手術時間が平均で三四分縮まることが確認された。手術を経験するほど、病院全体にノウハウが蓄積され、それぞれの執刀チームに学習効果をもたらすと考えられる。

発見③▼執刀チームメンバー個人の経験値がチームのパフォーマンスに及ぼす影響はやや複雑である。まず、メンバー個人がある程度だけ手術経験を積むことは、むしろチームの手術時間を延ばす結果となった。これは、ある程度経験を積んだメンバーは施術中に多くの責任を任されるようになるので、一時的に作業効率が落ちることによるものと解釈できる。ところが、それよりもさらに個人が経験を積んでいくと、今度は執刀チームの手術時間は短くなる。すなわち、個人の経験は短期的にはチーム・パフォーマンスに悪影響も与えるが、中長期的にはプラスの影響を与えることがわかった。

これはなかなか興味深い結果ではないでしょうか。このリーガンズたちの結果からは、組織学習というのは複数のレベルで発生することを示しています。すなわち、執刀メンバー個人レベルの経験の蓄積、同じメンバーとくり返し作業することによるチームとしての経験、そして病院という組織としての経験、このいずれもが手術のパフォーマンスに影響を与えるのです。

病院だけでなく一般企業を対象としたラーニング・カーブの研究も、もちろん多く行われています。

最近の研究として、カリフォルニア大学ロサンゼルス校のマーヴィン・リーバーマンがフロリダ国際大学のナタラジャン・バラスブラマニアンと二〇一〇年に『ストラテジック・マネジメント・ジャーナル』に発表した論文(2)を紹介しましょう。彼らは、一九七三年から二〇〇〇年までのアメリカの五万五〇〇〇の製造プラントのデータを使い、プラントの過去の製造経験を考慮した生産関数を推計することで企業のラーニング・カーブを測定しています。

彼らは、とくにアメリカのどの産業で企業の学習効果が高いかに注目しました。そして分析からは、(一)アメリカのすべての産業で企業のラーニング・カーブ(学習効果)が存在すること、(二)学習効果の高い企業は利益率も高くなる傾向があること、(三)しかし産業ごとに学習効果の差は大きいこと、を示しています。

ちなみにこの分析結果によると、アメリカで学習効果のもっとも高い産業の上位三つは、コンピュータ産業、医薬品業、石油精製業であり、逆にもっとも学習効果が低い産業は、革なめし業、製糸業、製紙業だということです。

「組織として」の記憶力

このように、組織が過去の経験から学習するものであるということは、経営学者のあいだでコンセンサスになっていると言って差し支えありません。

(2) Balasubramanian, Natarajan, and Marvin B. Lieberman. 2010. "Industry Learning Environments and the Heterogeneity of Firm Performance." *Strategic Management Journal* 31(4): 390-412.

とすれば、みなさんがむしろ関心があるのは「では、どのような組織が他の組織よりも効果的に学習をするのか」ということでしょう。

とはいうものの、この問いに一つの明快な答えを出すことは容易ではありません。組織学習とは「組織が新たな知を獲得し、記憶させ、組織内外に移転させ、複数の知識を組み合わせ、そして新しい知識を創造する」という一連のプロセスすべてを含むものだからです。そのプロセスすべてを議論することは、本書の紙幅を超えてしまいます（第七章でも組織学習に関連する話を紹介していますので、そちらもご覧ください）。

そこで本章では「組織の記憶力」というテーマに焦点を絞ることにしましょう。人にはもの覚えのよい人と悪い人がいます。もし同じように、組織にも記憶力のよい組織と悪い組織があれば、それは組織の学習効果に大きな影響を及ぼすはずです。いったい、組織の記憶力の差は何が原因で生じるのでしょうか。

ところで、ここでもう一つ問題提起しておきたいのが、そもそも「人の記憶」と「組織の記憶」ではそのメカニズムの何が違うのか、ということです。

考えてみてください。たとえば、一〇〇人が新しいことを同時に学ぶとします。このときに一〇〇人がバラバラに同じことを学んで、後で各自が得た知識を足し合わせた知識の総量と、一〇〇人が一つの組織として学習をする場合に得られる知識の総量では、どちらが多くなるのでしょうか。言い換えれば、人が組織として記憶することは、はたして効率がよいものなのでしょうか。それとも、むしろ記憶の効率が落ちてしまうものなのでしょうか。

この重要な問いに対する経営学の一つの答えが、トランザクティブ・メモリーと呼ばれるものなのです。

トランザクティブ・メモリー

トランザクティブ・メモリーは、近年の組織学習研究においてきわめて重要な考え方となっています。それは人の記憶と組織の記憶のメカニズムの違いを説明する決定的な考え方の一つといえます。

その基本発想はいたってシンプルです。トランザクティブ・メモリーとは、組織の記憶力に重要なことは、組織全体が何を覚えているかではなく、組織の各メンバーが他メンバーの「誰が何を知っているか」を知っておくことである、というものなのです。

英語でいうならば、組織にとって重要なことはWhat（何を知っているか）ではなく、Who knows what（誰が何を知っているか）である、ということです。このWho knows whatこそが、組織の記憶と個人の記憶を分ける大きな違いなのです。

そもそもヒト一人の記憶力には限界があります。したがって一〇〇人の人が新しい仕事を覚えようとして、一〇〇人がそのまま同じことを覚えることはとても効率が悪いといえます。

したがって、人は自然にそれぞれの得意な分野に特化し、それぞれの専門知識だけを覚えるようになります。企業でいえば、財務の人は財務の知識に明るくなり、営業の人は顧客の動向を記憶し、商品開発の人は技術の知識を深めていきます。ある人は商品Aに精通するようになり、別の人はサービスBについて深い知識を持つようになります。

人が組織として学習することの強みの一つは、このように各自がスペシャリストとして、それぞれの分野で深い知識を記憶することにあります。

しかし、さらに大事なことは、このヒト個人に根付いた専門知識を組織が効果的に引き出せることです。専門知識をいくら蓄積しても、それが必要なときにすぐ引き出せなくては意味がありません。

同じ組織の「他の誰が何を知っているか」がわかっていなければ、自分の専門ではない知識が必要になったときにそれを得るのに時間がかかってしまい、むしろ組織全体の記憶の効率は落ちてしまいます。逆に「このことがわからなかったらまずはあの人に聞け」という、いわば「知のインデックスカード」とでもいうべきものが組織に浸透していれば、記憶の効率は高くなるのです。

人は一人ではトランザクティブ・メモリーは持てませんから、この有無は人と組織の記憶メカニズムの決定的な違いの一つといえます。組織の記憶力を飛躍的に伸ばすためは、トランザクティブ・メモリーをうまく活用することが重要なのです。

恋人同士と他人同士で、記憶力が高いのはどちらか

トランザクティブ・メモリーが初めて明確にコンセプト化されたのは、現ハーバード大学教授の社会心理学者、ダニエル・ウェグナーが一九八七年に発表した論文(3)です。以降、多くの社会心理学、組織理論の研究者がトランザクティブ・メモリーがグループや組織の学習パフォーマンスに与える影響を研究してきました。

その代表的な手法は、実験によるものです。

「実験」と聞くと、シャーレに細胞を入れたり、顕微鏡で何かを覗いたりすることを想像してしまいがちですが、経営学ではそうではありません。

実は、経営学の中でも主に社会心理学をベースにした「ミクロ組織論」と呼ばれる分野では、

(3) Wegner, Daniel M. "Transactive Memory: A Contemporary Analysis of the Group Mind." In B. Mullen and G. R. Goethals (eds.), *Theories of Group Behavior* (pp. 185-208). New York: Springer-Verlag, 1986.

人間の集団にある特定の条件で特定の行動をしてもらい、その結果を分析する、という実験手法が一般的に行われています。

ここでは、やや古い研究になりますが、前述のウェグナーがデポール大学のラルフ・アーバーとニューヨーク大学のポーラ・レイモンドと共同で一九九一年に『ジャーナル・オブ・パーソナリティー・アンド・ソーシャル・サイコロジー』に発表[4]した、トランザクティブ・メモリーに関する興味深い実験を紹介しましょう。

ウェグナーたちはとてもおもしろい状況設定での実験を行っています。

まず彼らは、交際期間三カ月以上（平均交際期間は一年半）の男女のカップル五九組、計一一八名を集めました。

そして、その約半数のカップルをそのままにして、残りのカップルはランダムにペアを入れ替えて、赤の他人同士の男女のカップルを作ってもらいました。そして、それぞれのカップルに以下のようなルールで「記憶力ゲーム」をしてもらったのです。

まずそれぞれのカップルには、科学、食べ物、歴史、テレビ番組、などの七つのジャンルごとに文章が与えられます。各カップルの男女はそれぞれ自分の判断でジャンルをいくつか選んで

(4) Wegner, Daniel M., Ralph Erber and Paula Raymond. 1991. "Transactive Memory in Close Relationships." *Journal of Personality and Social Psychology* 61(6): 923-929.

文章を読み、そこに書かれている単語を一定の時間内に記憶します。

ここでポイントなのは、ジャンルの選択のときに二人は相談をすることができないことです。すなわち男女は互いに相手がどのジャンルの単語を記憶しているのかわかりません。記憶しているあいだ二人は話すことはできません。

その後で、各カップルはどれだけの言葉を正確に覚えていたかをテストされます。記憶力のパフォーマンスは、カップルごとの合計点で評価されます。すなわち、ジャンルを選んで記憶する作業は一人で行うけれど、パフォーマンスの優劣はカップルの合計で決まるということです。したがって、カップルとして頑張る動機が出てきます。

さて、ここでウェグナーたちはさらにおもしろい仕掛けをしました。

彼らは、もともと交際していたカップルと、赤の他人同士のカップルそれぞれをさらに半分に分けました。そしてその片方には、たとえば男性に歴史、食べ物、テレビ番組の三つ、女性に残りの四つというふうに特定のジャンルを先に指定し、そのジャンルの単語を重点的に記憶するように求めたのです。

少しややこしくなりましたが、おわかりでしょうか。すなわち、もともと五九組であった男女のカップルは、以下の四タイプに分けられました。

①もともと交際していて、ジャンル指定のなかったカップル
②他人同士で、ジャンル指定のなかったカップル
③もともと交際していて、男女それぞれが覚えるべきジャンルを指定されたカップル
④他人同士で、男女それぞれが覚えるべきジャンルを指定されたカップル

さて、この四グループに分かれた男女のカップルの記憶力ゲームの結果はどうなったと思いますか。みなさんも予想してみてください。

トランザクティブ・メモリーを持つ恋人たち

まず、タイプ①のカップルとタイプ②のカップルを比較すると、①のカップルのほうが記憶力ゲームの結果が高くなりました。ジャンル指定がされていなければ、そもそも交際しているカップルのほうが赤の他人同士のカップルより高い記憶力を示したのです。

しかしさらに興味深いことは、タイプ③とタイプ④のカップルを比較すると、今度は結果がまったくの逆になったことです。あらかじめ記憶するジャンルを指定されてしまうと、交際して

いるカップルの記憶パフォーマンスはとても悪くなり、むしろ赤の他人同士のカップルのほうがそれよりもはるかに高い記憶力を示したのです。

はたしてこの結果は何を意味しているのでしょうか。

実は、ウェグナーたちが実験を通じて明らかにしたかったことは、「ある程度の交際期間を経たカップルはトランザクティブ・メモリーを自然に持つようになる」ということなのです。そもそも交際が始まってしばらくすると、男女は互いの詳しいこと・詳しくないことが自然にわかってきます。

たとえば、あるカップルは男性が映画に詳しいけれど女性は詳しくないとしましょう。もし女性が「ハリウッドの泣けるラブコメ映画」を観たいと思い立ったら、彼女は交際相手の男性が映画に詳しいことを知っているので、彼に聞けばおすすめを教えてくれるだろう、とわかっています。逆に男性は青山の美味しいイタリアンレストランを知らないかもしれませんが、女性がいつもレストラン情報をチェックしていることを知っていれば、イタリアンが食べたくなったらその女性に聞けばいいということになります。これこそがWho knows what、すなわちトランザクティブ・メモリーなのです。

このように人間のカップル、チーム、組織は、互いを知りあうほど「相手が何に詳しいか」というトランザクティブ・メモリーを自然に持つようになる、というのがウェグナーたちの主張です。

そもそも交際しているカップルは、実験で七つのジャンルを与えられたときに、「彼は科学とテレビ番組に詳しいから、私は歴史と食べ物のジャンルを重点的に覚えよう」といった考えが働きます。したがって、たとえ単語を覚えるときに相手と相談することが許されなくても、暗黙の了解で相手の得意分野を覚えることを避け、自分の得意な分野だけを覚えるようになります。結果的に、これらの交際カップルはより多くの単語を覚えられるのです。

しかし、このように自然に積み重ねられたトランザクティブ・メモリーに、外から強制的に記憶の役割分担の枠組みが与えられたらどうなるでしょうか。

これがまさに実験で「ジャンル指定」という形で試されたことなのです。結果はご承知の通りです。

自然に形成されたトランザクティブ・メモリーを新しい枠組みで無理にゆがめると、両者の軋轢《あつれき》が非効率を生み出し、カップルの記憶の効率は著しく落ち込んでしまうのです。むしろトランザクティブ・メモリーのない赤の他人同士のカップルのほうが、ジャンル指定だけにもとづいて記憶するので、トランザクティブ・メモリーをゆがめられてしまった交際カップルよりも、はるかに効率的に記憶ができるという結果となったのです。

トランザクティブ・メモリーの専門性と正確性

しかし、上記の研究結果はあくまで実験によるものです。はたして実社会でどのような組織がトランザクティブ・メモリーを持っているのか、あるいはどのような組織ではトランザクティブ・メモリーがうまく機能しないのかを検証する必要があります。

ここではペンシルヴァニア州立大学のジョン・オースティンが二〇〇三年に『ジャーナル・オブ・アプライド・サイコロジー』に発表した論文[5]を紹介しましょう。この論文では、ある衣料スポーツ用品企業を対象に調査した統計分析を行っています。

この企業では製品ラインごとに二七の作業グループが構成されています。オースティンは、その作業グループを構成する計二六三人全員に、「自分自身がどのような技能を持っているか」を質問し、他方で「グループの他のメンバーがどのような技能や知識を持っているか」も質問しました。いわゆる自己評価と他者評価のデータをとったのです。

オースティンはこの自己評価と他者評価のデータから、トランザクティブ・メモリーに関連するいくつかの指標を作りました。

(5) Austin, John R. 2003. "Transactive Memory in Organizational Groups: The Effects of Content, Consensus, Specialization, and Accuracy on Group Performance." *Journal of Applied Psychology* 88(5): 866-878.

たとえば、データを集計することで、グループ内でどの人が他者と異なった技能を持っているかを計算し、それを「専門性の指標」としました。

また、グループの他のメンバーの評価と自己評価のあいだにどれだけ整合性があるかもチェックしました。自己評価と他者評価がほぼ同じであれば、それだけ周囲の人がその人の能力を正確に把握しているわけですから、Who knows what、すなわちトランザクティブ・メモリーの正確性が高いといえるわけです。

さらにオースティンは、各グループの作業パフォーマンスをこの企業の評価グループや、他チームからの評価にもとづいて作成し、そのパフォーマンス指標と、トランザクティブ・メモリーの指標との関係を統計的に分析したのです。

その結果、トランザクティブ・メモリーは、グループのパフォーマンスにプラスの影響をもたらすこと、そして中でも、この「専門性」と「正確性」が重要であることがわかったのです。すなわち、トランザクティブ・メモリーが効果的に働くためには、組織のメンバーそれぞれが専門性を深めていること、そして相手が何を知っているかを正しく把握していることが重要である、ということです。

実はこのように実際の企業のデータを使ったオースティンのような研究の蓄積はまだまだ十分ではありません。オースティンの結果がはたしてどのような組織にもいえることなのか、他にトランザクティブ・メモリーを高めるにはどのような条件が必要なのか、まさにこれから研究が望まれる課題なのです。

トランザクティブ・メモリーの豊かな組織とは

ここまでの話をまとめると、以下のようになります。

- 組織が過去の経験から学習することは、多くの実証研究で確認されている。
- 学習のスピードには組織や産業で違いがある。
- トランザクティブ・メモリーを活用することが組織の記憶力を高める上で重要である可能性が経営学では主張されている。
- 互いを知ることで自然に形成されるトランザクティブ・メモリーを強制的にゆがめると、むしろ組織の記憶の効率は落ちる可能性がある。
- 実社会でどのような組織が優れたトランザクティブ・メモリーを持っているかは、これからの研究課題である。

このように、どのような組織がより優れたトランザクティブ・メモリーを持つのかを理解するには、これからの経営学者たちのさらなる研究成果を待たねばなりません。

とはいうものの、これまでの話を総合するだけでも、みなさんが組織作りを考える上での示唆は得られるのではないかと私は考えます。以下、簡単に私論をお話ししましょう。

まず、トランザクティブ・メモリーのコンセプトは組織内の情報共有の重要性を示唆しています。しかしここで大事なのは、あくまでWho knows whatについての正確な情報共有がされていることです。

ビジネス書などでよく「情報の共有化」という言葉を見かけますが、それだけを聞くとあたかも組織の全員が同じ情報を持っていなければならない、と思ってしまいがちです。しかし、ここまで議論してきたように、組織全員が同じ知識を共有することは非効率であり、むしろ大事なことは「知のインデックスカード」を組織のメンバーが正確に把握することであると考えられます。たとえば企業の情報系ITインフラの中にはそのような「知のインデックスカード」の役割を果たしているものもあるかもしれません。もしそうであれば、それをうまく活用することは組織の記憶力を高める上で重要といえます。

しかし、私がそれよりも提唱したいのは、従業員の多くが「他の人が何を知っているか」を自然に日頃から意識できる組織作りを目指すことです。

ウェグナーの実験にあるように、人は交流を深めれば自然にトランザクティブ・メモリーを形成するものです。しかし、大きな企業では社員の全員が深い交流をすることは難しいため、その形成が難しくなります。だからといって、もし中途半端にトランザクティブ・メモリーができている組織に制度的に記憶の分担の枠組みを与えると、ウェグナーの実験が示したように、むしろ両者が軋轢を起こして、組織全体の記憶効率がいちじるしく低下する可能性もあります。

したがって大事なことは、制度的な枠にはめずとも、社員同士が自然にWho knows whatを意識できているような組織を作っていくことではないでしょうか。

この意味で、優れたトランザクティブ・メモリーを持っている日本企業は、たとえば総合商社ではないか、と私は考えています。総合商社の重要な経営資源は言うまでもなくその豊富な情報量にあります。彼らは世界中で多様なビジネスを行っていますので、従業員一人ひとりが、専門分野のスペシャリストとして、各業界の深い知識を持っています。

そして私の経験では、すべての総合商社がそういうわけではありませんが、その何社かには「あの商売のことは彼・彼女に聞けば教えてもらえる」という意識が隅々まで行き渡っている印象があります。

たとえばエネルギープラントの案件に取り組んでいる部門が、そのエネルギーを活用して新しい化学製品を開発することを思いついたとしましょう。彼らが事業化のためにその将来需要を見通したければ、「新しい化学製品の需要については、何階のあの部署の○○さんが詳しい」ということを知っていますのでそこに行けばいいだけですし、また実際に気軽に他の部署に行ける雰囲気があるものです。このようにトランザクティブ・メモリーが組織内に自然に形成されていることが、今も高い業績を誇る総合商社の強みの一つではないかと私は考えています。

他方で、世の中には「実はとなりの部署が何をやっているかよくわかりません」という企業が多いのもまた事実です。とくにセクショナリズム意識の強い企業にはそういった傾向が強いかもしれません。そのような企業は、仮に社員の一人ひとりが優れた知識や経験を持っていても、それを組織としてうまく引き出せていない可能性があるのです。

みなさんも自分のいる会社でどのくらい Who knows what が浸透しているか、意識されてみてはいかがでしょうか。

第6章

「見せかけの経営効果」にだまされないためには

［研究手法論から得られる、経営分析の実践への教訓とは］

みなさんが企業経営について知りたいのは、結局のところ何をすれば企業の業績は上がるのだろうか、ということに尽きるのではないでしょうか。

そのために、みなさんは「経営効果」についていろいろな情報を集めているはずです。

たとえば「ある経営手法を導入した企業一〇社と、導入しなかった企業一〇社を比較すると、その後三年間の売り上げが二〇％も違った」などというビジネス書を見かけたら、その手法の導入を検討するかもしれません。

あるいは、経営コンサルタントから、その人が提案する経営戦略の効果を示す図表を見せられた方もいるかもしれません。たとえばグラフの片方の軸には複数の企業の業績を、もう片方の軸にはそれらの企業がとった戦略を示して両者の関係を図示することで、その経営戦略がいかに業績改善に効果があったかがわかる、というわけです。

また、経営企画室や調査部などにいると、ベンチマーク調査といって、業界のトップ企業や好調なライバル企業がどういう経営戦略をとって高い業績を上げているかを調べることがあります。

これらはいずれも、ある経営戦略の効果を調べ、その結果にもとづいて効果が「ある・ない」と主張していることになります。

このような経営効果分析の結果は、データを見せられることも多いだけに、一見とても説得力があります。しかし、みなさんの中には「〇〇の手法を使ったライバル企業はその後業績が二〇%上がった」という話を聞かされて、「はたして本当にそうなのだろうか、私の直感とは違う」と、疑ってしまった経験を持つ方もいらっしゃるのではないでしょうか。

実は、経営学の見地から言って、みなさんのこの直感はまちがっていない可能性が十分にあります。

念のためですが、私はみなさんがビジネス書や調査部やコンサルタントにだまされているとは言っていません。こういう方々の多くは、言うまでもなくとても真摯《しんし》に仕事をされているはずです。

しかし、ビジネス書や調査部が主張する「経営戦略の効果」は、彼らが強調しているほどにはたいしたものではない可能性が十分にあるのです。それどころか、場合によってはその戦略は本来業績に悪い影響をもたらすのに、あたかも良い効果があるように見えているだけのことすらあります。実は分析した当人たちですら、そのことに気付いていないのかもしれません。

そして、これは現在の経営学の研究手法の問題と大きく関わってくるテーマなのです。

何が問題なのでしょう。私たちが経営効果に関する誤った情報を鵜呑《うの》みにしないためにはどうすればいいのでしょうか。それを考えていくのが本章の目的です。

ここでは、経営戦略研究の研究手法についての話題を紹介し、その意味するところを解説しながら、みなさんが「見せかけの経営効果」に意思決定を誘導されないためにはどうすればよいかを考えます。前半は統計学の話になりますが、数式などは一切登場しませんので、気軽に読み進めてみてください。

経営戦略の効果の検証

まずは研究手法についての解説をしましょう。第二章で述べたように、世界の経営学では、統計学にもとづく手法が分析に多く用いられています。

第二章で述べましたが、世界の経営学では、ある経営法則が幅広く多くの企業に当てはまるかを検証することが重要視されています。そのためには、多くの企業のサンプルを集めて、経営法則があてはまるかを統計的に検証するプロセスがとても重要になります。

経営戦略論の研究でもっとも使われている統計手法は、回帰分析と呼ばれるものです。回帰分析という手法は一般の統計学から独立して、計量経済学という分野で飛躍的に発展してきました。詳細に関心のある方は専門書を読んでいただくことにして、ここでは直感的なエッセンスだけお話しします。回帰分析とは、とてもおおざっぱにいえば、「AがBに影響を与えている可能性があるか」を統計的に検証する手法です。

たとえば、「企業の多角化戦略は、利益率にプラスの影響を与える効果がある」という仮説をみなさんが立てたとしましょう。

そうであれば、みなさんが行うべきことは、ある一定数の企業サンプル、たとえば一〇〇〇企業のサンプルに対して、多角化の度合いと利益率のデータを収集することです。さらに、多角化以外にも利益率に影響を及ぼしそうな要因、たとえばその年の景気、産業の特性、企業の規模や年齢などのデータも収集します。

そして、「多角化（とその他の要素）が利益率を説明する（利益率を左右する）」というモデルを検証するように統計プログラムを設定して、回帰分析を行います。結果として、多角化の変数にプラスの効果が統計的に意味のある状態で表れていれば、その仮説は「支持された」ことになります（より正確には「多角化が利益率に影響を与えていない」という帰無仮説を棄却したということになるのですが、ここではわかりやすくするために「支持された」という表現を使います）。

世界の経営戦略研究では、企業がどのような戦略をとれば業績にプラスの効果があるかを検証するために、これまで幾万幾億もの回帰分析が行われ、数えきれないほど多くの実証研究が報告されてきました。統計分析を通じて特定の法則がくり返し検証されることで、経営学者たちのあいだでその法則が真理に近いのかどうかについて合意が得られるようになっていくのです。

代表例の一つとして、海外に子会社を設立するときの方法と子会社のその後のパフォーマンスについての研究をとりあげましょう。

企業が海外に子会社を設立するときは、独自資本で新しく立ち上げることもありますし、現地企業を買収して子会社化することもあります。経営学者にとって「独自資本と買収のどちらが、海外子会社のその後のパフォーマンス（生存率や利益率）にプラスの効果をもたらすか」は重要な研究テーマとなってきました。

そのため多くの研究者が、膨大なデータと回帰分析を用いて研究を積み重ね、そして多くの研究では「他の条件を一定とすれば、独自資本のほうが買収よりも海外子会社のパフォーマンスを高めるようだ」という結果が得られてきました。

いや正確には、経営学者は、この方法とそれによって得られた結果が正しいと信じるようになってしまっていたのです、一九九八年までは。

一九九八年以前の研究はほとんどまちがっている?

現ミネソタ大学のスター教授、マイルズ・シェイバーが一九九八年に『マネジメント・サイエンス』に発表した論文(1)ほど、近年の経営戦略論の研究手法にインパクトを与えた論文も少ないでしょう。

シェイバーのメッセージは明快でした。彼は、それ以前に発表された「経営戦略が業績に与える効果(すなわち経営効果)」を回帰分析した研究の多くがまちがっている可能性がある、と指摘したのです。

それまで積み重ねられてきた研究結果を正面から否定したわけですから、当時この論文がいかに経営学者を驚かせたかは想像に難くありません。しかし今では、シェイバーの指摘が正しかった

(1) Shaver, J. Myles. 1998. "Accounting for Endogeneity When Assessing Strategy Performance: Does Entry Mode Choice Affect FDI Survival?" *Management Science* 44(4): 571-585.

こともまた合意事項となっているのです。

ではシェイバー論文のエッセンスを説明しましょう。ここが本章のポイントです。

「独自資本のほうが買収よりも、その後の海外子会社の業績にプラスの影響を与える」という仮説にもう一度注目しましょう。

さて、ここでシェイバーは、なぜこの企業はそもそも独自資本を選んだのか、という点に注目すべきであると主張します。

「独自資本か買収か」は戦略的な意思決定ですから、そこには、その意思決定に影響を及ぼす、別の要因があるはずなのです。たとえば、ある企業は何か特別な技術力を持っていて、その技術を買収した相手に流用される可能性を避けるために、買収よりも独自資本を選んだのかもしれません。あるいは、進出する国の事業環境が不安定で、適当な買収候補が見つからなかったのかもしれません。

その因果関係をまとめた、図1を見てください。

まず、そもそも私たちの関心があるのは「独自資本を選んだことが業績にプラスの影響を与えているか」ということでした。そしてシェイバーの一九九八年の論文以前の研究では、この効果は矢印Aという形で、回帰分析により確認されてきたわけです。

さて厄介なのは、先ほど申し上げた通り、この「買収より独自資本を選ぶ」という戦略の選択そのものが何か別の要素に影響を受けている可能性があることです。

言われてみればこれは当たり前のことです。戦略的な意思決定にはそれを選んだ理由があるはずです。

もし別の要素が戦略上の意思決定に影響を与えているのであれば、私たちは、その因果関係を示すBの矢印も描く必要があります。仮に、その別の要素が「企業の優れた技術力」であるならば、上述したように、その企業は買収相手に技術が流出するのを防ぐために独自資本を選択しがちになる、すなわち「独自資本の選択」にプラスの影響を与えることになります。

さらに重要なことは、「企業の優れた技術力」が「子会社の業績」にも影響を与えている可能性があることです。

優れた技術のある企業は海外の業績も高いと考えるのは直感的でしょう。したがって、この両者を結ぶ矢印Cも描く必要が出てきます。

図1　海外進出方法の選択と海外子会社の業績

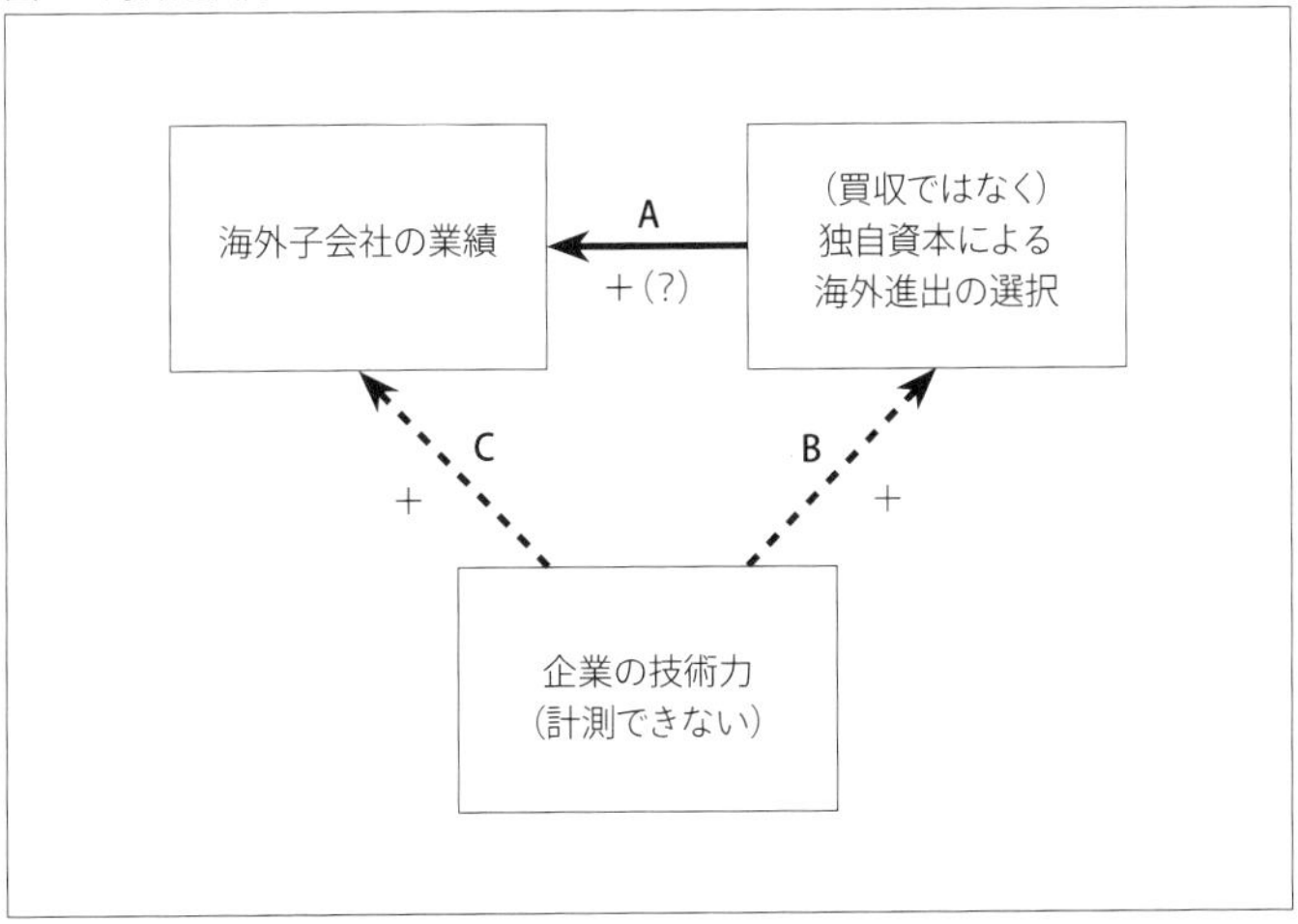

そして、その影響はプラスということになります。

おわかりでしょうか。つまり、本来この因果関係の構造全体をとらえるために重要な出発点は、「独自資本の選択」という戦略ではなく、「優れた技術力」なのです。そして、その技術力が独自資本の選択と業績の両方にプラスの影響を与えていれば、本来は関係がなくても、あたかも「独自資本の選択」が業績にプラスの影響を与えているように見えてしまうのです。

内生性の問題

これが問題の本質です。これは計量経済学における「内生性の問題」と呼ばれます。

正確な用語を使うと、この場合は「回帰分析の説明変数と誤差項に相関があり、回帰分析の有効性に重要な一致性の条件を満たさない」ということになります。そういう専門用語はともかく、ポイントは、BとCの矢印を見過ごしてしまうことで、Aの矢印が本当は存在しないのに、あたかもそれがとても重要な経営効果であるかのように過大評価してしまうことなのです。

計量経済学では、以前からこの問題を解消するための手段が検討されてきました。

それに対して、いわば計量経済学を「借りて」使っている経営戦略論では、内生性問題への対応が遅れていたと言って過言ではありません。一九九八年にシェイバーの論文が発表されるまで、多くの経営学者がこの問題に無関心だったのです。

しかし、これが経営戦略論の研究にとっていかに重要なことかはおわかりになるでしょう。なぜなら、この分野ではすべからく経営戦略の業績への効果を分析することに関心があるからです。多角化戦略、国際化戦略、競争戦略、すべてのテーマで、その戦略が業績に影響を及ぼすかを統計的に検証することが重要になります。しかし、企業がその戦略をあみだくじで適当に選んだ、ということはありえません。何か別の理由があって、それにもとづいて選んでいるはずなのです。すなわち、経営戦略分析の多くが、本質的に内生性の問題をはらんでいるのです。

もちろん一九九八年以前の研究に意味がまったくないわけではありません。これらの実証研究の中にも、有用性が十分に残る研究はまちがいなく多く存在します。しかし、少なくとも、「シェイバー以前」の論文について、あるいはそれ以降の論文でも内生性を考慮できていない研究については、そこで報告されている経営効果が過大評価されている可能性を疑ってみる必要があるのです。

いかがでしょう。このシェイバーの論文が、経営学者にいかにショッキングなものであったかは、おわかりいただけたと思います。

しかし逆にいえば、経営学者がこの内生性問題を真剣に考慮しはじめたことは重要なステップだったといえるでしょう。世界の経営学者たちは、このように分析手法の精度を少しでも高めることで、可能なかぎり真理に近い経営法則を追い求めようとしているのです。

見えない要因を排除する

現在の世界のフロンティアの経営戦略研究では、猫も杓子も内生性を考慮しなければなりません。トップクラスの学術誌に論文を掲載するには、内生性問題をできるだけ排除することが必須の条件になっているとさえいえます。

厄介なのは、多くの場合「企業の優れた技術力」のような情報は目に見えず、計測できないことです。したがって現在の経営戦略論研究では、このような見えない要因による影響を排除するために、特別な統計手法が用いられます。

たとえば、先のシェイバーの論文では、海外子会社の業績ではなく、まず「独自資本による進出」がどのような要因に影響を受けるかを回帰分析で推定し、その結果から計算される「逆ミルズ比」という指標を矢印Aの回帰分析に組み入れることで、内生性の問題を排除しようとしました。

(2) Miller, Douglas J. 2006. "Technological Diversity, Related Diversification, and Firm Performance." *Strategic Management Journal* 27(7): 601-619.

その結果、独自資本の選択の海外子会社の業績への効果は、逆ミルズ比を組み込むと消えてしまうことをシェイバーは明らかにしたのです。すなわち、統計的に内生性をコントロールすると、それまで信じられていた「独自資本進出は海外子会社の業績を高める」という経営効果の法則が、どうやら見せかけだったということになったのです。

モデレーティング効果

今度は、もう少し複雑な因果関係を組み入れた経営効果分析の例を紹介しましょう。

それは「事業の多角化は、企業価値にプラスの効果があるのか」というテーマについて、トューレーン大学のダグラス・ミラーが二〇〇六年に『ストラテジック・マネジメント・ジャーナル』に発表した論文です(2)。図2を見てください。これがミラーの提示した仮説の簡略図です。

図2　ミラー論文の事業多角化の企業価値への影響分析の結果

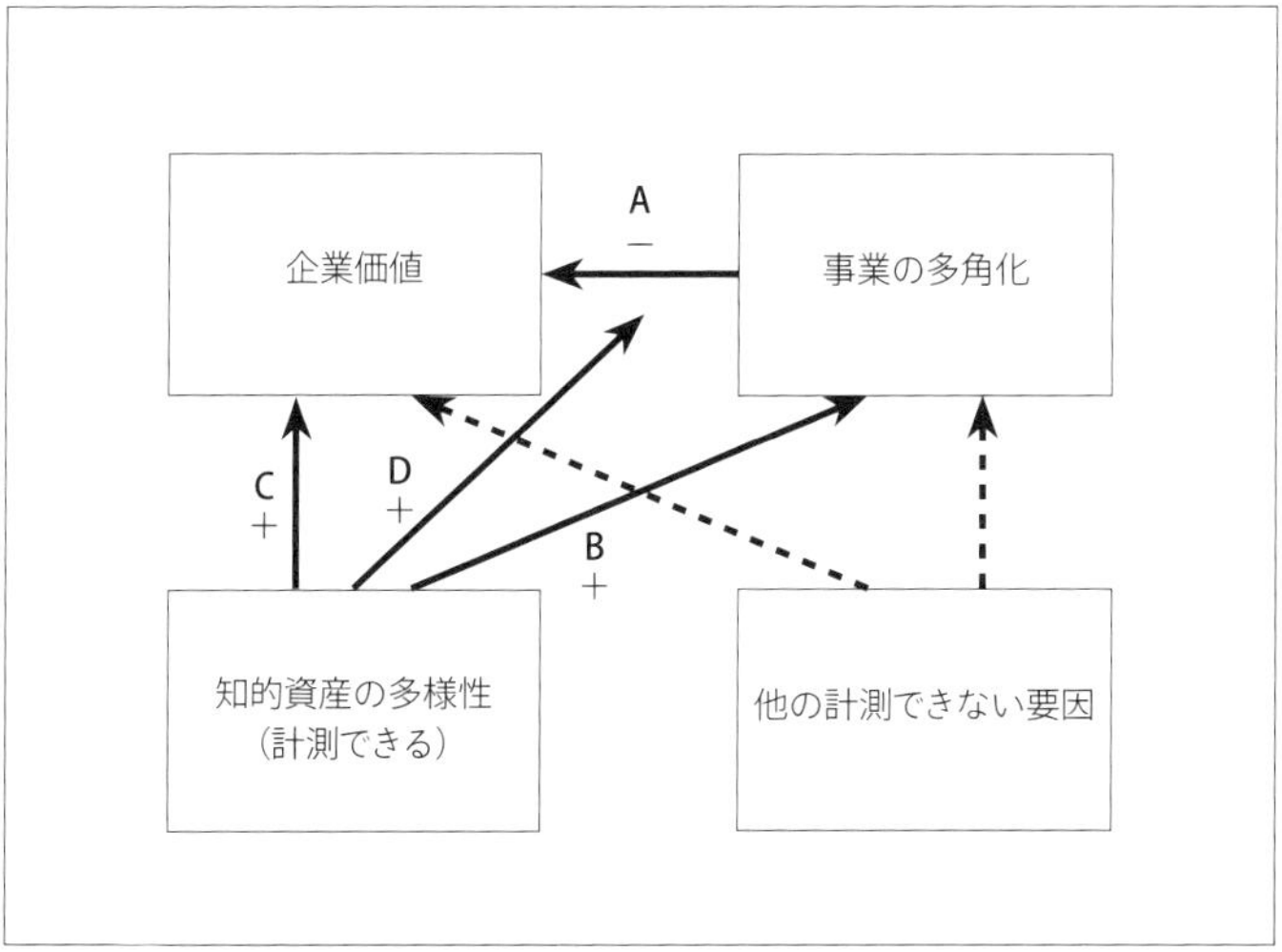

実は経営学者のあいだでは、「豊富な知的資産を持ち、その資産を事業に活用できる企業は、多角化により市場価値を向上させることができる」という法則が徐々にコンセンサスになりつつあります。

すなわち、多角化が企業価値に与える経営効果（矢印A）そのものが知的資産という別の要因に影響されているのです。

このように、ある変数から別の変数への効果（この場合は矢印A）の強さが、さらに別の変数（この場合は知的資産）によって左右されることを、モデレーティング効果と呼びます。

図では矢印Dがそのモデレーティング効果を示しています。もし矢印Dがプラスであれば「知的資産の多様な企業ほど、多角化が企業価値によい効果を与える（多角化が企業価値によい効果を与える条件の一つは、知的資産が多様なことである）」といえるのです。

他方で、事業の多角化そのものは戦略的な意思決定ですから、先ほどのシェイバーの例と同様に、この意思決定に影響を及ぼす他の要因があるはずです。

たとえば知的資産が多様な企業はそれを活かして多角化を進めようとするでしょうから、その影響（矢印B）も考慮しなければなりません。もちろん知的資産そのものが、企業価値に直接の影響を与えることも考えられます（矢印C）。さらに、他の計測できない要因も多角化や企業価値に影響を与えるかもしれません（点線の矢印）。

さて、ミラーは図2の関係を、有効なデータの入手できた七四七のアメリカ企業のデータを使って検証しました。

なかでも注目すべきは企業の知的資産ですが、ミラーは各企業の特許データを使って知的資産の代理変数を作り、分析に組み込みました（特許データで「企業の知」を計測することについては、第七章をご覧ください）。さらに、他の計測できない要因によってもたらされる可能性のある内生性問題を防ぐために、前述のシェイバーとほぼ同様の手法を用いました。

ミラーの結果は興味深いものでした。まず、矢印Bはプラスになりました。すなわち知的資産が多様な企業のほうが多角化を進める傾向にある、という結果です。また矢印Cもプラスになりました。知識が多様な企業のほうが企業価値は向上するということになります。

しかしそれ以上に興味深いのは、Dの矢印が予想通りプラスとなった一方で、Aの矢印はマイナスになったことです。

矢印Dの結果は、「企業が多角化から高い業績を得られるのは、その企業が多様な知的資産を有しているときに限る」というモデレーティング効果を裏付けるものです。

他方でAがマイナスということは「そのような知的資産を有していないときは、むしろ多角化は業績に悪影響である」ということになります。すなわち、多角化の企業価値への経営効果は、その企業の知的資産の多様性の有無で逆転する、という結果となったのです。

これは、経営戦略の効果を分析するときには、それがどのような条件でもあてはまるものなのかを慎重に考慮する必要性を意味しています。

このミラーの例のように、経営戦略の効果は、ある条件を企業が満たしたときにだけ成立することが少なくありません。このようなモデレーティング効果を見逃してしまうと、その経営効果があたかもどのような企業にでもあてはまるかのような錯覚が生じてしまうのです。

多くの経営効果は過大評価されている可能性がある

さて、これまでの話をもとに、みなさんへの示唆を考えましょう。

「ある経営方針をとった企業のほうが、その後の業績が二〇％高くなった」とするビジネス書を読んだとき、あるいは戦略と企業業績の関係を示した図を見せられたとき、私たちはそれらのデータを盲目的に信じるべきでしょうか。

答えはもうおわかりでしょう。もちろん、ノーです。

よほど統計学に正しい手法を使っていないかぎり、多くの「経営効果」に関するこれらの分析は内生性やモデレーティング効果を考慮していないからです。たとえばある経営方針と業績の関係は別の第三の要因が出発点になっていて、それで見かけ上、経営効果があるように見えるだけなのかもしれません。そしてもしこのような内生性を見逃していれば、それは経営効果が過大評価されている可能性を見逃している、ということなのです。

ベンチマーク調査にも同じことがいえます。たとえば「業界トップのあの会社は○○をしているから、こんなに業績が上がっているのだ」といった話は、ベンチマーク調査でよく聞かされるものです。しかし、こういう話に対して「そうは言ってもなあ、あの戦略はあの会社だからできるのであって、うちの会社には向いていないんじゃないかなあ」といった感想を持ったことのある方も多いのではないでしょうか。

そして、みなさんがなんとなく感じられていたそのことは、大いに正しい可能性があるのです。なぜなら、その企業は何か別の特殊な理由でその戦略を選んでいるだけで、その特殊な理由のほうが業績に貢献しているのかもしれないからです。すなわちベンチマーク調査の多くは、内生性を考慮できていないのです。あるいは、その企業は何か特殊な経営資産を持っていて、その条件があるからこそ経営効果が発揮されているのかもしれません。その場合は、モデレーティング効果が考慮されていないのです。

冒頭にも書きましたが、私は「ビジネス書を信じるな」とか「コンサルタントの言うことを信じるな」とはけっして言っていません。ベンチマーク調査をするな、とも言ってはいません。

私が申し上げたいのは、戦略と業績のデータを見せられて、その戦略に経営効果があるという主張を聞かされたときには、内生性やモデレーティング効果を考慮しないことによる「見せかけの効果」を念頭においていたほうがよいということです。ベンチマークでは、対象企業の戦略と業績を安易に結びつける前に、なぜその企業がその戦略を選んだのか背景を徹底的に分析し、別の要因がむしろ業績に影響を与えているのではないか、と疑ってみることが重要なのです。あるいは、その経営効果はどのような条件でもつねに成立するものなのかを疑ってみることが重要なのです。

Kマートが敗れた理由

見せかけの経営効果を気にせずに、好調なライバル企業を真似する企業の事例には枚挙にいとまがありません。

私がすぐに思いつくのは、二〇〇〇年代初頭にアメリカのディスカウント小売市場で王者ウォルマートに対抗しようとしたKマートです。

それ以前から、ウォルマートの成功の理由の一つがその徹底した低価格戦略にあるということは、業界では誰もが知っていることでした。さらにウォルマートは低価格化の実現のためにITシステムの構築に巨費を投じていたこともよく知られていました。そこで長らくナンバーワンの地位をウォルマートに明け渡していたKマートは、チャールズ・コナウェイ会長のもと積極的にIT投資を行い、思い切った低価格戦略に舵を切ってウォルマートに対抗しようとしたのです。


実は、これはビジネススクールでよく紹介される話なのですが、ウォルマートが低価格戦略を実現できている背景には、複数の因果関係が複雑に絡み合っていたといわれています。

たとえばウォルマートが巨大なITシステムを構築した背景には、それにより同社の充実したロジスティクス網を管理することでオペレーションの圧倒的な効率化を加速させるねらいがありました。またウォルマートは都市近郊に進出していたKマートとは異なり、郊外を中心に出店を進めて他社との競争を避けていました。さらに「いつも低価格（Everyday Low Prices）」の印象を消費者に与えることで広告費をおさえ、それはたんなる経費の削減だけでなく、販促活動を減らして売り上げ変動を減らし、その結果ITシステムを使っての販売予測をより正確にする効果もありました。

このように、ウォルマートの低価格戦略は、他の多くの要因が緊密に結びつきあって成功したものだったのです。それらの複雑な因果関係を理解せず、一部だけをなぞって低価格化やＩＴ投資を追求してもうまくはいくはずはありません。

売り上げ不足と資金繰り悪化に苦しんだ末に、Ｋマートは二〇〇二年に連邦破産法一一条を申請しています。

見せかけの経営効果にまどわされないために

このように、私たちが普段よく見聞きする「経営効果」の中には少なからず過大評価されているものが含まれています。私たちはこれになるべくまどわされないようにする必要があります。

とはいうものの、みなさんが内生性やモデレーティング効果を考慮した回帰分析を使って経営効果をいちいち検証することは、とうてい現実的ではありません。では他に何か方法はないのでしょうか。

以下では、誰でもできるわりには有効である、と私が考えている方法を二つ記しておきます。あくまで私個人の提案で、経営学者の総意というわけではありません。

まず、経営効果のデータを見せられたとき、安直にその結果を受け入れるのではなく、みなさん自身で因果関係の図を描くことはとても有効な方法だと思います。たとえば、図1・図2で示したように、経営戦略と業績の関係（矢印A）以外に、見えない効果（矢印BやCやD）がないかを注意深く検討し、図に描いてみることです。

現実には、この因果関係は図1や図2よりもはるかに複雑になるはずです。それでも、業績や戦略にとって重要と思われる要素と、それらの因果関係を図で整理することで、本当に戦略から業績への経営効果があるのか、ビジネス書や外部専門家の主張は正しいのか、より正確な推測ができるようになるはずです。

第二に、ベンチマーク調査では、業界のトップ企業だけを調査するのではなく、業績が好調ではない企業を対象に加えることも一案でしょう。

私の経験では、多くのベンチマーク調査では、業界トップの会社や好調なライバル企業だけを分析の対象にすることが多いようです。しかし、ここまでの議論でおわかりのように、このようなベンチマーク調査には内生性の問題がありますので、業績がよい企業の戦略は安直に高く評価されがちなのです。

したがって、業績の低迷している企業にもあえてベンチマーク調査を行い、なぜその企業の業績は不調なのかをあわせて議論することは、見せかけの経営効果を排除するために有効なはずです。

内生性の問題により、業績の悪い企業の戦略はむしろ過小評価されがちですから、その両者を比べることで中立的な分析が効果的にできます。たとえば、ライバル企業の中でも業績の悪い企業B社が業績トップのA社と同じ戦略をとったらどうなるだろうか、なぜB社はA社と同じ戦略がとれないのか、といったことを考えることで、見せかけの経営効果を排除し、本当の経営効果に近づくことができるはずです。

いかがでしょうか。本章では、経営戦略研究の方法論を足がかりにして、みなさんが経営効果を考える上で気をつけるべき点をお話ししてきました。ここでお話ししたことが、みなさんが経営科学的な視点を持つ上で少しでもお役に立てばと思います。

第7章

イノベーションに求められる「両利きの経営」とは

［イノベーション研究の先端で経営学者が取り組む疑問とは］

経営学のあまたあるテーマの中でも、イノベーションほど重要なものも少ないでしょう。企業はどうすればイノベーションを起こせるのか——この問いに答えるために、世界中の経営学者によって、これまでに数えきれないほどの研究がなされてきました。日本でも有名なハーバード大学のクレイトン・クリステンセン教授による名著『イノベーションのジレンマ』(1)はその代表格でしょう。

イノベーションはあまりにも広大なテーマであり、そのすべてを説明するような大それたことは、私にはできません。しかし他方で、世界の経営学ではとても重要とされながら、日本の多くのみなさんには知られていない考え方があることも事実なのです。

(1) クレイトン・クリステンセン『イノベーションのジレンマ——技術革新が巨大企業を滅ぼすとき』(玉田俊平太監訳、伊豆原弓訳、翔泳社、2001年)

そのキーワードは「両利きの経営」です。「両利き（Ambidexterity）」とは、その名の通り右手も左手も利き腕であるかのような企業経営のことを指します。

日本ではなぜか「イノベーションのジレンマ」ばかりが注目されて、両利きの経営という言葉にはなじみの薄い方がほとんどのようです。しかし、後で述べるように両者は深く関連する考えであり、それどころか世界のイノベーション研究のフロンティアで経営学者の多くが研究しているのはむしろ「両利きの経営」の方であると言ってまちがいないと思います。今まさに日進月歩で研究が進められているテーマなのです。みなさんのビジネスを考える上での示唆もあるはずです。

両利きの経営とは、いったい何なのでしょうか。なぜそれは重要で、どうすればそれを実現できるのでしょうか。これらの疑問に答えるために、まずはこれまで世界の経営学で議論されてきたイノベーション研究の基本を解説しましょう。

知は、知と知から生まれる

言うまでもなく企業イノベーションとは、「企業が革新的な技術、あるいは商品やビジネスモデルを生み出すこと」です。ではその条件とは何でしょうか。

この単純で奥の深い疑問について、経営学には一つのコンセンサスがあります。それは「イノベーションを生み出す一つの方法は、すでに存在している知と知を組み合わせることである」ということなのです。

言われてみればこれは当然のことです。人間は、まったく何もない知識ゼロの状態から新しいアイデアを生み出すことはできません。ヒトも組織も、何らかの既存の知と別の知を組み合わせることで、新しい知を生み出すのです。

イノベーションという概念の産みの親ともいえるジョセフ・シュンペーターは、その著書で次のように述べています。

> To produce other things, or the same things by a different method, means to combine these materials and forces differently... Development in our sense is then defined by the carrying out of new combinations.（Schumpeter 1934, pp. 65-66）(2)
>
> 他のものを創造すること、あるいは同じものを異なる方法で創造することは、これらの構成素材・影響要素を異なるやり方で組み合わせることである。いわゆる開発とは、新しい組み合わせを試みることにほかならない。（筆者訳）

(2) Schumpeter, Joseph Alois. *The Theory of Economic Development: An Inquiry into Profits, Capital, Credit, Interest, and the Business Cycle*. Transaction Publishers, 1934.

New Combination（新しい組み合わせ）と呼ばれるこの考えこそ、シュンペーターが提示したイノベーションの普遍的な前提の一つといえるでしょう。

みなさんも、たとえば「これまでサービスAで使っていたビジネスモデルを、別のサービスBに応用してみたらどうだろうか」というように、既存のビジネスモデルの組み合わせや応用から、新しいビジネスアイデアを思いつかれることは多いのではないでしょうか。

私がすぐに思いあたる例は、紙おむつの製造方法です。

優れた紙おむつを製造するには、吸収力を高めるために紙に微細な穴をあけて加工・切断する必要があります。そしてそのために使われている技術の一つはウォータージェットといって、当初はステンレスやチタニウムの切断のために航空宇宙産業で使われていた技術だったのです。すなわち、航空宇宙産業で使われていた技術と紙おむつの加工というまったく異なる知と知が組み合わさることで、吸収力の高い紙おむつというイノベーションが生まれたのです。

知識はほどほどに幅広く

知と知の組み合わせがイノベーションの本質の一つだとすると、イノベーションを起こしやすい組織の条件の一つは明快ではないでしょうか。

それは、組織の知が多様性に富んでいることです。幅広く知識にアクセスできるほど、それだけいろいろな知識の組み合わせを試せるので、結果として新しい知を生み出す確率も高くなるからです。

しかしここで気をつけなくてはいけないことは、知は多様すぎてもよろしくないということです。組織のキャパシティには限界がありますから、あまりにも範囲の広い知を取り込もうとすると、キャパシティを超えてしまい、全体としてはむしろ効率が悪くなってしまいます。したがって、組織にとっては幅広く、でも極端には広すぎない、ほどほどに幅の広い知識を持つことがイノベーションに効果的なのです。

企業の「知の範囲」がイノベーションに与える影響を分析した代表的な研究が、二〇〇二年にスタンフォード大学のリタ・カティーラとミシガン大学のゴータム・アフージャが『アカデミー・オブ・マネジメント・ジャーナル』に発表した論文です[3]。

やや専門的になりますが、この論文が後の研究者たちに大きな影響を与えた理由の一つは、企業の特許（パテント）引用のデータを用いて企業の「知の範囲」を計測したことにあります。

企業が知的財産となる特許を申請するときには、通常そのアイデアを生み出す際に参考にした他の特許を引用して記載します。

(3) Katila, Riitta, and Gautam Ahuja. 2002. "Something Old, Something New: A Longitudinal Study of Search Behavior and New Product Introduction." *Academy of Management Journal* 45(6): 1183-1194.

ある企業が申請した特許が、他の新しい特許を多く引用していれば、その企業はそれだけ幅広く新しい知識を参考にしているということになります。ですから、この情報を企業レベルで集計していけば、その企業が幅広く新しい知識を開拓することにどれだけ積極的な企業かを計測できるというわけです。

カティーラとアフージャは、世界のロボットメーカー一二四社のデータを用い、各企業の「知識の範囲」を計算しました。そして、各企業が新しい特性を付加したロボット製品を生み出す頻度をイノベーション成果の代理指標として、知の範囲との関係を分析したのです。

その結果、企業の知の幅が広くなるほどその企業は新しい特性の付加された製品を生み出しやすいこと、しかし、極端に知の幅が広がるとかえってそれはマイナスの効果を持つことを確認したのです。ほどほどに幅の広い知識を持つ企業こそが優れたイノベーション成果を出せることを裏付ける結果となったのです。

オープン・イノベーションの本質とは

ここで当然ながら、では企業はどうすれば（ほどほどに）知の幅を広げられるかという疑問が浮かんできます。

これもイノベーション研究の大きなテーマであり、本章でそのすべてを語ることはできません。ここでは、中でも盛んに研究されているオープン・イノベーション戦略について紹介しましょう。

企業と企業が提携（アライアンス）して共同研究開発や技術ライセンシングを行うオープン・イノベーションは世界中で盛んになってきています。シスコやインテルなどの世界的なテクノロジー企業の積極的な技術提携戦略はよく知られているところです。

企業間提携によるオープン・イノベーション戦略とその効果については、すでにおびただしい数の研究があります。現在のイノベーション研究でもっとも盛り上がっている分野の一つと言ってよいでしょう。

そしてオープン・イノベーション戦略の本質も、知の範囲を広げることにあるのは変わりありません。複数の企業が提携関係を通じてほどほどに知の範囲を広げ合い、新しい知を生み出すことが重要なのです。

ここではメリーランド大学のレイチェル・サンプソンが二〇〇七年に『アカデミー・オブ・マネジメント・ジャーナル』に発表した論文(4)を紹介しましょう。

この研究でサンプソンは、世界二四カ国の情報通信装置産業四三七社の特許引用のデータを用いて、研究開発の提携をしている企業同士の「組み合わせによる知の範囲の指数」を計算しました。

(4) Sampson, Rachelle C. 2007. "R&D Alliances and Firm Performance: The Impact of Technological Diversity and Alliance Organization on Innovation." *Academy of Management Journal* 50(2): 364-386.

先ほどのカティーラとアフージャは一つ一つの企業の知識の幅を計算しましたが、サンプソンは複数の企業が組み合わさることによって広がる知識の幅を計算したのです。

そして、アライアンスによって知識の幅が広がることが企業のイノベーション成果に与える影響を分析したところ、やはり「ほどほどの知の広がり」が最適である、という結果を得たのです。すなわち、企業同士が提携することで知が多様化することは基本的にイノベーションを促すのですが、その幅があまりにも広がりすぎるのもよくないのです。この結果は、オープン・イノベーションの提携パートナーを選択するときには、自社の知の範囲とパートナー企業の知の範囲の関係を慎重に検討する必要性を示しています。

ベストセラーを生み出す方法

組織は他にもいろいろな方法で知識の幅を広げることができます。

その代表は人材の多様化でしょう。同じ組織の中にいろいろな経験をもった人がいれば、彼らが互いの知を共有することで、それらを組み合わせ、新しい知を生み出し、結果として革新的な商品・サービスを生み出す可能性が高まるのです。

最近の興味深い研究には、ダートマス大学のアルバ・テイラーと現ＩＮＳＥＡＤのヘンリッヒ・グレーヴァが二〇〇六年に『アカデミー・オブ・マネジメント・ジャーナル』に掲載したアメリカのコミック産業の研究(5)があります。

アメリカの出版業界で一つのコミックを出版するには、通常複数のクリエーターで構成されるチームがあたります。テイラーとグレーヴァは、チームのクリエーターが過去に携わったコミックのジャンルを統計分析し、「クリエーターたちが経験したジャンルが多様であるほど、そのチームは大ヒットか大外れのコミックを生み出す可能性が高い」という結果を得たのです。

クリエーター同士が多様な背景にもとづく知を共有できれば、イノベーティブな本を生み出せるというわけです。

それは革新的であるがゆえに大外れの可能性もありますが、ベストセラーの可能性も高くなります。出版社のビジネスモデルは利益の上がらないほとんどの本の損失を一部のベストセラーが穴埋めする構造になっていますので、クリエーターの多様化がベストセラーを生み出すのであれば、それは意味のあることでしょう。

既存の組織が人材の多様化を促す方法の一つは、人材を一定の割合で入れ替えることです。ノースウェスタン大学のリー・トンプソンが、韓国成均館《ソンギュンガン》大学のフン・ソク・チョイと二〇〇五年に『オーガニゼーショナル・ビヘイヴィア・アンド・ヒューマン・ディシジョン・プロセス』

(5) Taylor, Alva, and Henrich R. Greve. 2006. "Superman or the Fantastic Four: Knowledge Combination and Experience in Innovative Teams." *Academy of Management Journal* 49(4): 723-740.

に発表した論文(6)では、人材を入れ替えたグループのほうが入れ替えを行わなかったグループよりも多様なアイデアを生み出せることを、実験を通じて確認しています。

ただし注意したいのは、人材の多様化が組織パフォーマンスの向上につねにつながるとは限らないことです。実は、人材の多様化は組織のパフォーマンスにむしろマイナスとなりうると主張する研究も少なくありません。

たとえば、人材の多様化は組織の知の幅を広げますが、同時にメンバー間のコミュニケーションを難しくする可能性があります。円滑な意思疎通やブレインストーミングができなければ、創造的に知を組み合わせることも難しくなるでしょう。

このように、人材の多様化と組織のイノベーションの関係はなかなか複雑で、たんに知識を組み合わせるだけでなくそのプロセスが重要になると考えられます。このプロセスを研究することも重要なトピックなのですが、本章ではこの点についての深入りは避け、「両利きの経営」の議論に進むことにしましょう。

知の探索と知の深化

これまで述べたような、企業が知の範囲を広げるために新しい知を探す行動のことを、経営学

(6) Choi, Hoon-Seok, and Leigh Thompson. 2005. "Old Wine in a New Bottle: Impact of Membership Change on Group Creativity." *Organizational Behavior and Human Decision Processes* 98(2): 121-132.

ではエクスプロレーション（Exploration）と呼びます。本書では「知の探索」と呼ぶことにしましょう。

ところで、言うまでもなく企業組織は知の探索だけをしているわけにはいきません。いったん得られた知は深められ、そしてビジネスにうまく活用されて収益を生み出す必要があります。そのために企業は、新しい知識を探索するだけでなく、今すでに有している知識を改良したり、同質の知を積み重ねることでそれらを有効活用しようとします。

ここはとても大事なところです。企業にとって、継続的なイノベーションを実現するには、二つのことを同時にバランスよく実現する必要があるのです。第一に知の幅を広げるための「知の探索」、そして第二に「すでに持っている知識や同質の知に改良を重ね、それらを深めて活用する」ことなのです。

前者をエクスプロレーション（知の探索）と呼ぶのに対し、後者をエクスプロイテーション（Exploitation）といいます。本書では「知の深化」と呼ぶことにします。

知の探索と知の深化の概念を明確にし、そのバランスをとることが企業イノベーションに重要であるということを体系的に論じたのが、スタンフォード大学の大御所ジェームス・マーチです。

彼が一九九一年に『オーガニゼーション・サイエンス』に発表した論文[7]は、その後のイノベーション研究に圧倒的な影響を与えました。現在の経営学では、この知の探索と深化の関係がイノベーションにもたらす影響を分析することが、大きな研究テーマになっているのです。

コンピテンシー・トラップ

さてマーチは一九九一年の論文で、もう一つ重要なことを述べています。それは、企業組織というのは中長期的に「知の深化」に偏りがちで、「知の探索」をなおざりにする傾向があるということなのです。

知の探索は、実際にはたいへんな作業です。企業が新しい知を探索するには、自らの事業領域・専門領域の外に視野を広げる必要があり、その負担は少なからぬものがあります。オープン・イノベーションを目指す企業であれば、提携パートナーの選定から、契約の締結、実際の共同研究の運営などに、多額の費用と時間を費やさなければなりません。人材を多様化する場合も、先ほども述べたようなコミュニケーションの難しさを克服する必要があります。

さらにせっかく新しい知見を発見しても、それが本当に商売に結びつくのか、収益をもたらしてくれるものなのかはわかりません。知の探索はその苦労のわりには、本当に成果に結びつくか

(7) March, James G. 1991. "Exploration and Exploitation in Organizational Learning." *Organization Science* 2(1): 71-87.

が不確実なのです。

したがって、企業は本質的に知の探索をおこたりがちで、自分の「身近にある知識」だけを活用する傾向があります。経営学では、これを「知の近視眼化（Myopia）」と呼びます。

この傾向は、とくに業績が好調なときに顕著になります。たとえば、企業がある技術を活用してヒット商品を生んで高い収益を上げたならば、その技術をさらに改良・改善することでいっそう安定した収益を上げようとするでしょう。当然組織の体制やルールも、その方向性に準じたものになっていくはずです。それによって収益がさらに上がれば、その企業はますます知の深化を重視した組織作りを進め、他方で知の探索の方はおこたりがちになるのです。

すなわち「当面の事業が成功すればするほど、知の探索をおこたりがちになり、結果として中長期的なイノベーションが停滞する」というリスクが、企業組織には本質的に内在しているのです。これが「コンピテンシー・トラップ（Competency Trap）」と呼ばれる命題です。

停滞の原因は、経営者か組織か

さて、もしここまでをイノベーション経営に詳しい方が読まれたら、「なんだ、コンピテンシー・トラップっていうのは、クリステンセン教授のイノベーションのジレンマと同じことじゃないか」という印象をお持ちになるかもしれません。

有名な「イノベーションのジレンマ」の中心命題は「競争環境を一変させるような『破壊的なイノベーション』が発生したときに、成功している企業の経営者・企業幹部ほどその経営環境の変化を十分に認識できず、それに対応できない」というものです。たしかにこの考え方は「成功する企業ほどイノベーションができなくなる」という意味でコンピテンシー・トラップとよく似ています。

イノベーション研究の分野で高名な現ハーバード大学のレベッカ・ヘンダーソンは二〇〇六年に『ジャーナル・オブ・プロダクト・イノベーション・マネジメント』に発表した論文[8]の中で、イノベーションのジレンマの考えがその本質をどちらかといえば経営者や企業幹部の認知の問題としてとらえているのに対して、コンピテンシー・トラップはその本質を組織の問題に求めている、と述べています。

イノベーションのジレンマと似たような主張をしている研究には、ハーバード大学のメアリー・トリプサスとジョバンニ・ガヴェッティが二〇〇〇年に『ストラテジック・マネジメント・ジャーナル』に発表した事例研究[9]があります。

(8) Henderson, Rebecca. 2006. "The Innovator's Dilemma as a Problem of Organizational Competence." *Journal of Product Innovation Management* 23(1): 5-11.

(9) Tripsas, Mary, and Giovanni Gavetti. 2000. "Capabilities, Cognition, and Inertia: Evidence from Digital Imaging." *Strategic Management Journal* 21(11): 1147-1161.

彼らは、ポラロイド社が以前からデジタル技術そのものには多大な投資をしていたにもかかわらず一九九〇年代のデジタル技術革命に対応できなかった理由を分析しました。そして、同社の経営陣のあいだで、ハードウェア（カメラ製品そのもの）のビジネスでは収益を生み得ないという「思い込み」が浸透していたため、それがデジタルカメラ製品の商業化を遅らせる要因になったと指摘したのです。

他方で、ヘンダーソンによると、コンピテンシー・トラップを支持する多くの経営学者は、イノベーション停滞の本質は組織の問題にあると主張しているのです。

前節で述べたように、成功している企業には、知の深化を重視し知の探索をおこたる体制・ルール作りに傾斜しがちな傾向が組織の本質として備わっているのだから、経営幹部の事業環境の認識力不足にその責任を転嫁するのはミスリーディングだ、ということなのです。

もちろん『イノベーションのジレンマ』にも経営幹部の認識力不足だけでなく企業組織としての問題も記述されているのですが、ヘンダーソンは、この本では結局そのどちらが真因なのかが明確でないまま議論がされている、と批判しています。たしかにこの本の原題は「The Innovator's Dilemma」ですので、どちらかというと組織よりも「人」に焦点があたっているという印象を与えるのかもしれません(10)。

(10) ヘンダーソンの同論文によると、クリステンセンがその後にマイケル・レイナーと刊行した『イノベーションへの解』（玉田俊平太、櫻井祐子訳、翔泳社、2003年）では、クリステンセンのスタンスがより組織の問題を主張する方向に変わって来ている、としています。

さて、この議論を読んで実際にビジネスに携わっているみなさんの多くは、「組織の問題だろうが、経営幹部の問題だろうが、それらを切り分けることになんの意味があるのか。実際には、両方ともが原因だろう」と思われるのではないでしょうか。

私も同じような感想を持ちます。しかし他方で、もしイノベーションの停滞が経営幹部の認知の問題だとすると、それを解決するには彼らに「視野を広げてください」とおねがいするしかない、ということになります。しかし、コンピテンシー・トラップの主張のように問題の本質が組織にあるのであれば、組織の仕組みやルールを変えることで、組織として「知の探索」と「知の深化」をバランスよく進めることが可能かもしれません。

そして、経営組織としてこのコンピテンシー・トラップにはまらないようにするためのコンセプトこそが、「両利きの経営（Ambidexterity）」と呼ばれるものなのです。

両利きの企業はイノベーションを促す

これまでの話をまとめてみましょう。

- イノベーションの本質の一つは、知と知の組み合わせから新しい知を生み出すことである。そのために企業は知の幅をほどほどに広げる必要がある。
- 新しい知を求める活動を知の探索、既存の知識を改良していくことを知の深化という。
- 企業組織は本質的に知の深化に傾斜しがちで、知の探索をなおざりにしやすい。事業が成功している企業ほどこの傾向が強く、これをコンピテンシー・トラップという。
- コンピテンシー・トラップとイノベーションのジレンマは同じようなイノベーション停滞のリスクを論じているが、前者はより組織に本質的に内在するリスクとして理論化されており、世界の経営学では後者よりも前者が主に研究されている。
- イノベーションの停滞を避けるために、企業は組織として知の探索と深化のバランスを保ち、コンピテンシー・トラップを避ける戦略・体制・ルール作りを進めることが重要である。

この最後の点こそが、「両利きの経営」の骨子です。

これまでの研究でわかってきたことは、イノベーションで重要なことは、まるで右手も左手も同時に器用に使いこなせる人のように、企業も知の探索と深化の両方を、高い次元で、しかもバランスよく同時に実現しなければならない、ということなのです。

前出のカティーラとアフージャの論文には、続きがあります。

実はこの論文では、特許引用の情報を使って、企業の知の幅だけでなく、「知の深さ」も計算しているのです。そして、企業の知の幅の効果と知の深さの効果は互いに補いあうこと、すなわち、知識の幅を広げると同時に特定の知識を深めることを実現した企業がもっとも優れたイノベーション成果を上げていること、が統計分析から明らかにされたのです。これはまさに、企業が両利きであることの効用を示した結果です。

「知のポートフォリオ」を把握せよ

マーチやカティーラ＝アフージャの研究以降、世界のイノベーション研究の関心は、どうすれば両利きの経営をうまく行える組織作りや戦略がとれるのか、ということに集まっています。

これはまさにフロンティアの研究トピックであり、現時点でこの疑問に答えるだけの十分な研究蓄積があるわけではありません。ここでは、その中でも最近の代表的な研究を紹介します。

まず、オープン・イノベーションで「両利き」をどのようにとらえるかについて、少しずつ研究成果が上がっています。これらの研究のコンセンサスは、企業間アライアンスにも「知の探索型」と「知の深化型」があり、企業はその両者をバランスよく配置する必要がある、ということです。

ジョージア工科大学のフランク・ロサーメルとケース・ウェスタン・リザーブ大学のデビッド・ディーズは、二〇〇四年に『ストラテジック・マネジメント・ジャーナル』に発表した論文(11)で、医薬産業における企業間提携では、基礎研究など開発の川上部門の企業提携は探索型で、臨床試験などの実用化に近い段階の提携は深化型に近いとして、そのバランスを企業がどのようにとっているかを分析しています。

現イスラエル工科大学のドヴェヴ・ラヴィとペンシルヴァニア大学のロリ・ロゼンコプフは、二〇〇六年に『アカデミー・オブ・マネジメント・ジャーナル』に発表した論文(12)で、新しい企業パートナーと提携を結ぶことは探索型であり、同じ企業とくり返し提携することは深化型である、としています。

これらの研究が示唆しているところは、企業は自社が関連する提携の全容を「知のポートフォリオ」として正確に把握し、探索と深化のバランスをとることが重要である、ということでしょう。最近はオープン・イノベーションを積極的に活用する日本企業も増えてきましたが、その全体像を担当役員や研究開発部長などが知のポートフォリオとして十分に把握しているところはどのくらいあるでしょうか。今後日本企業がオープン・イノベーション戦略を進めていく上でも、

(11) Rothaermel, Frank T., and David L. Deeds. 2004. "Exploration and Exploitation Alliances in Biotechnology: A System of New Product Development." *Strategic Management Journal* 25(3): 201-221.

(12) Lavie, Dovev, and Lori Rosenkopf. 2006. "Balancing Exploration and Eploitation in Alliance Formation." *Academy of Management Journal* 49(4): 797-818.

そのような全体像をしかるべき担当者や担当部署が体系的に把握することは重要かもしれません。

両利きの企業文化をつくろう

従業員の意識を高めることで、一人ひとりがつねに両利きの経営を意識するような企業文化を作り上げることもできるかもしれません。

ロンドン・ビジネス・スクールのジュリアン・バーキンショウがカリフォルニア大学アーバイン校のクリスティーナ・ギブソンと、『アカデミー・オブ・マネジメント・ジャーナル』に発表した論文(13)では、世界中の四一事業の四一九五人にアンケート調査にもとづいたデータ分析を行いました。その結果は、従業員がつねに両利きを意識して仕事の時間配分をするような職場環境や文化を持っている企業ほど、そのパフォーマンスがよいことを示しています。

「両利きの企業文化」を実際にうまく作り上げた代表例として私がすぐに思いあたるのは、アメリカの３Ｍ社やＩＤＥＯ社です。どちらもイノベーション企業の代表格として有名ですので、ご存知の方も多いでしょう。

たとえば３Ｍには、有名な「一五％ルール」と呼ばれるものがあります。従業員が自分の業務

(13) Gibson, Cristina B., and Julian Birkinshaw. 2004. "The Antecedents, Consequences, and Mediating Role of Organizational Ambidexterity." *Academy of Management Journal* 47(2): 209-226.

時間の一五%を使って、日頃の業務にとらわれない活動を行ってよいことになっています。この機会を利用して従業員は、普段はできないような「知の探索型」の活動をするのです。

デザインコンサルティング企業のIDEOは、そのブレインストーミングの素晴らしさで有名です。この会社には、多様な顧客との付き合いによってさまざまな知見をもった社員が多くいます。彼らのブレインストーミングでは、それらの知見を持ち寄り、クリエイティブな意見を出すことが奨励されます。そのため同社には「Encourage wild ideas（突飛なアイデアを奨励しよう）」、「Build on the ideas of others（他の人のアイデアの上に、アイデアを創ろう）」といった七つのルールがあることは有名な話です。

このようにイノベーションに長けた企業はさまざまな工夫を組織に取り込んでいます。経営学の視点からは、これらはコンピテンシー・トラップを避け、バランスのよい両利きの経営を実現するための施策であるといえるのです。

日本企業でも盛んだった知の探索活動とは

最後に、日本企業についてはどうでしょうか。

最近は日本の大手メーカーなどのイノベーションが停滞している、と指摘されるようになっています。では、日本企業はこのような両利きの経営や、「知の探索」活動を促す組織体制をとってこなかったのでしょうか。

ここからはあくまで私論になりますが、たとえば先ほど紹介した3Mの一五%ルールのように、正規業務にとらわれないで知の探索活動をできる環境は、昔の日本企業にはより豊富にあったのかもしれません。

たとえば、「ヤミ研」などはそれにあたるのではないでしょうか。

以前の日本メーカーでは、開発者たちが上司に内緒で、正規業務が終わった深夜にこっそり行う「闇」の研究、すなわちヤミ研が頻繁に行われていたようです。日本メーカーのヒット商品はヤミ研から生まれたものが少なくないのです。

たとえば一九九五年に発売されて大ヒットし、デジタルカメラ・ブームのさきがけとなったのはカシオのQV-10ですが、これはまさにヤミ研が開発したものでした。

それ以前の電子スチルカメラ開発の失敗で、「デジカメの開発などもってのほか」という社内の空気の中、それでもあきらめきれない技術者たちが、正規業務が終わった後で研究開発を行い、それが大ヒットに結びついたのです。中村修二氏（現カリフォルニア大学サンタバーバラ校教授）が日亜化学時代に青色LEDを開発したときも、会社側はこの研究を禁じていたようですから、これはヤミ研であったといえるでしょう。

ヤミ研は、「知の探索」活動に近いといえます。なぜなら、まさに闇で行う研究開発なのですから、既存の業務や現時点でのヒット商品にしばられないで、新しい知を探求することができるからです。

もちろん、あくまでこれは正規業務の範囲外の活動です。残業代も出なければ、会社が開発体制をサポートしてくれるわけでもありません。しかしながら、以前の日本企業にはこのような活動を大目に見てくれる雰囲気があったのも事実でしょう。すなわち、3Mのように明示的にルール作りはしなかったけれど、インフォーマルに知の探索活動を許容し、促すような土壌が日本企業の強さの理由の一つだったのではないでしょうか。

他方で、近年は企業の透明性への要求やコンプライアンス上の問題などから、ヤミ研のような活動はなかなかやりにくくなっているようです。

そして実はそれは、企業の知の範囲を狭め、ややもするとその企業がコンピテンシー・トラップに陥ってイノベーションが停滞する遠因になっている可能性もあります。だとすれば、ヤミ研のようなインフォーマルな活動に代わる施策として、積極的に知の探索を促すためのフォーマルな組織・ルール・戦略を作っていくことが、今の日本企業に求められているのかもしれません。

本章では、世界の経営学で行われているイノベーション研究の基礎的な話題から始まって、そのフロンティアの「両利きの経営」までを解説してきました。

企業イノベーションの停滞の責任の一端を経営者の認知不足に求めるイノベーションのジレンマとは異なり、両利きの経営の考え方は、企業が組織やルール・戦略体制をうまくデザインすれば、コンピテンシー・トラップに陥ることを防げる可能性を示唆しています。

日本の大手メーカーなどのイノベーションが停滞していると言われて久しくなります。私はその一因は、多くの企業がコンピテンシー・トラップに陥っていることにあるのかもしれない、と考えています。大事なのはこの状況を経営者の認知力だけに責任転嫁するのではなく、両利きの経営をバランスよく行えるような組織・ルール作りを進めていくことなのかもしれません。

第8章 経営学の三つの「ソーシャル」とは何か(1)

［世界の経営学の一大潮流　ネットワーク理論］

最近は日本のいたるところで「ソーシャル」という言葉が使われています。

代表的なのはフェイスブックやツイッター、ＤｅＮＡのモバゲーやＧＲＥＥなどのソーシャル・ネットワークサービスでしょう。また、社会貢献を目的とした起業家を目指す若者が増えていますが、彼らのことをソーシャル・アントレプレナーと呼んだりもします。ソーシャル・キャピタルという言葉もよく使われるようになってきました。

みなさんが日常で使う「ソーシャル」という言葉におそらく厳密な定義はなく、人と人の関係とか、社会性とか、人の役に立つとか、そういった意味合いでなんとなく使われていると思います。

実は世界の経営学ではこの「ソーシャル」はきわめて重要な、まさに一大潮流の研究テーマなのです。なかでもいわゆるマクロ組織論と呼ばれる分野のトップクラスの研究者たちは、そのほとんどが「ソーシャルを科学的に分析する」ための基本知識を備えていると言ってもいいかもしれません。

第三章で見たように経営学の理論はおおまかに三つのディシプリンに分かれますが、ソーシャルはそのうちの社会学のディシプリンにもとづいています。経営学者たちは社会学で発展してきた理論を応用して、統計解析やコンピュータシミュレーションを駆使し、人と人の、あるいは組織と組織の、ソーシャルな関係を科学的に分析しているのです。

そしてこれまでの研究で、ソーシャルな関係が個人や企業の成功に大きな影響を及ぼしていることが、次々と明らかになっているのです。その成果には、みなさんのビジネスや人間関係を考える上での示唆も多くあるはずです。

本章と次章の二章にわたって、世界の経営学の一大潮流であるソーシャルの研究について、その基礎からフロンティアまでを紹介していくことにしましょう。

三つのソーシャル

経営学でソーシャルを分析する枠組みは、おおまかに三つあります。それぞれの枠組みは互いに関連し合っていますし、他にもいろいろなコンセプトもあるのですが、基本的には以下の三つがその代表と言ってよいと思います。

①ソーシャル・キャピタル
②関係性のソーシャル・ネットワーク
③構造的なソーシャル・ネットワーク

この三つの枠組みのいずれもが現在の経営学ではとても大きな存在となっています。

ソーシャル・キャピタル

まず「ソーシャル・キャピタル（社会関係資本）」から始めましょう。この言葉は日本でも普及してきたようですので、聞いたことのある方もいらっしゃるかもしれません。

ソーシャル・キャピタルとは「人と人が関わり合うことで生まれる便益」と考えればよいと

思います。

キャピタル（資本）と聞くと、株式などの金融資本、人材の能力・資質などの人的資本（ヒューマン・キャピタル）といった言葉を思いつく方も多いでしょう。これに対してソーシャル・キャピタルとは、人と人が関係性を持つことそのものが資本になりうると考えるのです。

ところで、本章で紹介する三つの枠組みには、それぞれその枠組みを確立した古典と呼ぶべき重要な論文があります。

ソーシャル・キャピタルを研究する者ならまず誰もが読まねばならない古典論文は、シカゴ大学のジェームズ・コールマンが一九八八年に『アメリカン・ジャーナル・オブ・ソシオロジー』に発表した研究[1]です。この論文こそが、初めて明示的にソーシャル・キャピタルという概念を打ち出し、その意義を説明したのです。

コールマンによると、ソーシャル・キャピタルの定義には二つの条件があります。第一に、それは人と人の関係性からもたらされること、第二に、その関係性が人の行動に影響を与えるということです。この二つの条件を満たしたソーシャル・キャピタルは人や組織にメリットをもたらすことがある、というのがコールマンの主張です。

と申し上げても、抽象的でなんのことやらイメージがつかめませんので、コールマンの論文で

（1）Coleman, James S. 1988. "Social Capital in the Creation of Human Capital." *American Journal of Sociology* 94: S95-S120.

も引き合いに出されている例をもとに、ソーシャル・キャピタルの具体的なイメージをつかんでいきましょう。

例①▼コールマンがまず紹介しているのは、ダイヤモンドの取引におけるソーシャル・キャピタルです。ダイヤの取引では、ダイヤを売りたい業者が、買い手の業者にダイヤが多く入ったカバンをそのまま預けて、買い手はそのカバンに入っている数多くのダイヤを誰にも見られないところで品定めすることができます。これはダイヤの取引成立に欠かせない重要なプロセスになっています。他方で、これは傍《はた》からは売り手にとって非常にリスクのある行動に見えるでしょう。買い手は誰も見ていないところで、こっそりいくつかの宝石を安物やイミテーションとすり替えることもできるからです。

しかし実際のダイヤの取引では、互いをよく知った売り手と買い手のあいだに信頼関係が築かれているため、売り手はダイヤの入ったカバンをためらいなく渡しますし、買い手も宝石をすり替えたりはしません。売り手と買い手の信頼関係があって初めて「ダイヤの取引を可能にする」という便益をもたらしていますので、これはソーシャル・キャピタルといえるのです。

例②▼今でも南米やアジアの一部の村落では、頼母子講《たのもしこう》(無尽講ともいいます)という金融システムが機能していることがあります。このような村落の世帯は所得が低いことも多く、自動車などの高価な商品はなかなか買えません。そこで村落の全世帯が定期的にお金をもちよってそれを皆でプールし、一定の額がたまったところで、くじ引きなどの方法で一つの世帯だけに全額を提供して、自動車を購入させたりするのです。

この頼母子講も参加者全員のあいだに信頼関係がなければ、誰も参加しようとしないでしょう。村落の住民のあいだにソーシャル・キャピタルがあるからこそ、「くじ引きで特定の世帯だけが利益を得る」というシステムが機能するのです。

例③▼いわゆる「ご近所付き合い」も立派なソーシャル・キャピタルです。日本の都市部では近所付き合いも希薄になってきましたが、今でも地域によっては毎日のように顔を合わせるような近所付き合いをされているところもあるでしょう。近所付き合いが密だと、それぞれの世帯が互いのことをいつも気にかけるようになりますので、知らず知らずのうちに「相手に頼る、頼られる」ということが可能になります。

たとえば、ある親は自分の子供が外へ一人で遊びに行っても、近所の人がそれを見てくれていたり、「タカシちゃんはお友達と公園にいたわよ」などと教えてくれることを知っているので、安心して子供を送り出すことができるかもしれません。すなわちご近所付き合いというソーシャル・キャピタルがあることで、子供の安全という便益を得ているのです。

念のためですが、ここでいう「信頼関係」とは、人はいつも無償で他人を信じている、という性善説にもとづいているわけでは必ずしもありません。このような密な人間関係では、「自分が相手に良いことをすれば、いつかそれが何らかの形で自分に返ってくる」という期待感が出てくるために、相手を合理的に信頼できるようになるということなのです。

逆に相手を裏切ったら、しっぺ返しが来る可能性があるのがソーシャル・キャピタルです。たとえば頼母子講のケースでは、「くじ引きで自分に大金が一度当たったら、以降はプールするためのお金は提供しない」などという人が出てきたら、その人は村落の仲間から制裁を受けるかもしれません（いわゆる村八分、というやつです）。村人はもし自分が裏切ったらそのような結果が待っているのを知っているので、信頼関係をこわさないようにお金を出し続けるのです(2)。

ソーシャル・キャピタルは子供の学力向上に役立つか

このようにコールマンが提唱したソーシャル・キャピタルは、人間同士が親密な関係を築くことで得られる便益のことです。経営学者はこの考えを企業経営や組織運営の研究に応用してきた

(2) これは経済学のゲーム理論の典型的な考え方と類似しています。社会学者のコールマンが発案したこのソーシャル・キャピタルの概念は、今では経済学者によっても精緻な理論化が進んでいるようです。また本書では触れませんが、上記のように「人はある程度の損得を見越して相手を信頼するのか、それともつねに無償で人を信頼することもあるのか」という疑問は経営学の重要な論点の一つです。

のです。
そしてこれまでの多くの研究で、人の結びつきが人や組織の活動の成果を高めることが実証されているのです。これに関する研究の数はあまりにも多く、本章ではとてもその全容はお話しできません。ここではあまたある研究の代表例として、ピッツバーグ大学のフリッツ・ピルとキャリー・リアーナが二〇〇九年に『アカデミー・オブ・マネジメント・ジャーナル』に発表した研究[3]を紹介しましょう。

この研究のテーマは「教師のソーシャル・キャピタルは生徒の学力を上げることに役立つか」という興味深いものです。

この研究では、アメリカのある地域の一九九の公立小学校にいる教師一〇一三人と四年生・五年生の生徒二万四一八七人が分析対象となりました。

ピルとリアーナは「子供の学力は、教師個人の能力（ヒューマン・キャピタル）だけでなく、その教師が同僚や上役とどれだけ親密な関係を築いているか（ソーシャル・キャピタル）にも影響を受けるのではないか」と考えたのです。

ピルとリアーナは、この一〇一三人の教師を対象として、それぞれの教師が同僚の教師や上司（主に校長）とどのくらい親密に生徒や教育のことを話し合っているかについてデータを収集しま

(3) Pil, Frits K., and Carrie Leana. 2009. "Applying Organizational Research to Public School Reform: The Effects of Teacher Human and Social Capital on Student Performance." *Academy of Management Journal* 52(6): 1101-1124.

した。そして、それらの「教師のソーシャル・キャピタル」が、彼ら・彼女らが担任している生徒の算数のテストの点数に与える影響を統計的に分析したのです。その結果は以下のようになりました。

結果①▼まず教師の教育経験が豊富であったり、算数を教えるのが得意であるほど、受け持った生徒のテストの結果もよくなることがわかりました。すなわち教師個人の能力（ヒューマン・キャピタル）は生徒の成績に影響を与えるのです。

結果②▼この地域では各校で教師が同僚とグループを作って情報交換を行うのが慣例になっており、グループ内での教員の人間関係が親密であるほど、その教師が受け持つ生徒のテストの結果がよくなるということもわかりました。すなわち教師のあいだのソーシャル・キャピタルには生徒の成績を押し上げる効果があるという結果なのです。

結果③▼教師が校長と親密な人間関係を築いているほど、その教師が担当している生徒のテストの結果がよくなることもわかりました。すなわち、教師と校長のあいだのソーシャル・キャピタルにも生徒の成績を押し上げる効果がある、ということです。

この結果からピルとリアーナは、子供の成績を上げるには、教師個人が優秀なだけでなく、その人が周囲とのソーシャル・キャピタルを築いていることも重要であることを実証的に示したのです。

「関係性の」ソーシャル・ネットワーク

さて、これまでお話ししてきたコールマン流のソーシャル・キャピタル論は、人と人の深い関係性がメリットをもたらす、という主張でした。

しかし、人と人のつながりというのはつねに深くあるべきなのでしょうか。たとえば「親友」と「ただの知り合い」を比べたら、つねに前者のほうがみなさんにメリットをもたらしてくれるのでしょうか。

実は、そうとも限らない、人と人の関係はそんなに単純ではないということを提唱し、実証してきたのが「関係性のソーシャル・ネットワーク」とでも呼ぶべき分野の研究者たちなのです。

この分野の礎となった研究者は、スタンフォード大学のマーク・グラノベッターです。彼が一九七三年に『アメリカン・ジャーナル・オブ・ソシオロジー』に発表した論文(4)は、先ほどのコールマンの論文、そして次章で紹介するバートの研究と加えて、世界の経営学のネットワーク研究者でこれを読まない人はいないであろうと言ってもよいくらいの、あまりにも有名な論文で

(4) Granovetter, Mark. 1973. "The Strength of Weak Ties." *American Journal of Sociology* 78(6): 1360-1380.

す。

グラノベッターの論文のタイトルは「Strength of Weak Ties（弱い結びつきの強さ）」といいます。これはどういう意味なのでしょうか。

この論文でグラノベッターはアメリカの若者の就職活動に注目しています。

グラノベッターがこの研究を行った一九七〇年代はインターネットなどありませんから、若者が就職口を探すときには何よりも口コミの情報がものを言いました。グラノベッターは、ボストンで就職先を見つけた若者五四人を対象として、彼らがその就職先の口コミ情報を教えてくれた相手と普段からどのくらい親密であるかを調べたのです。

その結果は興味深いものでした。対象になった若者のうち、就職先を得る上で役に立った情報は友人や親のような普段からよく会う人から得られた、と答えた割合はわずか一七％だったのです。残りの八三％の人たちは、自分を就職に導いた情報は、普段はたまにしか会わない「ちょっとした知り合い」を経由して得られたものであった、と答えました。

すなわち、就職活動に有用な情報の多くは「深く強い結びつき」の人間関係からもたらされるものではなく、むしろ「弱い結びつき」の人間関係からもたらされる、という結果となったのです。

弱い結びつきの強さ

なぜこのようなことが起きるのでしょうか。グラノベッターはこの理由として、「実は弱い結びつきのネットワークのほうが、強い結びつきのネットワークよりも情報伝達が効率的である」と説明します。

ここで突然ですが、タロウくん、ハナコさん、ケンジくんの三人の関係を考えてみましょう。

たとえばタロウくんはハナコさんととても仲が良く、またタロウくんはケンジくんとも親友同士であるとします。すると、ハナコさんとケンジくんはそもそも知り合いでなかったとしても、それぞれがタロウくんとは親友なのですから、自然にこの二人も友人同士になる可能性は高くなります。

すなわち、タロウくんがハナコさんとケンジくんと「強い結びつき」を持っていれば、結局は三人とも友人になってしまうという、

図1　強い結びつき

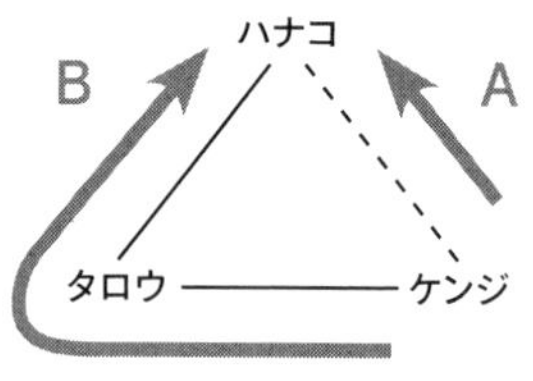

タロウくんがハナコさん、ケンジくんの両者と強い結びつきを持っていれば、ハナコさんとケンジくんも知り合いになって「閉じた」三角形ができあがる可能性が高くなる。

結果、ケンジくんが発した情報がハナコさんに伝わるルートは、直接伝わるルートとタロウくん経由のルートの二つができあがる。

いわば「三角形」の関係ができてしまいがちなのです（図1参照）。

グラノベッターが指摘するのは、このような三角形のネットワークは情報伝達の効率が悪くなる、ということです。

たとえばケンジくんが何か重要な情報を発信したときに、それがハナコさんまで伝わるルートは、ケンジくんから直接ハナコさんに伝わるルート（図のA）と、タロウくん経由で伝わる（図のB）という二つのルートができてしまいます。一つの情報が発信されただけなのに、それが二つの情報ルートで伝わるのはネットワーク全体としては効率が悪い、ということなのです。


では、タロウくんとハナコさんがただの知り合いで、タロウくんとケンジくんもただの知り合い同士だったらどうでしょう。すなわちタロウくんが他の二名と「弱い結びつき」しか持っていないケースです。

この場合は、ハナコさんとケンジくんが知り合う可能性はとても低くなるでしょう。ハナコさんが、ただの知り合いであるタロウ

図2　弱い結びつき

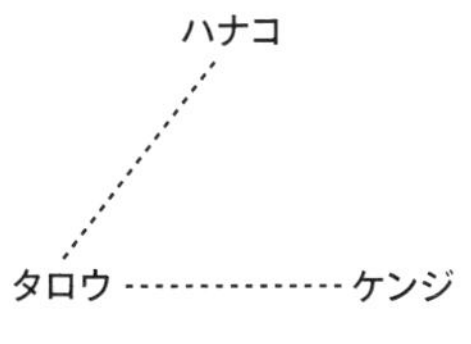

タロウくんがハナコさん、ケンジくんの両者と弱い結びつきだけを持っていれば、ハナコさんとケンジくんが知り合いになる可能性は低く、「閉じた」三角形はできあがらない。

結果、ケンジくんが発した情報がハナコさんに伝わるルートはタロウくん経由の一つだけになる。

くんのそのまた知り合いであるケンジくんと出会うことはまれなはずです。ケンジくんも同様です。したがってハナコさんとケンジくんの二人は知り合いになりませんから、三角形は完成しないことになります（図2を参照）。

そしてこの場合にケンジくんが情報を発信すれば、それがハナコさんに伝わるルートは、タロウくんを経由する一つだけで済みますので、ネットワークとしては伝達の効率がよいことになります。

さて、このままですとまだ合点がいかない方もいらっしゃるかと思いますので、この「強い結びつきによって三角形ができるケース」と「弱い結びつきのために三角形ができないケース」をより多人数に拡張したらどうなるか、そのイメージを図示した図3をご覧ください。

この図をご覧になると直感的におわかりになるのではないでしょうか。Aの強い結びつきのネットワークでは、メンバー同士

図3　強い結びつきのネットワークと弱い結びつきのネットワーク

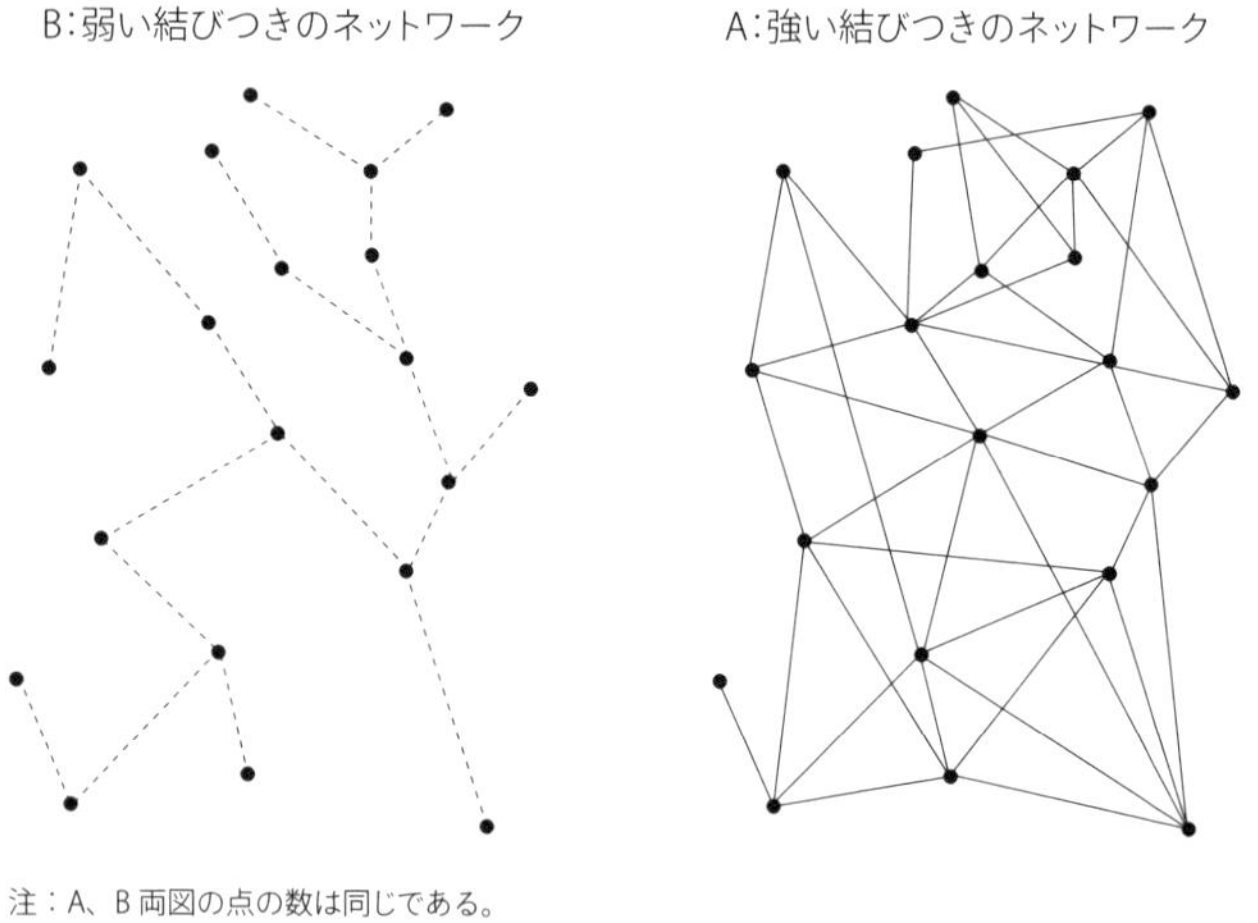

注：A、B両図の点の数は同じである。

の結びつきがとても重層的になっています。他方でBでは、すべてのメンバーがどこかのルートを通じてつながっていますが、かなり隙間の多いネットワーク構造です。

もしこの両ネットワークで同じ情報を流すとしたらどうなるでしょうか。当然、Bのほうがはるかに情報伝達の効率はよくなります。情報というたとえが直感的でないなら、これを水道管と考えてください。同じ水を流すなら、Aのように幾重にも水道管をはりめぐらすよりも、Bのように少ない本数で誰にでも水が行き渡るほうが、ネットワーク全体としてははるかに効率がよいことは明らかでしょう。

クリエイティビティを促すネットワークとは

さらにいえば、弱い結びつきは強い結びつきよりも簡単に作れます。ある人と親友になるのは難しくても、名刺交換をしてとりあえず知り合いになるのは、はるかに簡単です。ということは、弱い結びつきのほうが強い結びつきよりも、より多くの人に、遠くのところまでネットワークが伸びやすくなります。

そのように遠くまでネットワークが伸びれば、その中にはいろいろな背景をもった人がいますから、より多様な情報が手に入るようになります。そしてそれらの多様な情報が効率よく遠くまで「飛ぶ」ことになるのです。

逆に強い結びつきで構成されたネットワークは非効率的です。しかも強い結びつきは簡単には作れませんし、また同じような人同士が強い結びつきを作りがちですから、このようなネットワークから得られる情報は、同じようなものになりがちで、しかも遠くに飛ばないのです。

これがグラノベッターのいうStrength of weak ties（弱い結びつきの強さ）の意味なのです。より多様な情報を効率よく遠くまで拡散するには、実は弱い結びつきからなるネットワークのほうが優れているのです。

先述の就職活動の例はまさにこれにあてはまります。就職活動の情報では、何より多様な業界・企業の情報を集めることが重要ですが、親友や親などから寄せられる情報よりも、ただの知り合いのような人たちの「弱い結びつき」のネットワークのほうが、それらは効率的に得られるのです。

弱い結びつきが多様な情報や知識を集めることで得られる効果については、グラノベッター以降、経営学者により多くの研究が行われてきました。ここではそのフロンティアの一例として、エモリー大学のジル・ペリースミスが二〇〇六年に『アカデミー・オブ・マネジメント・ジャーナル』に発表した研究(5)を紹介しましょう。

(5) Perry-Smith, Jill E. 2006. "Social Yet Creative: The Role of Social Relationships in Facilitating Individual Creativity." *Academy of Management Journal* 49(1): 85-101.

ペリースミスがこの研究で注目したのは、人のクリエイティビティ（創造性）です。言うまでもなく、人のクリエイティビティは、企業や組織のイノベーションの大事な源泉です。そして第七章で詳しく申し上げましたが、人や組織が新しい知を生み出すためには（クリエイティブであるには）多様な情報・知識にアクセスできることが何より肝要です。

クリエイティブになるために、人は「強い結びつき」で構成された知のネットワークと「弱い結びつき」のネットワークのどちらに入ればよいのでしょうか。答えはもう明らかでしょう。これまで議論してきたように、弱い結びつきのネットワークのほうがより幅広く多様な知識を効率よく手に入れやすいはずです。

このことを検証するために、ペリースミスはアメリカのある研究所を対象とした分析を行いました。ペリースミスはその研究所で働く研究員九七人に対して、彼らが各メンバーとどのくらい頻繁に交流をしているかを調査し、ごくたまにしか話さないなら「弱い結びつき」、頻繁に会って話すなら「強い結びつき」などといった分類を行い、各研究員の研究所内での人間関係のネットワークを計測したのです。

他方で、その研究所のスーパーバイザーたちに、各研究員がどのくらい「新しいアイデアや革新的なアイデアを生み出したか」、すなわちどのくらいクリエイティブな成果を研究で残したか、を評価してもらいました。そして、各研究者のネットワークとクリエイティブな成果の関係を分析した結果、弱い結びつきの人間関係を多く持っている研究員のほうがクリエイティブな成果を多く残していることが明らかになったのです。

どちらが役に立つのか?

さて、ここまで読まれたみなさんは疑問に思われたかもしれません。本章前半で、私はコールマン流のソーシャル・キャピタルは強い結びつきの効能を説明している、と述べました。他方で、グラノベッターの考えでは、むしろ弱い結びつきのほうがメリットがある、ということになります。前出のピルとリアーナはコールマンを支持する分析結果を、ペリースミスはグラノベッターを支持する分析結果を出しています。

ではいったい、本当のところ、強い結びつきと弱い結びつきのどちらがみなさんの役に立つのでしょうか。コールマンとグラノベッターのどちらが正しいのでしょうか。

その答えは……それは次章で解説することにしましょう。

第9章

経営学の三つの「ソーシャル」とは何か（2）

［世界の経営学の一大潮流　ネットワーク理論］

前章では経営学で研究されている三つの「ソーシャル」のうちの二つを解説しました。

▼コールマンが提唱したソーシャル・キャピタルとは、人と人の強い結びつきからもたらされる便益のことである。

▼グラノベッターが提唱する「弱い結びつきの強さ」とは、「ただの知り合い」で構成される弱い結びつきのネットワークのほうが多様な情報を効率的に伝播《でんぱ》させる、ということである。

しかしこれだけでは、「強い結びつき」と「弱い結びつき」の両方がメリットをもたらすように聞こえてしまいます。結局のところ、私たちに大事なのはどちらなのでしょうか。

その答えは、薄々おわかりの方もいらっしゃるかもしれませんが、場合によって異なるのです。

ここは大事なポイントです。ソーシャルな関係の有効性は、条件によって大きく異なります。逆にいえば、条件を満たしていないときにいくらソーシャルな関係を築いても、そこからは何もメリットが得られない可能性すらあるのです。

ここでは経営学で議論されている三つの主な条件を紹介しましょう。

ソーシャルな関係が機能する条件

第一は、ソーシャルを活用する目的です。

たとえば、前章で紹介したピルとリアーナの研究でいえば、教師が生徒の成績を上げるために必要なことの一つは、生徒一人ひとりの学力の状況や細かい指導方法といった「深い」情報のはずです。教師が同僚たちと強い信頼関係を築いていれば、そのような深い情報でも頻繁に交換しやすくなると考えられます。

他方で、前章のペリースミスの研究が示したように、クリエイティビティを高めるのに有用なのは弱い結びつきです。弱い結びつきのネットワークは知識の多様化を促すからです。逆に強い結びつきのネットワークでは知識が同質化する傾向がありますので、クリエイティビティを高めるのには向いていないといえます。

このように、一つのテーマ（上記の例なら生徒の学力や指導方針）について深く情報を得ようとするならば強い結びつきが効果的であり、逆に多様な情報を効率的に集めたいときは弱い結びつきのほうが効果的である、ということになります。

第二の条件は、第一と関連しますが、ソーシャルな結びつきを通じて得たい知識・情報の質です。

ここでハーバード大学のモーテン・ハンセンが一九九九年に『アドミニストレイティブ・サイエンス・クォータリー』に発表した研究(1)を紹介しましょう。

この研究でハンセンはある大手電機メーカーの四一の部門の主任が主導した研究開発プロジェクトを調査しました。この企業では、プロジェクトの過程で主任が他部門の主任と技術知識の交換をしてプロジェクトの成功に役立てています。そこでハンセンは、主任同士のあいだで交換される知識がどのくらい「文書化が難しいものであったか」を調査したのです。

みなさんの中にも、一橋大学の野中郁次郎名誉教授の研究でも有名な「暗黙知」という言葉を

(1) Hansen, Morten T. 1999. "The Search-Transfer Problem: The Role of Weak Ties in Sharing Knowledge across Organization Subunits." *Administrative Science Quarterly* 44(1): 82-111.

ご存知の方もいらっしゃると思います。
暗黙知とは、口頭や文書だけでは伝えにくい、人に根付いた知識のことです。このような暗黙知はライバル企業が流用しにくいので、うまく活用すれば企業のイノベーションの源泉となりえます。他方で、暗黙知は言葉になりにくいのですから、同じ会社の仲間にも伝えにくい、という問題もあるのです。

そこでハンセンは以下のような仮説を立てました。第一の仮説は、前章のペリースミスと同じです。すなわち、プロジェクト主任が「弱い結びつき」を通じて情報交換をしていれば、その人は多様な知識を効率的に手に入れるから、そのような人が主導するプロジェクトは成功しやすいはずである、というものです。

そして第二の仮説は、「しかし、もしそこで交換される知識が言語化しにくい暗黙知のようなものであったら、この効果は逆となり、弱い結びつきはむしろプロジェクトの成功を妨げるかもしれない」というものなのです。

暗黙知を伝えるには人同士の密な交流が必要なはずですから、暗黙知を得たいのに弱いつながりに頼っているプロジェクト主任は、プロジェクトを成功させることが難しいであろう、とハンセンは考えたのです。そして、企業の内部調査から得たデータをもとにした統計分析を通じて、ハンセンはこれらの仮説を支持する結果を得ました。

これらの結果は、ソーシャルな人間関係の有用性は、みなさんがそこから何を得たいかに大きく依存することを意味しています。みなさんがソーシャルから求めたいのは多様な情報なのか、それとも暗黙知なのか、そういったことを踏まえてソーシャルを考えてみる必要があるのです。

産業が違えば結びつきの効果も違う

結びつきの強さ・弱さの有効性に重要な第三の条件は事業環境です。

ところで、本章ではここまで「人と人」のソーシャルな関係の研究を紹介してきましたが、経営学では「組織と組織」のソーシャルな関係も多く研究されています。

なかでも経営学者が注目しているのが、アライアンス（業務提携）を通じた企業と企業のソーシャルな関係です。アライアンスはまさに企業と企業の「結びつき」を示すものですから、そのソーシャルな特性が事業にどのような影響を与えるかは興味深いテーマといえるでしょう。

その代表例が、トロント大学のティム・ロウリーとディーン・ベーレンズ、そしてネットワーク研究の第一人者であるカーネギー・メロン大学のデヴィッド・クラッカードの三人が『ストラテジック・マネジメント・ジャーナル』に二〇〇〇年に発表した論文(2)です。

この論文でロウリーたちは一九九〇年代の半導体産業と鉄鋼産業における企業間アライアンスに注目しました。

彼らの研究で興味深い点は、アライアンスにもいろいろな種類があることに注目し、それらを「強い結びつき」と「弱い結びつき」に分類したことです。

たとえば合弁事業、資本提携、共同研究開発（R&D）といった類のアライアンスは多大な費用がかかることが多いですし、人材も多く割かなければいけません。企業間での複雑な調整も必要になりますので、両社の代表は頻繁に顔を合わせることになります。したがってこれらのアライアンスは「強い結びつき」に近いといえます。

他方で、企業間の共同マーケティングやライセンシング契約などは、前者と比べればコストも時間もかからないことが多く、企業間の調整もそれほど複雑ではないと予想されます。したがって、これらのアライアンスは「弱い結びつき」に近いといえるでしょう。

ロウリーたちは、半導体産業と鉄鋼産業において企業間のアライアンスのデータを収集し、それらを「強い結びつき」と「弱い結びつき」に分け、そして企業の業績との関係を分析しました。その結果、「半導体産業では弱い結びつきのアライアンスを多く持つ企業の利益率が向上し」、逆

(2) Rowley, Tim, Dean Behrens, and David Krackhardt. 2000. "Redundant Governance Structures: An Analysis of Structural and Relational Embeddedness in the Steel and Semiconductor Industries." *Strategic Management Journal* 21(3): 369-386.

に「鉄鋼産業では強い結びつきのアライアンスを多く持ったほうが利益率が向上する」という結果を得たのです。

強い結びつきと弱い結びつきの有効性は、二つの産業で対称的な結果となったのです。

ネットワークと知の探索と深化

ここで注目すべきは、半導体産業と鉄鋼産業の事業環境が大きく異なることです。

半導体事業は不確実性の高いビジネスです。技術革新のスピードは速く、既存の技術はすぐに陳腐化していきます。市況の変化の波が大きいのも特徴的です。他方で鉄鋼は成熟産業に近いといえます。技術革新も起きてはいますが、そのスピードは半導体よりはかなり緩やかです。半導体と比べれば、不確実性の低い産業といえるでしょう。

ここで、第七章でお話ししたイノベーションの議論を思い出してください。

半導体のように技術革新のスピードが速く不確実性の高い環境では、企業は積極的に自らイノベーションを起こす必要があるため、新しい「知の探索」が必要となります。知を探索して多様化させることがイノベーションの源泉の一つであることは、第七章でお話しした通りです。

そして前章のペリースミスの研究にもあったように、知の探索のために有効なのは、強い結びつきではなく弱い結びつきです。したがって企業は弱い結びつきのアライアンス・ネットワークを活用したほうが、多様な知識を効率的に得ることができ、それがやがて業績に影響していくと考えられるのです。

逆に鉄鋼産業のように比較的安定した事業環境では、新しい技術を探索するよりも、既存の技術をより深く活用するほうが効率的でしょう。すなわち、第七章で紹介した「知の深化」が重要なのです。そしてそのためには、他の企業と強い結びつきのアライアンスを行うことで、より深い知の交換をすることが重要になってきます。

ロウリーたちの研究から言えることは、企業のアライアンス戦略では、その事業環境の不確実性を十分に考慮して、最適なアライアンスの形態を決めることが重要である、ということなのです。

ツイッターが震災で役立った理由

ここで、インターネットのソーシャル・ネットワーク・サービス（SNS）について考えてみましょう。

二〇一一年に起きた東日本大震災で私が印象深かったことは、ＳＮＳの中でもとくにツイッター（Twitter）が地震直後のみなさんの情報交換に大いに役立っていたことです。

大地震のあとのパニックのような状況の中で、ツイッターでは避難情報や安否の確認、各地の被害状況などの多様な情報が瞬時に飛び交い、それが多くの人の情報収集に役立ったと言われています。当時アメリカで日本の地震のニュースに驚いた私も、避難のために重要そうな情報がツイッターで流れて来るたびに、それをリツイートしたのを覚えています。

さてここで注目すべきは、ツイッターは他のＳＮＳと比べると「弱い結びつき」の性質を持っているということです。

ツイッターである人を「フォロー」したければ、その人の許可なしにフォローすることができます。知り合いどころか、赤の他人でもツイッターでは（一方通行な関係かもしれませんが）つながることができるのです。

他方で、たとえば他の代表的なＳＮＳであるミクシィ（mixi）では、ある人が他の人の「マイミク」（リンクした関係）に一方的になることはできず、相手の認証が必要です。そのためにミクシィでは、友人同士や同級生がマイミクになりがちです。このようにミクシィで実現するソーシャルな関係は「強い結びつき」に近いといえるでしょう。実際、ミクシィは競合ＳＮＳとの差別化のために、「強い結びつき」を戦略的に強調している節があります。

そして、大地震のようなきわめて不確実な事態に直面したときにどちらのSNSの活躍が注目されたかといえば、それはツイッターだったのです。

まさに前述のロウリーたちが半導体と鉄鋼のアライアンスに違いを見いだしたように、不確実性の高いときにはまずは広く情報を集めることが重要であり、そのためには、より遠くまで多様な情報を効率的に飛ばせる「弱い結びつき」のツイッターのほうが有用である、ということでしょう。もちろん、震災時にツイッターのほうがスマートフォンで使いやすかったなど他の理由もあるのでしょうが、私はツイッターが活躍した理由の一つは、まさにグラノベッターの言う「弱い結びつきの強さ」の本質を発揮したからであろう、と考えています。

ではもう一つの有力SNSであるフェイスブック（Facebook）はどうでしょう。私の周囲では、フェイスブックを使ってツイッターのように誰とでもつながってしまう人もいれば、相手を仲のよい友人だけに絞ってミクシィのような使い方をしている人もいます。

しかし、二〇一一年初頭に起きたアラブの民主化運動、いわゆる「アラブの春」では、不安定な政情下での一般市民の情報収集にフェイスブックが大いに役立ったと聞いています。その意味では、フェイスブックも場合によっては「弱い結びつきの強さ」を発揮できるのかもしれないと私は考えていますが、みなさんの実感はいかがでしょうか。

「構造的な」ソーシャル・ネットワーク

さて、それではいよいよ最後の「ソーシャル」である構造的なソーシャル・ネットワークについてお話ししましょう。

構造的なソーシャル・ネットワークでは、その名の通りネットワーク全体の構造に着目します。したがって、これまで紹介してきた「結びつきの強さ弱さ」という話は、とりあえず忘れてください。

そのうえで、前章で使ったタロウくん、ハナコさん、ケンジくんの例に戻ってみましょう。

図1を見てください。これは前章の図2（一六一頁）と同じものです。タロウくんがハナコさんとケンジくんとつながっています（くり返しですが、ここでは二人が親友か知り合いか、という話は無視します）。他方で、ハナコさんとケンジくんはつながっていません。すなわち、三角形の一辺が欠けた状態です。

図1　ストラクチュアル・ホールの基礎

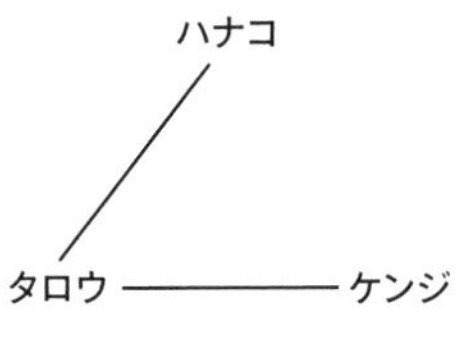

ケンジくんが発した情報がハナコさんに伝わるルートはタロウくん経由の一つだけになる。

逆にいえば、タロウくんが情報を止めてしまえば、ケンジくんの情報はハナコさんに伝わらない。

さて、構造的なソーシャル・ネットワークで私たちが考えるべきことは、「この三人の中で一番得をするのは誰か」という問いです。

一番得をするのは誰でしょうか。ネットワーク研究者の出す正解はタロウくんです。なぜならタロウくんは三人の中で唯一、自分以外の二人の人と直接つながっています。したがって、タロウくんだけが自分以外の二人が発信する情報を手に入れることができるからです。

ハナコさんはどうでしょう。ハナコさんもたしかにタロウくんとケンジくんの発信する情報の両方を手に入れる可能性はあります。ケンジくんとは直接はつながっていませんが、その情報はタロウくん経由で手に入れればよいからです。

しかし、もしタロウくんがケンジくんの発信する情報をハナコさんに流さなかったらどうなるでしょうか。

ハナコさんはケンジくんとはつながっていませんから、そもそもケンジくんが情報を流したかどうかもわかりません。そして唯一の情報ルートであるタロウくんが情報を自分のところで止めてしまえば、ハナコさんにはケンジくんの情報は一切入らないことになります。ケンジくんから見たハナコさんの情報についても同様です。

これはグラノベッターの考えとの大きな違いです。グラノベッター流の考えでは、水道管を流れる水のように、情報はソーシャルな関係を通じてどこまでも流れるものである、とされます。だからこそ多様な情報が遠くまで飛ぶわけです。

他方で、構造的なネットワークでは、あるところで水道管の水をせき止めるように、情報を自分のところで留めてそれを利用する人が出てくる、ということを考えるのです。この例ではタロウくんがそうです。タロウくんは、ハナコさんの知らないケンジくんの情報、ケンジくんの知らないハナコさんの情報の両方を自分だけが持つことになりますから、それを利用することで得をする可能性が出てくるのです。

たとえば、ケンジくんが自分の車を売りたくて、ハナコさんは車を買いたがっていたらどうでしょうか。ケンジくんとハナコさんは、互いが車を売りたい・買いたいと考えていることを知りませんから、それを知っている唯一の存在であるタロウくんがその仲介に入り売買を成立させるでしょう。結果、仲介のポジションにいたタロウくんが利益を得るわけです。

これが構造的なソーシャル・ネットワークのもっとも基本的な考え方です。これを考案し、そして世界のソーシャル・ネットワーク研究にきわめて大きな影響を与えたのが、シカゴ大学のスター学者であるロナルド・バートなのです。

この状況はハナコさんとケンジくんがつながっておらず、三角形が不完全であることで生じます。

三角形に隙間があるからタロウくんが得をするわけです。バートはこのようなソーシャルの隙間のことをストラクチュアル・ホール（構造的な隙間あるいは構造的空隙）と名付けました。(3)

ストラクチュアル・ホールを活用せよ

バートが生み出したストラクチュアル・ホールの概念は、現在のソーシャル・ネットワーク研究においてきわめて重要なものとなっています。ストラクチュアル・ホールを多く持つ人は、ネットワーク上に流れる情報や知識をコントロールすることができるようになるため、それを利用して得をすることができる、という考えなのです。

先ほどは三人の例でしたが、それを少し拡張したのが図2です。この例では、ネットワーク上の全員が何らかのルートでつながっていますが、たとえばHさんやIさんの情報がPさんやSさんに届くには、必ずAさんを経由しなくてはいけません。逆も然りです。したがって、Aさんはストラクチュアル・ホールに恵まれているということになります。

さてここでAさんを挟んで、HさんやIさんのいるネットワーク領域と、PさんやSさんのいるネットワーク領域をそれぞれ一つの国と考えたらどうなるでしょうか。Aさんがいわゆる貿易商の役割を果たせることは、容易に想像がつくのではないでしょうか。

(3) Burt, Ronald S. *Structural Holes: The Social Structure of Competition*. Harvard University Press, 1995.

このように、実はストラクチュアル・ホールの考えは商売の基本中の基本といえます。

古くは東洋と西洋をつないだシルクロードの商人から、メーカーと小売りをつなぐ卸問屋、そして国と国の取引をつなぐ商社、彼らはまさにストラクチュアル・ホールを活用したビジネスをしているのです。ストラクチュアル・ホールに囲まれているからこそ、情報やモノ、資源、お金を「つなぐ」役割が生じ、ひいてはその取引をコントロールして多大の利益を上げることができるわけです。

逆にこれらのプレーヤーにとって一番恐ろしいことはストラクチュアル・ホールが埋まってしまうことです。もしハナコさんとケンジくんが何らかのきっかけで知り合ってしまえば（三角形が完成してしまえば）、二人が直接取引をすればいいわけですので、タロウくんがそのあいだに立つ必要はなくなってしまいます。

最近は規制緩和の進展や情報技術の導入などもあって、メー

図2　拡張された構造的なネットワーク

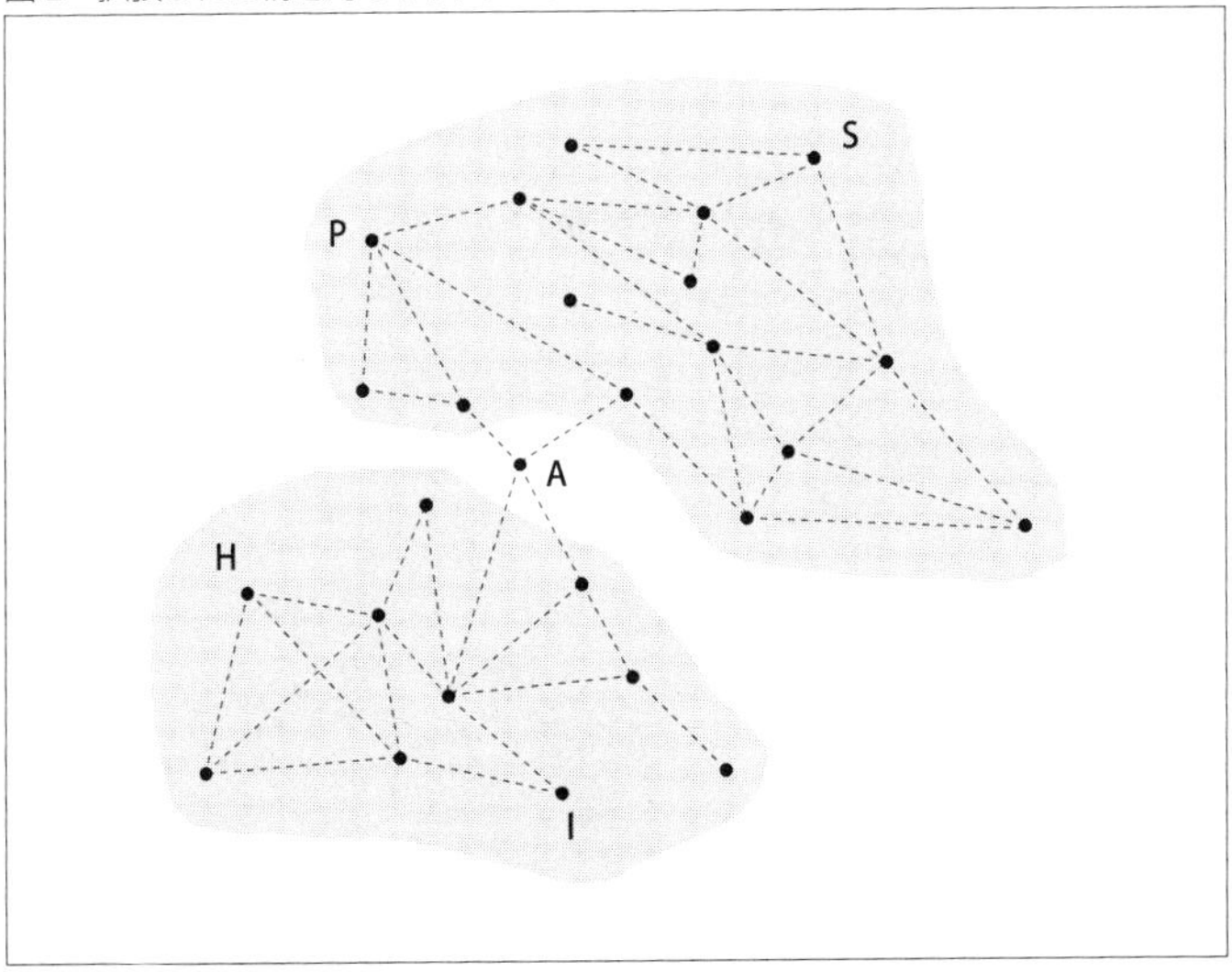

カーが卸を経由せずに小売りと直接取引をしたり、遠いところにいる売り手と買い手が直接取引をできるようになりつつあります。このような背景で流通企業の中には経営が厳しくなっているところも少なくないようですが、これはまさにストラクチュアル・ホールが埋まってきているということなのです。

ストラクチュアル・ホールは給料を上げるか

世界の経営学では、人や組織のつながりのデータを使ってストラクチュアル・ホールを計測することがすでに可能になっています。みなさんも特殊なソフトウェア（代表的なものにuncinetというのがあります）に「誰と誰はつながっている」といったネットワークデータを入力すれば、自分がストラクチュアル・ホールに恵まれているのかどうかも計算できるのです。

そしてこれまでの研究の蓄積により、ストラクチュアル・ホールに恵まれた人や組織のほうがより得をするということも実証的にも明らかになっています。

なかでも興味深い研究として、前述のロナルド・バートがシカゴ大学のロビン・ホガース、INSEADのクロード・ミショードとともに、二〇〇〇年に『オーガニゼーション・サイエンス』に発表した研究[4]を紹介しましょう。

バートたちは、会社員の出世や給料とストラクチュアル・ホールの関係、というおもしろいテーマの研究を行っています。

ネットワークの研究はいまや世界中で行われていますが、バートたちによると、この論文を発表する以前は、やはりアメリカのデータをもとにしたものが多かったようです。そこでバートたちはストラクチュアル・ホールが人に与える優位性はアメリカ以外の国でも同じなのかを検証するために、アメリカとフランスを比較することにしました。

一般にアメリカ企業と比べて、フランス企業というのは官僚主義的で保守的な色合いが残っているとされることが多いようです。

たとえば、本書の第一〇章では、ビジネスにおける国民性の指標を紹介していますが、一九三頁の表を見ると、フランス人はアメリカ人と比べて、権力の格差を重視し、リスク回避的である、という結果になっています。このような国民性の違いは、ビジネスパーソンがソーシャルな関係をどのように活用するかにも影響するかもしれません。

この点を検証するため、バートたちはアメリカとフランスのある大手企業について、合計二二三〇人のシニアマネジャーのそれぞれが過去に社内外のどういう人たちと人脈を築き交流

(4) Burt, Ronald S., Robin M. Hogarth, and Claude Michaud. 2000. "The Social Capital of French and American Managers." *Organization Science* 11(2): 123-147.

してきたかを精査しました。そして、これらの人脈データから各マネジャーのストラクチュアル・ホールを計算しました。

そして、統計分析の結果、アメリカのマネジャーだけでなく、フランス企業のマネジャーでも、ストラクチュアル・ホールを多く持つ人のほうが年収が高くなる、という結果が得られたのです。

このようにストラクチュアル・ホールに囲まれているほうがその人に有利であることは、経営学のコンセンサスとなりつつあり、しかもそれは特定の国に限らないということがわかりつつあります。私は日本の会社員についてのストラクチュアル・ホールを分析した研究は見たことがないのですが、そのような研究をするのもおもしろいかもしれません。

自分のソーシャルを見直そう

前章と本章の二章にわたって、経営学の一大潮流である「ソーシャル」の研究を紹介してきました。人と人の付き合いや、企業と企業のアライアンスのソーシャルな関係は、経営学者によってそのメカニズムと効果が解明されつつあるのです。

前章の冒頭で述べましたが、みなさんの多くは、人間関係をうまく活用することの重要性はなんとなくわかっていても、なぜそれが重要なのか、どのような関係がどのようなときにメリットをもたらすのか、を真剣に考えることは少ないと思います。しかし、経営学の知見を活用すれば、みなさんもより効果的にソーシャルを活用できるかもしれません。

私の知り合いには、海外のビジネススクールや日本の大学の授業で、学生にビジネス上の知り合いや友人関係などのネットワークの図を描く演習をさせる方々がいます。そういった方々のねらいの背景には、このネットワーク理論があるのです。

最近はフェイスブックなどのＳＮＳサービスでできた人間関係をソーシャルグラフという形で図にして見ることができるようになっています。また、業界研究をした本の中には、企業のあいだの提携・資本関係などを図示化したものもよく見られます。本章でお話しした知見をもとに、このようなソーシャルな関係を示した図を見直してみるのも有用かもしれません。

第10章

日本人は本当に集団主義なのか、それはビジネスにはプラスなのか

［グローバル経営における国民性指数とその意味］

みなさんの中には、海外でビジネスをしたり、海外を旅行したり、日本に来ている外国の方と交流する中で、国によってものの考えや慣習——すなわち国民性——が異なることを実感されている方も多いと思います。海外駐在の方の「○○国では、ビジネスの考え方が日本と違ってやりにくい」というボヤキはよく聞かれるところです。

しかしよく考えてみると、国民性というのはなんとなくボンヤリとしたものではないでしょうか。たとえば「日本人は集団主義でアメリカ人は個人主義だ」とは、私たちがなんとなく持っているイメージではありますが、はたして本当にそうなのか、はっきりした根拠があるわけではありません。

そこで本章では、国際経営論の分野で研究が蓄積され、今もフロンティアで研究が進められている「国民性の違いとビジネス」というテーマについてお話ししましょう。「日本人は集団主義な国民である」とよく言われますが、本当にそうなのでしょうか。もしそうだとしたら、それはみなさんのビジネスにどのような影響を及ぼすのでしょうか。

なお、世界の経営学ではこの研究テーマをNational Cultureという言葉で表しています。正しい訳は「国の文化」となりますが、私は「国民性」の意訳のほうがしっくりくるので、本章では独断でこちらを使わせていただきます。

海外進出にひそむ四つのリスク

ビジネスの戦略決定では、国民性の違いというのはないがしろにされがちなものです。

たとえば新しく海外市場に進出するプランを作るとき、進出先の国の市場規模や成長性についての市場調査は、どの企業も徹底的に行うはずです。他方で進出先の国民性が日本人とどう異なるか、そしてそれが現地でビジネスを行う上でどのように影響するかは、分析レポートの最後に「リスク要因として要検討」と書かれるぐらいのことも少なくないのではないでしょうか。

二〇〇一年にハーバード大学のパンカジュ・ゲマワットが『ハーバード・ビジネス・レビュー』

に発表した論文[1]は、まさにこの点を指摘したものでした。ゲマワットによると、多くの企業は新しく進出する国を決めるときに、その市場の大きさや成長性だけを重視することが多く、経済指標だけでは見えてこないリスク要因を深く分析しないために失敗することも少なくない、と主張したのです。

そこでゲマワットは「ＣＡＧＥ」という実践的なフレームワークを提案し、海外にビジネスを展開する際には、進出先候補の国と自国のあいだの四つの「距離」をできるだけ定量化し、事前にリスク要因として分析しておくことを提唱しました。その四つとは、（一）国民性（Cultural）の距離、（二）行政上（Administrative）の距離、（三）地理的（Geographic）な距離、そして（四）所得格差（Economic）の距離、のことです。

これらの距離を進出国の分析にリスク要因として取り込むと、市場成長性の高い国が実はリスクとのバランスで考えれば必ずしも魅力的な進出先ではないとわかったり、逆に市場規模はまだ小さいがリスクとのバランスで考えれば魅力な投資先が見えてくる、というのです。

国民性を数値化する

(1) Ghemawat, Pankaj. "Distance Still Matters: The Hard Reality of Global Expansion." *Harvard Business Review* 79(8): 137-147.

ゲマワットが主張するように進出する先の国民性を経営環境分析に取り入れられれば、たしかにそれは役に立つかもしれません。

ゲマワットのCAGEの中でも(三)の地理的な距離や、(四)の所得格差は数値としてとらえることは比較的容易です。また(二)の行政上の距離は、数値化そのものは難しくても、進出先の法制度や行政手続きを調べることは企業の海外進出ではあたりまえに行われます(2)。

それらに比べると、(一)の国民性というのはかなりボンヤリしたものに見えます。なんといっても国民性は漠然としたイメージです。これが市場規模なら「〇〇国のこの商品の市場は二〇二〇年に一〇億ドルになる」といった試算も可能ですが、数値化ができなければ、それを経営の意思決定の参考にすることは難しいでしょう。

では、もし各国の国民性が数値化できるとしたらどうでしょうか。

実はこれこそが、国際経営論で研究が重ねられてきたテーマなのです。世界中の多くの経営学者が「国民性」の計測を試み、これまでにいくつも国民性の指標が発表されています。

ホフステッド指数

その中でもまちがいなくもっとも有名なのは、マーストリヒト大学名誉教授のヘールト・ホフ

(2) 実はこの「行政制度の距離」を定量化する研究も経営学で行われているのですが、この章では国民性の話に焦点を絞ります。

ステッドによる、いわゆる「ホフステッド指数」です。国際経営学者でこの指数を知らないものはいないであろう、というほどに有名な指標なのです。

ホフステッドは、一九七〇年代後半に巨大多国籍企業であるＩＢＭ社の世界四〇カ国の従業員一一万人に質問表を送り、そのデータを使って各国の国民性を分析しました。みなさんは「一つの企業（ＩＢＭ）だけの情報で国民性を分析していいのか」と思われるかもしれませんが、逆にいえば、一つの企業だけに対象を絞ることで、企業ごとに異なるであろう「企業文化」の差の影響を考慮しなくてよいという利点もあります。

統計分析の結果、ホフステッドは国民性という概念が四つの次元からなることを明らかにし、一九八〇年に著書[3]として発表しました。それは以下の四つです。

- Individualism = Collectivism：その国の人々が個人を重んじるか（個人主義）、集団のアイデンティティを重んじるか（集団主義）、を表す指標。
- Power Distance：その国の人々が、権力に不平等があることを受け入れているか、という指標。
- Uncertainty Avoidance：その国の人々が不確実性を避けがちな傾向があるか、という指標。
- Masculinity：その国の人々が競争や自己主張を重んじる「男らしさ」で特徴づけられるか、

(3) Hofstede, Geert. *Culture's Consequences: International Differences in Work-Related Values*. SAGE, 1980.

という指標。(4)

日本人は本当に集団主義か

一九八〇年に初めて発表されて以来、ホフステッドの指標は何度か改訂が行われ、対象国も増えて、今ではより充実したものとなっています。このデータはウェブサイトにありますので、みなさんでも簡単に見ることができます。本章では、ホフステッド教授ご当人のウェブサイト(5)から指数をとって、いくつかの国のデータをまとめてみました。

表1を見てください。私たち日本人の国民性は、どうなっているのでしょうか。

本章では「個人主義(vs集団主義)」に注目してみましょう。日本の個人主義指数は四六で、六九カ国中で三二番目に個人主義志向が強い、という結果になっています。これは、なかなか興味深いのではないでしょうか。私たち日本人は、自分たちのことを世界の中でも「集団主義の強い国民性」と思い込みがちです。しかしホフステッドの分析結果によると、六九カ国の中では、きわだって集団主義が強いというわけでもないのです。

私たちが自らを集団主義と思い込んでいる理由の一つは、自分たちを欧米の人たちと比較しがちだからかもしれません。アメリカの個人主義指数は一位ですし、イギリス、オランダ、カナダ、

(4) 本書ではホフステッドが1980年の初発表時に提案した四つの次元だけを紹介しています。その後、1991年にLong Term Orienation(その国の人々が長期的な視野をとるか)という指標が、2011年にRentraint = Indulgence(その国の人々が自己抑制的か)という指標が追加されています。

(5) http://www.geerthofstede.nl/

イタリアなども軒並み一〇位以内に入っていますから、これらの国の人たちと比べれば、たしかに日本人は集団主義といえそうです。しかし、たとえばアジアの国々（中国〔五五位〕、韓国〔五八位〕、インドネシア〔六四位〕など）と比べれば、むしろ日本人のほうが個人主義的な傾向が強いのです。

もちろん、これはあくまで一つの分析結果にすぎませんので、この指標をもって、日本人は集団主義的ではない、と断言できるわけではありません。とはいうものの、「日本人は集団的である」という漠然としたイメージを容易に信じ込まないようにすることも重要なのです。

国民性の距離を測る

現コロンビア大学のブルース・コグートとペンシルヴァニア大学のハビール・シンが一九八八年に『ジャーナル・オブ・インターナショナル・ビジネス・スタディーズ』に発表した論文(6)は、ホフステッド指数を分析に取り入れた、画期的な研究でした。

コグートとシンは、ホフステッドの四つの次元からなる指数を使って、国と国のあいだの国民性がどのくらい離れているか、その「距離」を計算しました（参考までに、計算式を表の下に示してあります）。

(6) Kogut, Bruce, and Harbir Singh. 1988. "The Effect Of National Culture On The Choice Of Entry Mode." *Journal of International Business Studies* 19(3): 411-432.

表1　国民性の距離

	コグート＝シン指数（日本からの距離）	順位	男らしさ	順位	リスク回避性	順位	権力の格差	順位	個人主義	順位
日本	-	-	95	2	92	10	54	44	46	32
ポーランド	0.86	2	64	17	93	9	68	24	60	19
イタリア	0.97	3	70	8	75	29	50	45	76	8
メキシコ	0.99	4	69	9	82	24	81	9	30	44
アルゼンチン	1.10	5	56	27	86	14	49	47	46	33
ギリシア	1.27	7	57	25	112	1	60	36	35	41
ドイツ	1.29	8	66	13	65	39	35	58	67	16
南アフリカ	1.72	17	63	19	49	53	49	46	65	17
ブラジル	1.74	18	49	37	76	28	69	22	38	37
アラブ諸国	1.92	22	52	32	68	37	80	11	38	38
スペイン	2.01	24	42	50	86	17	57	41	51	28
フランス	2.29	28	43	47	86	16	68	23	71	12
インド	2.55	36	56	28	40	59	77	16	48	29
オーストラリア	2.58	38	61	21	51	51	36	56	90	2
韓国	2.59	39	39	55	85	22	60	37	18	58
アメリカ	2.70	41	62	20	46	57	40	51	91	1
カナダ	2.79	44	52	33	48	55	39	54	80	6
中国	2.96	47	66	12	30	63	80	12	20	55
イギリス	3.04	49	66	14	35	62	35	57	89	3
ポルトガル	3.14	51	31	61	104	2	63	33	27	46
ロシア	3.23	53	36	59	95	6	93	6	39	35
インドネシア	3.30	54	46	41	48	56	78	14	14	64
マレーシア	4.26	61	50	35	36	60	104	2	26	48
シンガポール	5.23	64	48	38	8	69	74	18	20	54
オランダ	5.93	65	14	67	53	48	38	55	80	4
スウェーデン	8.02	68	5	69	29	66	31	62	71	11

▼コグート＝シン指数の計算式

$$KS_i = \sum_{k=1}^{4} \{(I_{ki} - I_{kj})^2 / V_k\} / 4$$

ここで、KS_i は i 国の日本に対する国民性の距離（コグート＝シン指数）、I_{ki} は i 国の k 次元目の国民性指数、I_{kj} は日本（j）の k 次元目の国民性指数、V_k は k 次元目の国民性指数の対象国全体での分散を指す。

この方法で、私も日本と世界各国のあいだの「国民性の距離」を計算してみました。表の左の列に結果が載っているので見てください。この結果も、なかなかおもしろいのではないでしょうか。

まず、表にある国の中で、日本と国民性が一番近いのは、ポーランド（六九カ国中二番目）になります。表には載っていませんが、日本人と一番近いのは実はハンガリーです。東ヨーロッパの二カ国が日本と近い国民性を持っている、というのはなかなかおもしろい結果といえます。

他方で、日本人と一番国民性がかけはなれているのは、オランダ人やスウェーデン人という結果になりました。シンガポール、マレーシアといった他のアジアの人々と国民性がはなれているのも興味深いところです。おとなりの韓国や中国も、日本と国民性が近いわけでもないようです。

この一九八八年の論文でコグートとシンは「企業にとって、進出先の国民性が自国からはなれているほど、それはビジネスリスクとなる。したがって、企業がそのような国に進出するときに、買収と合弁という二つの方法があれば、投資額が少なくてすむ（リスクの小さい）合弁を選択しがちなはずだ」という仮説を立てました。そして米国系五〇六企業の海外進出データを使った統計分析の結果、それを支持する結果を得たのです。

そしてこの論文を契機として、国民性の距離がビジネスに与える影響を分析した研究が、世界中の研究者からいくつも発表されるようになり、今もその流れは続いています。

GLOBE指数

さて、ここまでを読んだ方の中には、このホフステッドの指標はどこまで信頼できるものなのか、疑問を持たれた方もいるかもしれません。それも当然の疑問です。

第一に、ホフステッドの指数は、一企業（ＩＢＭ）の従業員だけを対象にしたものです。先ほどもお話ししたように、これは「企業文化の違い」の影響を無視できる上では望ましいのですが、逆にＩＢＭ社の特殊性を反映してしまっている可能性もあります。また、ホフステッド指数のオリジナルデータは、一九七〇年代に集められたものです。その後改良が重ねられているとはいえ、もし国民性が時代によって変わるのであれば、それをどこまで反映できているか疑問が残ります。

もちろん経営学者も同じことを考えました。そして、ホフステッドの指標が発表されたあとも、多くの研究者が、ホフステッドよりも正確に国民性を図る指標を作り出そうと研究を行い、数々の指標を発表してきたのです。

なかでも、ホフステッド指数とならんで近年経営学でよく使われる指標が「ＧＬＯＢＥ指数」です。

ペンシルヴァニア大学のロバート・ハウスは、一九九一年に新しく国民性の指標を作るプロジェクトを開始しました。ハウス教授は、世界中から一七〇人の共同研究者を集め、世界六二カ国地域の九五一企業のマネジャーに対して国民性に関するアンケート調査を行ったのです。ホフステッドが、ＩＢＭ一社だけを対象として、その調査分析のとりまとめを独力で行ったのとは対照的です。

その結果はＧＬＯＢＥ（Global Leadership and Organizational Behavior Effectiveness）指数として、二〇〇四年に八〇〇ページ以上の著作(7)として大々的に発表されました。

ＧＬＯＢＥ指数の登場は、対象企業を一社に絞らなかったこと、そして一七〇人もの人材を使って分析したということもあり、大きな反響を呼びました。その後、ＧＬＯＢＥとホフステッドのどちらがより優れた指数かを評価することが盛んになったのです。

ＧＬＯＢＥ指数の一つの特徴は、国民性は九次元に分けられると主張したことです。さらに、それぞれの次元が「われわれの社会は……である」という実証的価値観と、「われわれの社会は……のようになるべきである」という規範的価値観の二項目に分かれるため、結果として九×二

(7) House, Robert J., Mansour Javidan, Vipin Gupta, Peter W. Dorfman, and Paul J. Hanges. *Culture, Leadership, and Organizations: The GLOBE Study of 62 Societies*. SAGE, 2004.

で計一八の次元を提示したのです。ホフステッドが国民性をたった四つの次元に分けたのとは対称的です。

ホフステッドの批判

そしてこのGLOBEの指標にかみついた一人は、当のホフステッドでした。

二〇〇六年に『ジャーナル・オブ・インターナショナル・ビジネス・スタディーズ』に発表した論文(8)で、ホフステッドはGLOBE指標を作った努力を大いに賞賛しながらも、いくつかの手厳しい批判をしています。

ホフステッドがとくに問題視したのは、第一に、GLOBEのアンケートの方法が適切でないために、実証的価値観と規範的価値観が混同されてしまっていること、第二に、国民性を一八もの次元に分けては、多すぎて実際には使いづらいことです。

さらにホフステッドは、GLOBEのデータを因子分析という方法で自ら再分析し、結果として、GLOBEの一八次元は実は五つぐらいにまとめることができて、しかもそのまとめられた結果はホフステッド指数とほぼ変わらない(!)、と主張したのです。

ホフステッドにしてみれば、「一七〇人もの研究者を使って、たいへんな労力をかけても、

(8) Hofstede, Geert. 2006. "What Did GLOBE Really Measure? Researchers' Minds versus Respondents' Minds." *Journal of International Business Studies* 37(6): 882-896.

結果を見直せば、私が一人で分析したのと変わらないじゃないか！」と言っているようなものです（もちろん、ご本人はそんなことは言っていません。そう思っているのではないかなあ、という私の邪推です）。

現在でも、ホフステッド指数とGLOBE指数のどちらがより優れた指数か、どちらを分析に使うべきかは、研究者の悩みのタネとなっています。二〇一〇年に『ジャーナル・オブ・インターナショナル・ビジネス・スタディーズ』が、ホフステッド指数とGLOBE指数の特集号[(9)]を組んでいます。より深く興味をお持ちになった方は、この特集号を読んでみるとおもしろいかもしれません。

集団主義はビジネスにとってプラスなのか

最後にもう一度、国民性の中でも「個人主義vs集団主義」に注目してみましょう。表で見たように、ホフステッド指数によると、個人主義の傾向がきわめて強い国はアメリカです。日本人は、少なくともアメリカ人よりは集団主義的ということになります。他のアジアの国の多くは、さらに集団主義です。では、この結果が正しいとして、日本人がアメリカ人とビジネ

(9) *Journal of International Business Studies* 41(8).

(10) Huff, Lenard, and Lane Kelley. 2003. "Levels of Organizational Trust in Individualist Versus Collectivist Societies: A Seven-Nation Study." *Organization Science* 14(1): 81-90.

スを行う上で、彼らよりも集団主義的傾向が強いことは、はたしてプラスにはたらくのでしょうか。

ブリガムヤング大学のレナード・ハフとハワイ大学のレーン・ケリーが、二〇〇三年に『オーガニゼーション・サイエンス』に発表した論文[10]は、この疑問に一つの視点を与える興味深い研究です。

ところで、ハフとケリーはこの論文で、ある日本人学者の研究を何度も引用しています。その方は、経営学者ではなく、北海道大学の高名な社会心理学者である山岸俊男名誉教授です。山岸教授は、社会心理学の分野で国際的に輝かしい業績をあげられていますが、その影響は経営学にも及んでいるのです。

ハフとケリーは、山岸教授が一九八八年に『ソーシャル・サイコロジー・クォータリー』に発表した論文[11]や、一九九八年に『アメリカン・ジャーナル・オブ・ソシオロジー』に発表した論文[12]などに注目しました（山岸教授は日本語の著作も多く出されていますので、関心のある方はそちらを読んでみてください）。

さて、みなさんの多くは「集団主義の人々は、集団を重視するのだから、他の国の人々とも調和・協力しやすいはずだ」と、予想されるのではないでしょうか。

(11) Yamagishi, Toshio. 1988. "The Provision of a Sanctioning System in the United States and Japan." *Social Psychology Quarterly* 51(3): 265-271.

(12) Yamagishi, Toshio, Karen S. Cook, and Motoki Watabe. 1998. "Uncertainty, Trust, and Commitment Formation in the United States and Japan." *American Journal of Sociology* 104(1): 165-194.

しかしここで山岸教授が指摘したのは、「協力する相手が自分の所属する集団（グループ）と同じメンバーか、それともグループの外にいるか、を分けて考えることが重要である」ということです。

集団主義というのは、グループ内の利益を重視しますし、グループ内のメンバーの結束も強くなります。しかし、逆にいえば、グループ内の結束が強ければ、それだけグループの外の人たちとの協力関係を築くのが心理的に困難になる可能性がある、という指摘なのです。

言われてみれば、これはとても納得のいく話です。集団主義と聞くとあたかも誰とでも仲良くできそうなイメージがありますが、実はグループ外の人たちと協業を進めるのは苦手かもしれないのです。逆に個人主義の人たちは、自分のグループに心理が引っぱられませんから、外の人たちとの協力もスムーズにいきやすいということなのです。

この考えをもとにして、ハフとケリーは、日本、韓国、中国、台湾、香港、マレーシア、そしてアメリカの六カ国の人々が、「ビジネスパートナーをどのくらい信頼しているのか」を検証しました。言うまでもなく、相手を信頼するということは、協力的なビジネス関係を築く上でとても重要なことです。

ハフとケリーは、六カ国の銀行の管理職一二八二人にアンケート調査を行いました。その結果、自分の所属するグループの外部の人たちを一番信用しやすいのは、実は個人主義であるはずのアメリカ人であることを発見したのです。逆に、アジアの人々はアメリカ人よりも外部者をなかなか信用しないという結果となりました。そして中でも、外部者を信頼する傾向が低かったのは、韓国人、中国人、そして日本人だったのです。

私は、ここで日本人がどうだこうだと議論する気はありません。しかしこの結果を受けてみなさんに考えていただきたいのは、日本人が欧米の人たちと協力してビジネスを行うときに、往々にして「彼らは個人主義だから、全体の和を乱すんだよなあ」などと言い訳してしまいがちなことです。ハフとケリーの結果が正しいとすると、信頼関係が重要なビジネスにおいて、信頼を築く妨げになっているのは、欧米人ではなく、むしろ日本人の方かもしれないのです。

逆にこの結果は、日本人が、より集団主義的な他のアジアの人々とビジネスで付き合う上での難しさを示唆するものともいえるでしょう。アジアの国々は今後日本人にとっていっそう重要なビジネスパートナーとなることは疑いがないところですが、集団主義的な彼らと「やや集団主義的」な日本人が互いに信頼関係を築くのは、なかなか簡単でないのかもしれません。

国民性についての経営学研究のフロンティアの話はいかがだったでしょうか。本章のポイントをまとめると以下のようになります。

- 海外進出を検討する際に、市場規模や成長性のような「チャンス」要因と比べると、国民性の違いのような「リスク」要因はないがしろにされがちである。

——経営学では、この国民性というモヤモヤした概念をなんとか指数化して、ビジネスへの影響を分析することが行われている。

——なかでも代表的な指標は、ホフステッド指数とGLOBE指数である。

- 日本人は世界的に見てきわだって集団主義的な国民というわけではない。
- やや集団主義な国民性を持つ人たちからなる日本企業は、実はそれゆえに海外企業との協力関係を築くのがうまくない可能性がある。

先述しましたが、ホフステッドの指数はインターネットなどで検索すれば簡単に手に入ります。みなさんも、海外で新しくビジネスを考えたり、あるいは海外出張に行ったりする前に、その国の国民性を日本人と比較してみてはいかがでしょうか。

第11章

アントレプレナーシップ活動が国際化しつつあるのはなぜか

［国際起業論で語られる世界で起きつつある潮流］

今、世界ではアントレプレナーシップ活動の国際化が進みつつあります。

たとえば日本で新しくビジネスを始めるなら、まず日本人を顧客とし、日本で人材を確保し、日本の投資家から資金を集めるのが一般的でしょう。それに対しインターナショナル・アントレプレナー（国際起業家）は、事業立ち上げの早い段階から海外マーケットへ商品・サービスを提供したり、海外に製造拠点をおいたり、海外の投資家から資金を集めたりと、海外とのつながりを前提としたビジネスモデルを組む起業家のことを指します。

そして、創業間もない段階から急速に国際展開を行うスタートアップ企業のことを、ボーン・グローバル・ファーム（生まれながらの国際企業）と呼ぶこともあります。

国際起業家やボーン・グローバル・ファームの存在が目立つようになるにつれ、世界の経営学界ではインターナショナル・アントレプレナーシップ（国際起業論）が新たな研究領域として注目を浴びるようになっています。二〇〇〇年には『アカデミー・オブ・マネジメント・ジャーナル』が、そして二〇一〇年には『ストラテジック・アントレプレナーシップ・ジャーナル』が国際起業論の特集号を出しています。『ジャーナル・オブ・ビジネス・ベンチャリング』も近々このテーマでの特集号を出すようです。

なぜ起業家が、そしてアントレプレナーシップ活動が国際化するようになっているのでしょうか。実はこれから申し上げるように、この現象はとても興味深い矛盾をはらんだことなのです。逆にこの背景を解き明かすことで、今世界で起きている新たなビジネスの潮流を考えることができます。それは何なのでしょうか。その潮流は日本にも起きているのでしょうか。

本章では今起きつつあるアントレプレナーシップ活動の国際化とその背景にある大きな流れについて、フロンティアの研究を紹介しながら議論していきます。

台頭する国際起業家

私の知るかぎりまだ包括的な統計はないようなのですが、アントレプレナーシップ活動の国際化は世界的に進展しつつあると考えられます。以下はその例です。

例①▼スロヴェニアで一九九二年に設立されたコンピュータ装置販売業のスタディオ・モデルナは、創業から五年のあいだに周辺の東欧六カ国に進出し、二〇〇六年には世界二〇カ国に市場を持つまでに成長しました。

例②▼シンガポールを本拠地として一九九七年に設立された人工透析などの医療サービスを提供するアジア・リーナル・ケアは、二〇〇九年にはタイ、フィリピン、マレーシア、韓国、日本などで事業を行っています。

例③▼二〇〇〇年にインドのバンガロールで設立された通信装置を製造するテジャスはすでに世界中に顧客を持ち、インテル・キャピタルやバッテリー・ベンチャーズといったアメリカのベンチャーキャピタル企業から投資を受けています。

例④▼日本では、いわゆるソーシャル・ベンチャーの先駆けとして有名なマザーハウスが一種のボーン・グローバル・ファームといえるかもしれません。同社は創業時からバングラデシュのジュートという繊維を使って現地でハンドバックなどの製造を行い、日本や台湾で販売するビジネスを行っています。

例⑤▼スタートアップ企業に出資するベンチャーキャピタル投資も国際化が進んでいます。アメリカの海外向けベンチャーキャピタル投資の国内向け投資に対する比率は一九八〇年頃にはわずか〇・五％にすぎませんでしたが、二〇〇〇年代には二〇％前後にまで上昇しています。(1)デロイト・トウシュ・トーマツの調査によると、二〇〇九年時点でアメリカのベンチャーキャピタル企業のうち実に五二％が一度は海外投資をした経験があるそうです。

アントレプレナーはなぜ集積するのか

ここで本題に入る前に、アントレプレナーシップ研究で学者たちのコンセンサスとなっていることを一つお話ししましょう。それは、一般に起業家やベンチャーキャピタリストは一定の地域に集中する傾向がある、ということです。

典型的なのがカリフォルニアのシリコンバレーです。ご存知のようにシリコンバレーは起業家とそれを支える投資家たちの一大密集地域となっています。一九九〇年から二〇〇〇年の一一年間にシリコンバレーでは二万九〇〇〇もの企業が生まれています。

シリコンバレー近辺に行ったことのある方の中には、ここがアメリカの広い国土から比べたら

(1) データは後述のMadhavan & Iriyama (2009) を参考にしたもの。

いかに「狭い」地域であるかに驚かれた方もいらっしゃるのではないでしょうか。たとえばベンチャーキャピタル企業が密集していることで有名なサンドヒル・ロードに行けば、本当に互いに歩いて行けるような狭い地域にセコイアやＫＰＣＢといった有名ベンチャーキャピタル企業が集中して立地していることがわかります。

他にもアメリカならボストン、インドならバンガロールと、限定された地域に起業家やベンチャーキャピタル企業は集中する傾向があります。

なぜアントレプレナーシップ活動は一定の地域に集積するのでしょうか。この背景については経済地理学などでもすでに多くの研究がありますが、本書では経営学で注目されている以下の二点をとりあげましょう。

知識は飛ばない

第一に、起業家は地理的に密集しているほうが経営資源（リソース）を得やすいということです。たとえばビジネスパートナーや投資家の紹介、従業員の獲得など、起業をする上で重要な人的なリソースは、個人と個人のネットワークから得られることが多く、したがって一つの地域に多くの人が集中するほうがそのようなリソースを得やすくなります。

起業家にとってもう一つ重要なリソースは、言うまでもなく事業の成功ために必要な知識・情報です。

最近はインターネットの普及により世界中どこでも情報は手に入るように見えますが、本当にビジネスに必要な深い知識やインフォーマルな情報は、インターネットソースではなく、人と人の直接のコミュニケーションでしか伝わらない部分も多いはずです。したがって起業家はそのような「人に根付いた」深い知識やインフォーマルな情報を求めて、一定の地域に集積する傾向があるのです（ネットワークを通じた知識の獲得については、第八、九章もご覧ください）。

知識が一定の地域に集中することを明らかにした代表的な経営学の研究が、現コロンビア大学のブルース・コグートと現ジョージタウン大学のポール・アルメイダが一九九九年に『マネジメント・サイエンス』に発表した論文[2]です。

この論文でコグートとアルメイダは特許引用のデータを用いて、知識の地域集中についての研究を行いました。特許書類には、その技術・知識を生み出すために参考にされた他の特許が記載されています。ある特許とそこで引用されている特許の両方がもし同じ地域で申請されたものならば、それは関連する知識同士が集積していることになります。

アメリカの半導体産業の特許データを使った分析の結果、コグートとアルメイダは半導体分野

（2）Almeida, Paul, and Bruce Kogut. 1999. "Localization of Knowledge and the Mobility of Engineers in Regional Networks." *Management Science* 45(7): 905-917.

における関連知識が一定の地域に集積する傾向があることを示しました。しかもさらに興味深いのは、この傾向はアメリカの中でも限定された地域、とくにシリコンバレーを中心とするカリフォルニアと、ニューヨーク＝ニュージャージー＝ペンシルヴァニアのアメリカ東部一帯だけで見られたことです。

なぜアメリカではこの二地域だけに半導体の知識が集中するのでしょうか。コグートとアルメイダはこの説明として、先ほども述べたように、知は人に根付いたものであることを強調します。

知が人に根付く以上、その知が集積するにはそこに充実した労働市場があることがカギになる、というのがコグートとアルメイダの主張です。もしそうでなければ、ある知識を持った技術者が転職したいときに別の地域に出てしまうため、その技術者に根付いた知識も移動してしまうからです。

広大なアメリカでも、半導体やＩＴ関連産業について充実した労働市場がある地域（すなわち域内で転職が容易な地域）はシリコンバレーとニューヨーク周辺地域に限られるから、そこに技術者が集積し、その集積した知を求めてさらに多くの技術者が集まるということなのです。

この点を確認するため、コグートとアルメイダは半導体産業で特許を保有している四三八人のエンジニアが一九七四年から九四年の二〇年間にどのように仕事先を変えたかの情報を収集しました。そして統計分析の結果、エンジニアの地域内での移動がその地域の知の集積にプラスの効果をもたらしていることを明らかにしています。

この論文は、(一)知識は人に根付いたものであること、(二)知識を持つ人が一つの地域内にとどまれる環境(たとえば充実した労働市場)があるなら知はそこに集積されていくこと、を示しています。知識は遠くに飛ばないのです。

このように本質的に遠くに飛ばない性質を持つ知識や情報を求めて、起業家も一定の地域に集積すると考えられます。

現イェール大学のオラブ・ソレンソンは二〇〇三年に『ジャーナル・オブ・エヴォリューショナリー・エコノミクス』に発表した研究(3)の中で、起業家がある地域に集積するのは、そこに集まる情報や人的ネットワークを得るためであることを明らかにしています。

現トロント大学のリチャード・フロリダは、二〇〇二年に『アナルズ・オブ・アソシエーション・オブ・アメリカン・ジオグラファーズ』に発表した論文(4)の中で、起業家を含むいわゆる「タレント」は、自分の専門分野の最先端の情報を得るために、たとえ生活コストが高くても一定の

(3) Sorenson, Olav. 2003. "Social networks and industrial geography." *Journal of Evolutionary Economics* 13(5): 513-527.

(4) Florida, Richard. 2002. "The Economic Geography of Talent." *Annals of the Association of American Geographers* 92(4): 743-755.

地域に集積することを統計的に示しています。

ベンチャーキャピタルも飛ばない

アントレプレナーシップ活動が集積しがちな第二の背景は、ベンチャーキャピタリストが地理的に近いスタートアップに投資しがちであるということです。

ベンチャーキャピタリストたちにとっては、地理的に近い企業に投資するほうが都合のよい理由はいくつもあります。たとえば、彼らは投資対象のスタートアップに経営上のアドバイスをすること（ハンズオンといいます）が仕事の一つですが、そのためにはスタートアップの経営者とできるだけ頻繁に顔を合わせられるほうがよいでしょう。距離が近ければ、投資先を足しげく訪問することができますので、投資先の状況のモニタリングもしやすくなります。

ベンチャーキャピタル研究で高名なハーバード大学のポール・ゴンパースとジョシュ・ラーナーは『ベンチャーキャピタル・サイクル』(5)という本の中で、アメリカではスタートアップ企業とリーディング・インベスターとして投資するベンチャーキャピタル企業の平均距離はわずか五九マイル（約九四キロ）にすぎないことを示しています。これは広大なアメリカの距離感からするときわめて近いといえるでしょう。

(5) ポール・ゴンパース、ジョシュ・ラーナー『ベンチャーキャピタル・サイクル——ファンド設立から投資回収までの本質的理解』（吉田和男、冨田賢訳、シュプリンガー・フェアラーク東京、2002年）

起業家が国際化するという矛盾

ここまで申し上げれば、アントレプレナーシップ活動が国際化することが「矛盾」のように見えてくるのではないでしょうか。

アントレプレナーシップ活動はせまい地域に集中するのがその本質なのに、かたや最近では起業家やベンチャーキャピタリストが国境を越えて活動する、すなわち地理的に遠いところまで活動範囲を延ばしているのです。これはまったく逆の流れのように見えはしないでしょうか。

この現象をどう考えるべきなのでしょう。

もちろん、その大きな背景の一つは通信・交通技術の発達にあるでしょう。とくにインターネット技術のおかげでいまや世界中どこにいても国境を越えてオンタイムで会話をすることが可能ですから、国際間のコミュニケーションの障壁が下がり、それが海外でのビジネスを容易にしている側面はあります。

さらに、世界貿易機関（WTO）や経済連携協定（EPA）の設立により、世界各国の経済制度が収斂してきているため、海外でビジネスをやりやすい環境が以前より整ってきたということもあるかもしれません。

国際起業論の創始者ともいえるジョージア州立大学のベンジャミン・オヴィアットと現インディアナ大学のパトリシア・マクドゥーガルは、一九九四年に『ジャーナル・オブ・インターナショナル・ビジネス・スタディーズ』に発表した有名な論文[6]の中で、このような背景をもとにボーン・グローバル・ファームが台頭してきた可能性に触れています。

しかし、このような視点だけでは十分ではないかもしれません。

第一に、インターネット技術や経済制度の収斂は起業家だけでなく大企業にも影響するはずです。しかしながら、先ほどのベンチャーキャピタル投資の数値例でも見たように、アントレプレナーシップ活動の国際化は大企業のそれよりも近年になって進展が早まっているようにも見えます。

第二に、先ほども申し上げたように、そもそも起業家は本質的に集積する傾向があるのです。くり返しですが、起業家は人に根付いた深い知識やインフォーマルな情報を求めて集積するのですから、インターネットが発達してもそれがどのくらい「遠いことの不利益」を解消してくれているかはわかりません。

そもそも最近になってシリコンバレーから人が減ってきた、という話は聞きません。おそらく

(6) Oviatt, Benjamin M., and Patricia Phillips McDougall. 1994. "Toward a Theory of International New Ventures." *Journal of International Business Studies* 25(1): 45-64.

実態はむしろ逆で、シリコンバレーなど特定の地域ではむしろローカルな集積が進んでいる印象すらあります。

ではなぜ、このローカル化とグローバル化が同時に起きているのでしょうか。

もちろんいろいろな理由が考えられるでしょうが、以下では国際起業論のフロンティアで注目されている興味深い「潮流」について考えてみましょう。

超国家コミュニティの出現

この潮流を説明するために、まず二人の起業家の例をあげたいと思います。

台湾の大手半導体メーカー、マクロニクスのCEOであるミン・ウー氏は、若くして渡米し、一九七六年にスタンフォード大学でエンジニアリングの博士号を取得しました。その後インテルなどの大手企業を経て、シリコンバレーでVLSIテクノロジーというベンチャー企業を設立します。一九八九年に台湾に帰国したウー氏は、スタンフォードやシリコンバレー時代の友人とともにマクロニクスを立ち上げました。

今や台湾でトップクラスの半導体メーカーであるマクロニクスは、設立された当時からシリコンバレーと密接な関係を保っています。同社はシリコンバレーにデザイン・技術センターを持っていますし、同社が設立したベンチャーキャピタルは、シリコンバレーの企業に投資活動を行っています。このあいだにもウー氏は太平洋を挟んでシリコンバレーと台湾を頻繁に往復していま す(7)。

先ほどインドのボーン・グローバル・ファームであるテジャスを紹介しましたが、この企業を立ち上げたグルラージ・デシュパンデ氏もアメリカと母国インドをつなぐ存在といえます。デシュパンデ氏は一九八〇年代からアメリカでいくつものスタートアップを立ち上げ、通信機器業界を代表する成功した起業家として有名です。同氏がバンガロールでテジャスを立ち上げるときにアメリカのベンチャーキャピタル企業から出資を受けることができたのは、彼のアメリカでの名声とネットワークが寄与していることは言うまでもありません。

このように国と国のあいだを頻繁に行き来し、国境をまたいで活動する起業家はウー氏やデシュパンデ氏に限りません。正確な統計はありませんが、その数はまちがいなく増えています。さらにいえば、ベンチャーキャピタリストや国際的な大企業の社員、エンジニア、あるいは大学の研究者をも巻き込んで、特定の国と国（たとえばインドとアメリカ、台湾とアメリカ）をつなぐインフォーマルなコミュニティが形成されつつあるのです。

そして、この国境を超えたコミュニティの台頭を通じて、インターネットでは手に入らない

(7) ウー氏のくだりは、Saxenian, Annalee, and Jinn-Yuh Hsu. 2001. "The Silicon Valley–Hsinchu Connection: Technical Communities and Industrial Upgrading." *Industrial and Corporate Change* 10 (4): 893-920 での記述（908-909）を筆者が和訳・要約したもの。

ような、互いの国・地域の最新のビジネス動向、技術に関する深い知識、そして各種のインフォーマルな情報が日々行き来するようになっていると考えられます。従来は、遠くまで「飛べなかった」深い知識や情報が、国境を頻繁に往復する人々で形成されたコミュニティを通じて、国境を越えて「飛ぶ」ようになっているのです。

この潮流により、それらの知識や情報を必要とする起業家やベンチャーキャピタリストたちの国際化も容易になってきている、というのが国際起業論で展開されている仮説の一つなのです。本書ではこのようなコミュニティを「超国家コミュニティ（Transnational Community）」と呼ぶことにしましょう。

超国家コミュニティの中にいる人々には、ウー氏のようにアメリカの大学や大学院で学んだり就業経験のある起業家が多く含まれます。デューク大学のエンジニアリング・マネジメント・プログラムの調査によると、一九九五年から二〇〇五年にアメリカで設立された技術・エンジニアリング関係のスタートアップ企業のうち二五・三%が移民によって創業されており、さらにシリコンバレーのスタートアップの五二・四%ではその創業チームに少なくとも一人の移民がいるということです。

このようにアメリカで教育を受けて起業を経験した人が、母国に帰ったり、あるいは母国とのあいだを頻繁に往復することで、国と国をまたいだインフォーマルなコミュニティが形成されつつあるのです。

超国家コミュニティがもたらすもの

超国家コミュニティが発展してきているという潮流は、実は社会学では以前から注目されていました。そしてその背景をもとに、経営学のフロンティアでも研究が進み始めたのです。

社会学分野でこのテーマでずば抜けて有名なのは、カリフォルニア大学バークレー校のアナリー・サクセニアンでしょう。彼女の著書(8)は日本語に訳されて出版されていますので、その名前をご存知の方もいらっしゃるかもしれません。サクセニアンはその一連の研究の中で、シリコンバレーと台湾に形成された起業家のネットワークに着目し、多くの研究を発表しています。

なかでも注目すべきポイントは、超国家コミュニティでは一方的な頭脳の流出（Brain Drain）ではなく、頭脳の循環（Brain Circulation）が起こっていると彼女が主張したことです。

たとえばアメリカで成功した台湾人やインド人が本国に帰ることは、一見アメリカで教育を受けた優秀な人材が流出し、アメリカの国益を損ねるかのような印象があります。

しかしサクセニアンは、実際にはこれらの人材の多くは帰国後もアメリカとの関係を保ち、

(8) アナリー・サクセニアン『現代の二都物語――なぜシリコンバレーは復活し、ボストン・ルート128は沈んだか』（山形浩生、柏木亮二訳、日経BP社、2009年）『最新・経済地理学――グローバル経済と地域の優位性』（本山康之、星野岳穂監訳、酒井泰介訳、日経BP社、2008年）

一方通行ではない知識・情報・人材・資本の双方向での交流が起こっていると主張しました。上記のウー氏率いるマクロニクスはベンチャーキャピタル・ファンドを設立してシリコンバレーに投資をしていますが、それもその一例です。

トロント大学のアジェイ・アグラワルとジョージア工科大学のアレクサンダー・オエトゥルが二〇〇八年に『ジャーナル・オブ・インターナショナル・ビジネス・スタディーズ』に発表した論文(9)では、国際間の特許引用のデータを用いて、国境を越えたエンジニアの移動と知識の移転の関係を分析しています。

彼らの研究によると、ある国の企業（アメリカのマイクロソフトとしましょう）にいた一人の技術者が他国の別企業（インドIT大手のインフォシスとしましょう）に移籍することで、アメリカからインフォシスに移転される知識（この研究では特許の引用件数）が三％増加することがわかっています。

さらにこの研究が興味深いのは、米マイクロソフトからインドのインフォシスに技術者が移動することで、インドから米マイクロソフトへ移転される知識も四％増加することを発見した点です。

つまり人の移動とは逆方向への知識移転も国境を越えて起きているのです。一方向の技術者の

(9) Oettl, Alexander, and Ajay Agrawal. 2008. "International Labor Mobility and Knowledge Flow Externalities." *Journal of International Business Studies* 39(8): 1242-1260.

移動が、結果的に両国のあいだに双方向の知識移転効果をもたらしているのです。この結果は、まさに国から国へ人が移動することで、両国のあいだで「頭脳の循環」が起きることを示唆しています。

超国家コミュニティは、スタートアップの国際化、たとえば輸出戦略にも影響を与える可能性があります。

英ノッティンガム大学のマイク・ライトが、ロンドン市立大学のイゴール・フィラトチェフおよびローボロー大学のシャオフイ・リウとトレバー・バックとともに二〇〇九年に『ジャーナル・オブ・インターナショナル・ビジネス・スタディーズ』に発表した論文[10]では、中国中関村《ちゅうかんそん》のサイエンスパークに立地している七一一のスタートアップや中小企業にアンケート調査を行い、統計分析を行っています。

この分析から、ライトたちは、調査した中国人経営者が欧米などの先進諸国への留学や就業経験があるほど、そして彼らが海外との人的なネットワークを持っているほど、その企業の輸出志向は強くなり、また輸出ビジネスで満足のいく結果を出していることを明らかにしています。

超国家コミュニティの発展がベンチャーキャピタル投資の国際化を促している可能性を示し

(10) Filatotchev, Igor, Xiaohui Liu, Trevor Buck, and Mike Wright. 2009. "The Export Orientation and Export Performance of High-technology SMEs in Emerging Markets: The Effects of Knowledge Transfer by Returnee Entrepreneurs." *Journal of International Business Studies* 40(6): 1005–1021.

たのは、私がピッツバーグ大学のラヴィ・マドハヴァンと二〇〇九年に『ジャーナル・オブ・インターナショナル・ビジネス・スタディーズ』に発表した論文(11)です。

これまで述べたように、超国家コミュニティの発展によりこれまでは狭い地域に留まっていたインフォーマルな情報が国と国のあいだを伝播しやすくなっていると考えられます。そのような情報はベンチャーキャピタリストが海外に投資をする際にも、投資候補の選定やハンズオン、そして投資先企業のモニタリングを容易にする効果があると考えられます。この論文でマドハヴァン教授と私は、アメリカとのあいだで移民ネットワークの関係が強い国ほどアメリカからベンチャーキャピタル投資が行われる傾向にあることを統計的に示しています。

このように超国家コミュニティの台頭が、これまでは集積する傾向にあったアントレプレナーシップ活動を国際化させる一つの牽引力になっているのではないか、というのが経営学で今注目を浴びているテーマなのです。

日本にも超国家コミュニティは育つか

本章の論点をまとめましょう。

(11) Madhavan, Ravi, and Akie Iriyama. 2009. "Understanding Global Flows of Venture Capital: Human Networks as the "Carrier Wave" of Globalization." *Journal of International Business Studies* 40(8): 1241-1259.

▼近年、アントレプレナーシップの国際化が注目されている。ボーン・グローバル・ファームが台頭したり、ベンチャーキャピタリストが海外のスタートアップに投資するようになっている。

▼アントレプレナーシップ活動は本質的に一定の地域に集積する傾向がある。

▼集積の傾向があるアントレプレナーシップ活動が国際化しているのは一見矛盾しているようにも見えるが、その背景の一つは超国家コミュニティの発展にあると考えられる。

▼超国家コミュニティを通じて、人に根付いた知識やインフォーマルな情報が国を超えて循環するようになっている。そのようなコミュニティにアクセスできる企業は国際化しやすく、またベンチャーキャピタルの海外投資も促進されている可能性がある。

では、超国家コミュニティは日本でも台頭しているのでしょうか。

私の印象では、台湾やインドがシリコンバレーとのあいだに築いているような大規模な起業家たちのインフォーマル・ネットワークが日本と外国（たとえばアメリカ）のあいだにできているようにはまだ見えません。

その理由の一つは、制度的なものかもしれません。そもそも日本からは企業派遣や官費による派遣などで留学する人も多く、こういった方々は「アメリカで一旗揚げよう」というよりは、留学が終わると日本に戻るのが普通です。なかなか中国人や台湾人、インド人の留学生のように、アメリカで粘って就業するという方は多くないかもしれません。

さらにいえば、日本人にとって日本はやはり住みやすい国ですから（私は個人的にそう思います）、外国に無理して住む必要はないということもあるかもしれません。日本のようにそれなりに豊かで、治安もよく、人も親切で、そして食べ物の美味しい国にいれば、それだけで海外に残って生活するという動機は少なくなるでしょう。

しかし他方で、私には日本にも超国家コミュニティの「芽」が最近になって少しずつ出てきているように見えるのです。

その一助になるような活動をしている方々は以前から多くいらっしゃったのですが、とくに最近はその厚みが増してきているように見えますし、またその活動が注目されてきているように感じます。ここでは私も存じ上げている三名の方々を、代表して紹介しましょう。

▼まずその代表格は、現サンブリッジ代表のアレン・マイナー氏ではないかと思います。同氏は日本オラクルの代表を務めた後に、シリコンバレーで株式会社サンブリッジを設立し、日米のスタートアップに投資をして両国の起業家を育てています。二〇〇七年度の『フォーブ

ス』のMidas Listにて世界的なベンチャーキャピタリストの四〇位にランキングされるほど著名な投資家であるマイナー氏は、今も日本とカリフォルニアの両方で積極的に活動されています。

- シリコンバレーのベンチャーキャピタル企業ＤＣＭで日本人としては数少ないパートナーとして活躍している伊佐山元氏は、頻繁に日本とシリコンバレーのあいだを往復して日本の起業家の支援を行っています。彼の助力で、海外にビジネス展開を始めた日本の若い企業もあります。
- 八木博氏は二〇〇一年に三菱化学を早期退職され、シリコンバレーでIMAnetという日米のスタートアップの連携や海外に進出したい日本の起業家への支援を行う企業を運営されています。また最近はＮＰＯ法人ＪＡＢＩ（Japan America Business Initiatives）を共同設立し、シリコンバレーの日本人ネットワークでの支援体制を構築することにも腐心されています。従来の官主導とは異なる起業家支援活動として注目されているようです。

私は日本でアントレプレナーシップ活動が盛り上がってほしいと期待する一人です。そしてそのためには、海外のアントレプレナーシップ活動の拠点（たとえばシリコンバレー）と日本のあいだで国境を越えたコミュニティが出てくることも重要なのではないかと考えています。上記の三人に限らず、日本と海外を足しげく往復して活躍される方々はその希望のようなものかもしれません。

最近は日本から海外に飛び出そうとする若い起業家が少しずつ増えている印象もありますし、私は今後の発展にぜひ期待したいと思っていますが、みなさんはどうお考えになるでしょうか。

第12章

不確実性の時代に事業計画はどう立てるべきか

［経営戦略の先端理論の一つ　リアル・オプション］

ビジネスは先行きのわからないことばかりです。

とくに新しく事業を立ち上げるときは、きわめて不透明な将来見通しをもとに計画を立てなければなりません。三年後の市場規模は期待通りだろうか、市場価格は安定しているだろうか、取引先は納期を守ってくれるだろうか……

将来の見通しがはっきりしないことを、経営学では「不確実性（Uncertainty）」といいます。現代は不確実性の時代です。この時代に、私たちはこれまでと同じように事業計画を立てていくべきなのでしょうか。経営学は何か役に立つ視点を与えてくれるでしょうか。

本章では、そんな現代における「事業計画の立て方」について、経営戦略論の古典的な考え方とフロンティアの両方を紹介しながら、みなさんへの示唆を考えていきましょう。

経営戦略論のプランニング派

さて、世界の（とくにアメリカの）経営戦略論の研究者はおおまかに二種類に分けることができます。それはコンテンツ派とプランニング派です。

コンテンツ派は戦略そのもの、すなわち「企業はどのような戦略をとるべきか」を考えます。低価格戦略をとるべきか、どの市場に参入すべきか、ライバル企業を買収すべきか、といった戦略の中身そのものを研究します。

他方で、プランニング派の研究者たちは「どういうやり方で戦略や事業計画を立てるべきか」を考えます。中身ではなく、計画の立て方に注目するのです。

実は一九七〇年代までのアメリカの経営戦略論はプランニング派が大きな位置を占めていました。というよりも、当時の経営戦略論とはプランニングのことだったと言って差し支えないかもしれません。

それを根底から変えてしまったのが、マイケル・ポーターや彼に続くコンテンツ派の研究者たちです。彼らの登場によってコンテンツ側の研究は急速に発展し、いまや世界の経営戦略論はコンテンツ派の独壇場となっています。他方プランニング派は少数派に押しやられているのが現状です。本書もこの章以外はすべてコンテンツ派のトピックを扱っています。

ちなみに私もコンテンツ派の研究者ですが、個人的にはこの状況がよいとは思っていません。戦略・事業計画の「立て方」は、実務に携わるみなさんにとって重要な関心事のはずです。それを研究する分野が下火というのは、望ましいこととは思えないのです。

ただ、プランニング派の低迷の背景には、この分野の研究者たちが決定的なプランニング法を生み出せなかったということもあるのかもしれません。私の理解では、古典的なプランニング研究者の主張は、結局のところ二つの考え方に集約されてしまうように見えるのです。

計画か、学習か

その一つは、事業計画は事前にできるだけ精緻に立てるべきである、という考えです。経営戦略の父とも呼ばれるイゴール・アンゾフなどが提唱したこの考えを、本章では「計画主義」と呼ぶことにしましょう。

みなさんの中には、ＰＤＣＡサイクルという言葉をご存知の方も多いでしょう。事業を行うには、まず綿密な事業計画を立て（Plan）、実際に行動し（Do）、結果の点検を行い（Check）、そして計画通りにならなかった部分を修正する（Action）というサイクルをくり返すことが大事である、という考え方です。

アンゾフたちの発想はこれと同じです。綿密な計画を立て、その結果をフィードバックして新たな計画に反映させるというプロセスをくり返すことが効果的である、と主張するのです。

しかし現代は不確実性の時代です。競争の激化、市場の不透明感、速い技術進歩などにより、事業環境はめまぐるしく変わります。

そして不確実性が高いときには、綿密な計画を事前に立てるのは至難の業です。計画をするには市場の動向、顧客の嗜好、他社の動向などの将来見通しを立てる必要があるわけですが、それらが不確実なのであれば、そもそも計画そのものが立てられず、事業も始められません。

不確実性の時代に計画主義は通用しない、と唱えるのが「学習主義」を支持する学者たちです。その代表格といえるのが、ダートマス大学のジェームス・クインや、高名な現マギル大学のヘンリー・ミンツバーグなのです。

一九八七年に『ハーバード・ビジネス・レビュー』に発表した「戦略を練り上げる（Crafting Strategy）」と題する有名な論文[1]で、ミンツバーグは「不確実性の高い時代には、事業の目的や計画は実際に事業を進めていくうちにおのずと形成されてくる」と主張しました。みなさんの中に

（1）Mintzberg, Henry. 1987. "Crafting Strategy." *Harvard Business Review* 64(4): 66-75.

も、事業を進めていくうちにその内容が当初の計画とは良くも悪くも大きく異なってしまった、という経験をお持ちの方もいらっしゃるのではないでしょうか。

私がすぐに思いつく例はグーグルです。

サーゲイ・ブリンとラリー・ペイジが一九九〇年代末にグーグルを立ち上げたころ、彼らは現在の同社の絶対的な収益源である広告のビジネスモデルを事業計画の中に取り入れていませんでした。彼らは自らが開発した検索技術をインターネット・ポータルなどに供与する商売を考えていたのです。しかしその後これでは収益化が難しいことがわかり、当時すでに検索技術と広告ビジネスを結びつけていたオーバーチュアという企業のやり方をまねることで、収益化に成功しました。その後の同社の躍進はみなさんご存知の通りです。

グーグルですらそうなのですから、事前にしっかりした事業計画を立ててもその通りにいかないことは現実には多くあります。不確実性の高い現代ではとくにそうでしょう。

ならばいっそのこと「考える前に、まずはやってみるべき」というのが学習派の主張です。行動していくうちに市場の状況や顧客の好みなどを学習し、徐々に自らの事業計画もはっきりわかっていくだろう、不確実性が高いときにはむしろそのほうが効果的だ、というわけです。

さて、みなさんはアンゾフの計画主義とミンツバーグの学習主義のどちらを支持されますか。

私の知るかぎり、両者の論争の決着はついていません。というよりも、決着がつく前にプランニング派そのものが下火になってしまったのです。

しかし最近になって、まるで両者の橋渡しをするかのような新しい考えが注目をあびつつあります。

それをリアル・オプションといいます。本章のここからは、世界の経営戦略論のフロンティアで注目されているリアル・オプションの事業計画法について解説します。

実はリアル・オプションは、そもそもは経営戦略論ではなく、ファイナンス分野から派生してきたものです。そこでそのエッセンスを理解していただくために、まずファイナンスで議論されている「事業価値評価の手法」としてのリアル・オプションについて解説し、そこから事業計画の立て方への含意を探っていきましょう。

こう書くとなんだか難しそうですが、ここでは直感的な説明だけをしていますので気軽に読み進めてください。

DCF法と不確実性

ある日本の食品メーカーが、今伸び盛りのベトナム市場で富裕層をターゲットにした高級パンの製造・販売事業を始めようとしており、このため同社は現地での工場建設を検討しているとしましょう。

このような事業計画では、まず事業の収益性を評価するのが普通です。標準的なコーポレート・ファイナンスの教科書では、ディスカウント・キャッシュ・フロー法（DCF法）で工場建設の妥当性を評価することになっています。

DCF法とは、おおざっぱに言ってしまえば「その事業が将来生み出すキャッシュフローの合計が、工場の建設費や運営費などもろもろのコストの合計を差し引いてもプラスになるか」を評価する手法です。

実際には割引率ですとかややこしい点があるのですが、ここでは話を簡単にするために無視します。とにかく、キャッシュフローとコストの差がプラスなら、その事業は長期的に見て黒字ですからベトナムにパン工場を建設すべきだし、その差がマイナスなら建設すべきではない、と考えてください。

さてここで厄介なのが、不確実性です。

DCF法とは「将来その事業が生み出すであろうキャッシュフロー」により事業価値を評価しますから、事業環境が将来どうなるかという予測がその評価に大きく影響します。

たとえば「ベトナムの高級パン市場はこれから五年間は平均一〇％で成長する」とか、「ベトナムの高級パンの平均市場価格はこれから三年は一個＝約二万ドンで推移する」といった将来見通しを立て、それを仮定としておかざるをえません。将来のことはわからないのですから、これは当然です。

では、もしベトナムの高級パン市場が、これから年平均二〇％で成長するかもしれないけれど逆に二％しか成長しない可能性もある、というような不確実性の高い市場だったらどうでしょうか。これは厄介です。もし二〇％の成長率が実現したなら大儲けかもしれませんが、二％しか伸びなければ大赤字かもしれません。

そして現実には、このような不確実性の高い事業計画は却下されてしまいがちです。

図1をご覧ください。実際の事業価値評価では、二〇％と二％のあいだをとって一〇％ぐらいの成長率を仮定するはずです。あるいは「控えめな仮定をおいたほうが安全だ」として、七％ぐらいにするかもしれません。

そしてこの控えめな仮定にもとづいて評価された事業の将来キャッシュフローがコストを下回ってしまえば、この事業を始めるわけにはいきません。その場合、ＤＣＦ法を使っているかぎりベトナムでパン工場を建設しないことになるのです。これは、計画主義の事業計画法では不確実性が高いと計画が立てられない、ということとよく似ています。

リアル・オプションと不確実性

ここからがリアル・オプションの話です。ややこしい計算式などを省略してエッセンスだけを説明します。

そのエッセンスとは、「段階的な投資」を考えるというシンプルなものです。すなわち、ベトナムにまずは当初計画より小さい規模（と投資費用）の工場を造ってとりあえずパンを製造・販売することはできないか、と考えるのです。

たとえば、最初の三年間は規模を当初の構想の四割にした工場を造ってパン事業を始め、三年後にもし事業が軌道に乗るという確信がつかめたときにかぎり、オプションとしてとっておいた残り六割をあらためて増築すればよいと考えます。もし三年たって事業が軌道に乗らなそうだとわかれば撤退すればよいし、そのときでも見通しがつかなければ（不確実性が高いままなら）そのまま小規模で事業を続ければよい、と考えるのです。

図1　従来の事業評価手法

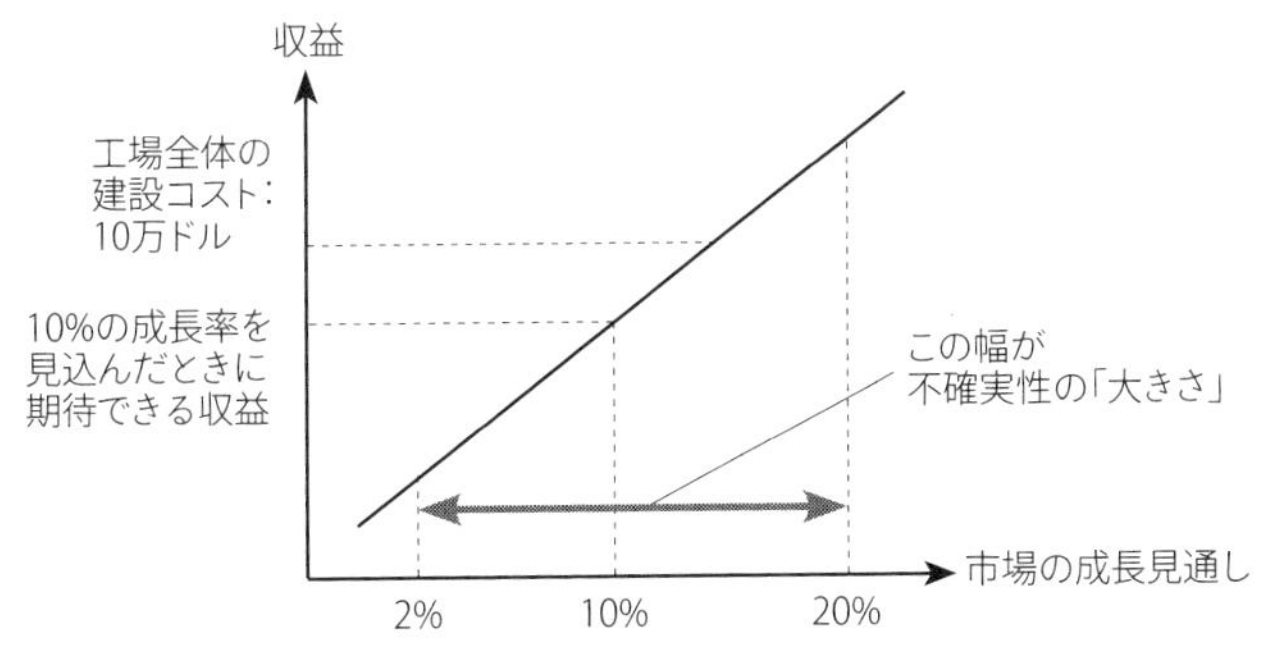

高ければ20%だが低ければ2%という不確実性の大きい市場成長の見通しがあると、普通はあいだをとって10%ぐらいの成長率を想定することになる。すると将来期待できる収益が工場の建設コストを下回るため、投資そのものをするべきではない、という結論になる。

図2をご覧ください。ここではパン工場の建設を第一期（四万ドル）と三年後の第二期（六万ドル）に分けられるとします。このように、もしパン工場の建設を二段階に分けることができるのならば、三つのメリットが期待できます。

第一に、将来望ましくない市場環境が実現してしまった場合のリスクをおさえることができます。

たとえば、とりあえず第一期に四万ドルの投資をしたのだけれど、実際に事業を始めてみたらベトナムの高級パン市場は二％しか成長しなかった、としましょう。この場合でも、その企業は三年後の第二期に入る前に「撤退するか、事業を続けるか」の二つのオプションを検討できます。

この企業は第一期の事業活動を通じて、ベトナムのパン市場に詳しくなっているはずですから、二％の成長率が一時的なものかそれともしばらく続きそうなのか、そのときには判断がつくようになっている（すなわち不確実性が下がっている）ことが期待できます。仮に二％の成長率が続きそうだと判断して撤退することになっても、損失は四万ドルですみます。

それよりも重要なのが第二の点です。段階的な投資が可能であれば、仮に望ましい市場環境が実現した場合に、その機会を取り逃がさないですむのです。

将来の市場成長率は二％かもしれないし二〇％かもしれないという不確実性の高いときには、

従来のＤＣＦ法を使うかぎり事業の将来キャッシュフローがコストを下回りますので、そもそも第一期にまったく投資がされません。そしてもしそのあいだに高級パン市場が二〇％のペースで伸びても、そのチャンスをみすみす取り逃がすことになります。第二期から工場の建設を開始しても大幅に出遅れることになるでしょう。

逆に、とりあえず四万ドルの小規模工場でよいので第一期からベトナムに投資していれば、急成長する高級パン市場のチャンスを逃さないですみます。

さらにこの場合は、第二期に「生産規模を拡大するか、まだこの規模を維持するか」のオプションを選ぶことができます。もし二〇％の市場成長率がしばらく続きそうだとわかったならば（つまり良い意味で不確実性が下がったなら）、第二期で六万ドルの工場を増築して、さらに生産量を拡大すればよいのです。

第三のメリットは、すでに上でも述べられていますが、小規模でもとにかく慣れないベトナムで事業を始めれば、事業環境について学習することができるということです。事業を通じてベトナム消費

図２　リアル・オプションの事業評価手法（1）

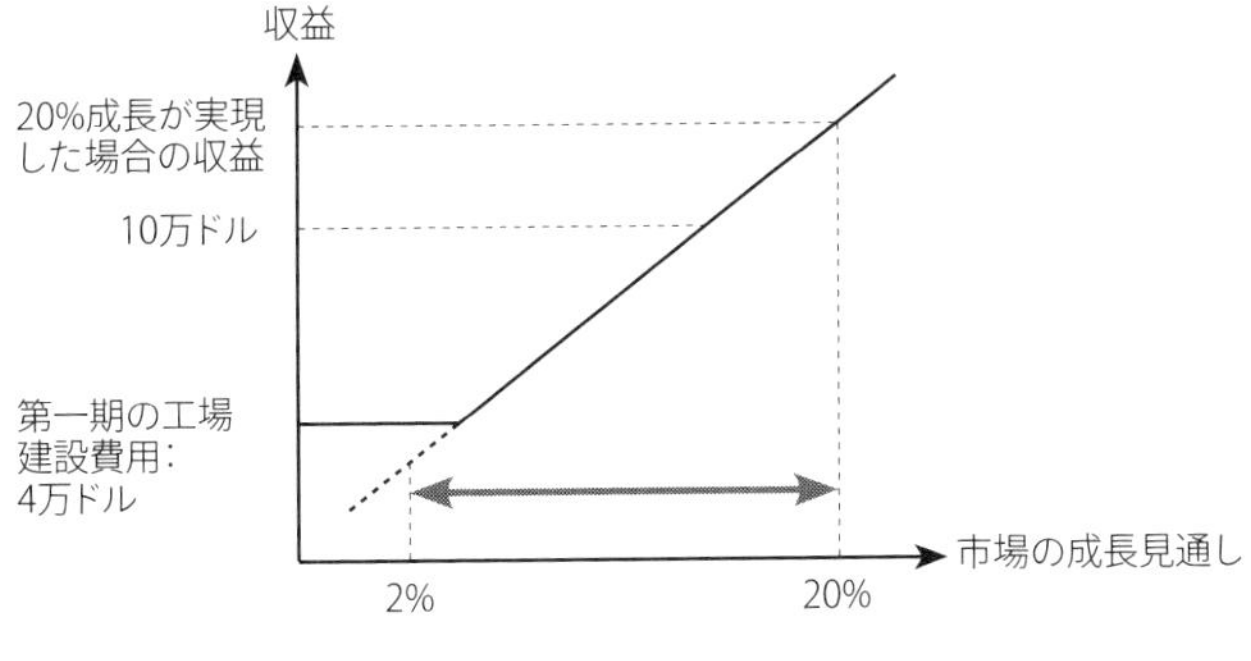

もし第一期に４万ドル、第二期に６万ドルの段階投資によって工場建設ができれば、仮に2%の市場成長率が実現しても損失は４万ドルで済むので、第一期に投資を行うインセンティブが出てくる。この場合、20%の市場成長率が実現した場合の収益チャンスを逃さないで済む。

者の嗜好《しこう》や商売上の慣習などが学べれば、事業環境についての不確実性は下がっていくでしょう。もし第一期で何もしなければ学習できませんので、不確実性も下がりません。

このようにリアル・オプションのエッセンスは、不確実性の高い事業の評価や計画に段階的な投資の考え方を取り入れることにあるのです。

不確実性はチャンスである

ここまで読んで「なんだ、こんなことは当たり前じゃないか」と感じた方もいらっしゃるでしょう。実際、企業が段階的な投資をすることはよくありますし、みなさんが事業計画で段階的な投資を検討したこともあるかもしれません。

では、リアル・オプションがなぜ経営戦略論のフロンティアで注目されているのでしょう。これまでの「段階的な投資」の考え方と何が違うのでしょうか。おそらくもっとも大きな違いの一つは、リアル・オプションは「不確実性が高いことはむしろチャンスである」ということを明示的に説明したことにある、と私は考えます。

たとえば先ほどのベトナムの高級パン事業のケースでは、二〇％成長か二％成長かわからない市場ではとりあえず四万ドル分でよいので工場を建てて事業を始めておくべきである、というのがポイントでした。

では、さらに不確実性の幅が大きかったらどうでしょう。たとえば、ベトナムの高級パン市場は三〇%成長する可能性もあるけれどマイナス一〇%になる（市場はむしろ縮小する）可能性もある、という極端に不確実性が高い場合はどうでしょうか（図3）。

これまでのDCF法や計画主義の計画法では、まちがいなくこの事業は却下されるでしょう。しかし、リアル・オプションでは逆になります。なぜなら、段階投資をするなら、市場が二%しか伸びないケースでもマイナス成長のケースでも、工場建設による損失はいずれも同じ四万ドルだからです。

他方で、段階投資でとりあえず事業を始めておけば、もし三〇%成長が実現した場合に得られる収益は二〇%成長のケースの収益よりもはるかに大きくなることは言うまでもありません。

すなわちリアル・オプションでは、不確実性が高くなるほど上ぶれのチャンスが大きくなる、ということに注目するのです。もちろん

図3　リアル・オプションの事業評価手法（2）

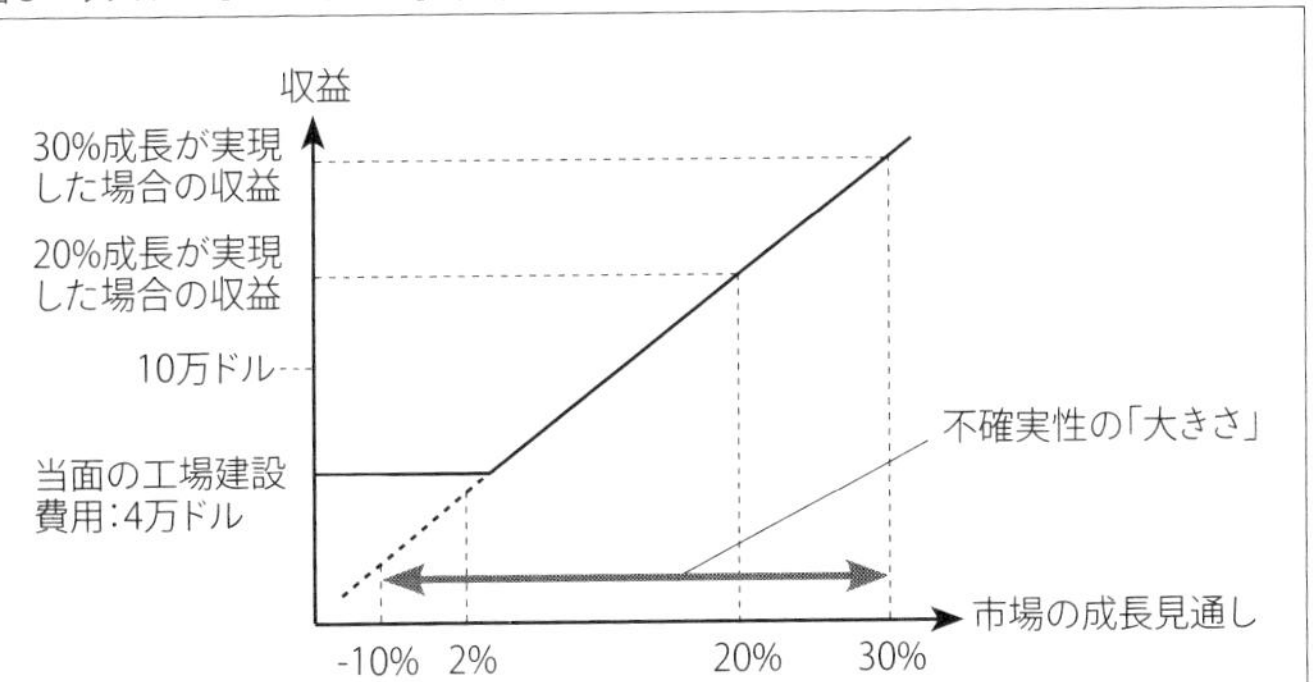

さらに不確実性が大きく、高ければ30%だが低ければマイナス10%の市場成長率が見込めるとする。この場合、仮に市場成長がマイナス10%でも、段階投資をしていれば損失は図2と同じ4万ドルである。他方で、30%に上ぶれた場合の収益チャンスははるかに大きくなる。

下ぶれのリスクも高くなりますが、段階投資をしているのでどんなに市場が悪化しても損失は同じ少額（四万ドル）ですみます。損失が同じですむなら、むしろ不確実性の幅は大きいほうが事業の潜在的なチャンスは大きくなります。専門用語でいえば、不確実性が高いほどその事業のオプション価値は高くなるのです。

これは、事業計画を行うときには段階的な投資と不確実性の関係を明示的に取り入れた事業評価を行うことの重要性を示唆しています。

私の知るかぎり、多くの事業計画では段階的な投資を検討することはあっても、事業環境の不確実性がその段階的な投資によってどのようなメリットをもたらすかを定量的に評価することは少ないようです。

これは、不確実性が高いときにチャンスを取り逃がさない、という視点を得る上でとても重要です。不確実性が高いと聞くと、なんとなくネガティブなイメージを持つ方も多いと思います。人は概して不確実性の「リスク」の方に注意を引かれがちだからです。リアル・オプションの視点は、段階的な投資と不確実性の関係を明示的に取り入れることで、不確実性が高ければ高いほどその事業はチャンスも大きい、ということを気づかせてくれるのです。

念のためですが、これはファイナンスで用いられている「オプションの計算式」をそのまま事業評価に応用せよ、ということではありません。コーポレート・ファイナンスでの事業オプショ

(2) たとえば、2001年に『オーガニゼーション・サイエンス』に発表されたペンシルヴァニア大学のエドワード・ボウマンとサザンメソジスト大学のゲイリー・モスコウィッツの論文では、米大手製薬会社のメルクがR&D投資にオプション手法による価値評価を導入して、結果うまくいかなった事例を紹介しています。参照：Bowman, Edward H., and Gary T. Moskowitz. 2001. "Real Options Analysis and Strategic Decision Making." *Organization Science* 12(6): 772-777.

ン価値の計算には、ブラック・ショールズ公式などの複雑な計算式が用いられますし、そのような試みをしている企業も現実にあります。しかし本格的にオプションの計算式を取り入れることは事業評価のプロセスをあまりにも数理的なものにしてしまうかもしれません[2]。

私がここで申し上げたかったことは、複雑な計算式を用いることではなく、不確実性と段階投資の考えを明示的に取り入れて、リアル・オプションの発想にもとづいた事業計画・評価を行うことの重要性なのです。

リアル・オプション思考を活用するウォルマート

近年の世界の経営学研究の蓄積によって、ビジネスのさまざまな局面で、不確実性が高いときにはリアル・オプション的な投資が有効となりうることが明らかになっています。

代表的なのが、合弁事業を「将来の合弁相手の事業買収のためのオプション」としてとらえる研究です。現コロンビア大学のブルース・コグートが一九九一年に『マネジメント・サイエンス』にこのテーマに関する論文[3]を発表して以来、多くの研究者が合弁事業にはオプションとしての価値がありうることを理論的・実証的に示しています。

(3) Kogut, Bruce. 1991. "Joint Ventures and the Option to Expand and Acquire." *Management Science* 37(1): 19-33.

コグートの主張を体現している企業の一つは、米小売り最大手のウォルマートでしょうか。

同社が一九九一年にメキシコに進出したときは、まず現地の小売り最大手であったシフラと合弁企業を設立しました。その後メキシコでの事業見通しが明るいことがわかると、ウォルマートはシフラに合弁会社の残りの株式をすべて買収させた上で、シフラ本体を買収したのです。同社は日本にもまず西友への資本出資という形で進出し、その後段階的に西友株を買い増して二〇〇八年に完全子会社化しています。

小売業は海外進出がとても難しい業界とされています。国ごとに消費者の嗜好や商習慣が大きく異なるため、海外事業は不確実性がとても高いのです。「このように不確実性が高い市場に進出するときは、いきなり単独資本や現地企業の完全買収によって進出するのではなく、ウォルマートのようにまず合弁や部分出資で進出しその後で段階的に追加買収をする手法のほうが、リスクを減らしつつ潜在的なチャンスを逃がさない」というのがコグートの主張なのです。(4)

企業全体のオプション価値を計算した研究もあります。ここでは仔細には踏み込みませんが、ファイナンス分野で使われているEVA（経済付加価値）の考えを応用することで「企業のオプション価値」を計算することができます。このテーマで多くの論文を発表しているのが、現パーデュー大学のジェフリー・ロイヤーと現コロラド大学ボウルダー校のトニー・トンです。

(4) 実際に、企業が合弁事業を始めるときに「3年後に一株150円でA社がB社の残りの株式を買収できる権利」というようなオプション条項が契約に含まれることはよくあります。コグートはさらに踏み込んで、「このような契約条項がなくとも、どの合弁事業も第一ステージと、その後の買収（を検討する）第二ステージに分けられる段階投資といえるから、すべての合弁事業はオプションの役割を果たす」と指摘したのです。

たとえば彼らがテキサス大学ダラス校のマイク・ペンと二〇〇八年に『アカデミー・オブ・マネジメント・ジャーナル』に発表した論文(5)では、国際的な合弁事業を多く持つ企業のほうがオプション価値が高くなることを統計分析から明らかにしています。コグートも述べたように、合弁事業は不確実性が高い国際ビジネスではオプション価値を上げる効果がある、ということを定量的に示したのです。

仮定は仮定にすぎない、と認識せよ

ここからはさらに踏み込んで、リアル・オプションの事業計画法について考えてみましょう。みなさんも今後の事業計画で段階的な投資を検討することもあるかもしれません。近年の経営戦略論の研究者は、リアル・オプションの視点から、段階投資の事業計画を効果的に進める上での有用な視点を提示しています。

本章では二つの点をあげましょう。

第一に、仮定は仮定であることをけっして忘れてはならない、ということです。

ここでは、リアル・オプションを事業計画に取り入れることを研究している第一人者であるコロンビア大学のリタ・マクグラスとペンシルヴァニア大学のイアン・マクミランが、一九九五年

(5) Tong, Tony W., Jeffrey J. Reuer, and Mike W. Peng. 2008. "International Joint Ventures and the Value of Growth Options." *Academy of Management Journal* 51(5): 1014-1029.

に『ハーバード・ビジネス・レビュー』に発表した実践的な論文(6)を紹介しましょう。

くり返しですが、新規事業は不確実性がとても高く、計画を立てるときにも事業環境の将来見通しに何らかの仮定をおかざるをえません。ここでマクグラスとマクミランは、「現実によくあるのは、事業が進むにつれてこれらの仮定がいつのまにか既成事実であったかのようにされてしまう」ことである、と述べます。

この指摘には心当たりのある方もいらっしゃるのではないでしょうか。

この論文では、ディズニー社がフランスにユーロディズニーを開園した当初に大苦戦した事例をあげています。ユーロディズニーでは開園当初から高めの入場料を設定していましたが、これは同社のアメリカや日本での成功体験から、入場料を多少高くしてもお客は来るであろうという仮定がいつのまにか既定路線になっていたことが一因とされています。しかし、いざ開園してみると、高い入場料を理由に入場者数が伸び悩み、ディズニー社はその後大幅な価格引き下げに追い込まれて、収益も悪化することになったのです。

このような事態を避けるために、マクグラスとマクミランは、リアル・オプションの考えを取り込んだ新規事業の計画法を提案しています。

たとえば、「仮定のチェックリスト」を作ることを二人は提案します。

(6) McGrath, Rita Gunther, and Ian C. MacMillan. 1995. "Discovery Driven Planning." *Harvard Business Review* 73(4): 44-54.

事業計画では、不確実性のあるものにはとりあえず仮定をおくことになりますが、それを事前にリストとして書き出しておくべきである、ということです。なかには気づかないまま「暗黙におかれている仮定」もあるかもしれません。マクグラスたちは、不確実性が高いときに設定される仮定はあくまで仮定にすぎないという当たり前の前提を忘れるべきではない、と主張しているのです。

さらに二人は、段階的な投資が進展するたびにマイルストーン分析を行い、当初の仮定が正しかったかを検証するべきであると主張します。

実際のマイルストーン分析の多くでは、その事業の収益が事業計画時に定められた目標に到達しているかを検証するはずです。しかし、そもそもその目標は仮定にもとづいて設定されていたのですから、まずはその仮定が正しかったかを検証し、目標や事業内容を柔軟に見直すべきであると主張するのです。

このマクグラスとマクミランの主張は、現代における事業計画のあり方を根本的に問い直しています。不確実性の高い事業環境では、事業計画とは単に計画を練るためのものではなく、事前に不確実性を洗い出し、仮定は仮定としてつねに認識し、それを恒常的にチェックするために行うものである、ということなのです。

内生的な不確実性、外生的な不確実性

リアル・オプションの事業計画で重要な第二の点は、不確実性を仕分けることです。

ここまでの議論を読んでみなさんが持たれる当然の疑問は、「そうはいっても、実際に事業を立ち上げるときには不確実性が多すぎるのではないか」ということでしょう。新しく事業を始めるときには、市場の成長性、市場価格、競合他社の動向、取引先の信頼性など、不確実なことはいくらでも存在します。それらをすべて仮定のチェックリストに入れていちいち検討していては収拾がつきません。

では、検討すべき不確実性を絞ることはできないのでしょうか。

実はこれまでの研究で、不確実性は一種類ではないこともわかってきています。とくに本章で重要なのが「内生的な不確実性」と「外生的な不確実性」の区別です。

内生的な不確実性とは、企業が自ら行動を起こせば低下させることのできる不確実性です。たとえば、ベトナムの高級パン市場で日本の食品メーカーがパンを流通させるにあたって、現地の卸業者と提携するとしましょう。このときに「現地の提携相手の能力や人材が本当に優れているかがわからない」ということは重大な不確実性かもしれません。

この場合、このメーカーにとって賢明な選択肢は、積極的に提携相手に役員を送るなどして、相手企業の経営状態や人材をより深く知ることです。つまり、リアル・オプションの主張するように仮定をおいて不確実性が下がるのを待つのではなく、むしろ積極的な行動によってどうやったら不確実性をおさえ込めるかを検討すべきなのです。

逆に外生的な不確実性とは、企業がコントロールできない不確実性のことです。たとえば、高級パン市場の今後一〇年の成長率といった不確実性を一企業がコントロールすることは難しいでしょう。多くの企業にとって市場の成長率、市場価格、進出先の国の政治状況などは、自らの行動で制御できない不確実性であり、このタイプの不確実性こそがリアル・オプションの枠組みで検討すべきものなのです。

この区別の重要性を明らかにしたのが、シンガポール経営大学のイリヤ・カイパースとオランダのティルバーグ大学のザビエル・マルティンです。彼らが二〇一〇年に『ジャーナル・オブ・インターナショナル・ビジネス・スタディーズ』に発表した論文[7]は、リアル・オプションの視点から、合弁企業の出資比率が外生的な不確実性に影響を受けやすく、他方で内生的な不確実性には影響を受けないことを統計分析から明らかにしています。

(7) Cuypers, Ilya R. P., and Xavier Martin. 2010. "What Makes and What Does Not Make a Real Option? A Study of Equity Shares in International Joint Ventures." *Journal of International Business Studies* 41(1): 47-69.

リアル・オプションは事業計画法の新たな希望となるか

では、これまでの議論を踏まえて、みなさんが事業計画を立てるときに役立つかもしれないことを列挙してみます。すべて私の個人的な見解であり、経営学者の総意ではありません。

▼第一に、事業計画を立てる前に可能なかぎりすべての不確実性を書き出しましょう。不確実性はあらゆるところに潜んでいます。それを徹底的に洗い出してください。

▼第二に、外生的な不確実性と内生的な不確実性を分けることを心がけてください。リアル・オプションの計画法で重要になるのは前者です。後者は、むしろ「どうすれば積極的にこの不確実性を消せるか」を考えるべきです。

▼第三に、事業に重要な（外生的な）不確実性を選別できたら、それぞれの楽観ケースと悲観ケースを想定し、それぞれのケースでどのような戦略オプションがあるかを検討しましょう。段階的な投資の発想があると、これまでは想像しなかったような選択肢が出てくることもあります。

▼第四に、段階的な投資にもとづいて、事業環境の悲観ケースと楽観ケースのそれぞれで事業の収益性を評価してください。段階投資を想定すると、これまでのＤＣＦ法よりも多くの

「場合分け」が生じますので、収益性の評価は煩雑になるかもしれません。しかし意思決定の質を上げていくためにも、不確実性の高い事業の計画では、これらの計算に取り組むことは重要です。とくに、段階的な投資によって楽観ケースのチャンスを取り逃がさないことを意識してください。

▼最後に、マクグラスたちが主張するように、一度事業が始まったらそれぞれの不確実性を定常的に確認し、不確実性が低下しているか、もしそうなら次はどの戦略オプションを選択すべきかを検討してください。

いかがでしょうか。このリアル・オプションの事業計画は、プランニング派の計画主義と学習主義の架け橋となりうるのではないか、と私は考えています。

このアプローチは、アンゾフの計画主義のようにすべてを事前に精緻に決めるという手法より、はるかに柔軟性に富んでいます。

ここまで述べたように、不確実性の高い事業環境でアンゾフのような計画主義（やＤＣＦ法）を使うかぎり、多くの潜在的にチャンスのある事業には投資がされません。リアル・オプションは段階的な投資の思考を明示的に取り込むことで、「不確実性が高いときこそチャンスであり、まずは一部でいいから投資をすべき」ということを私たちに教えてくれます。その意味で、リアル・オプションは「不確実性の高いときこそまずは行動を起こすべき」とするミンツバーグらの学習主義に通じるところがあるのです。

しかしだからといって、リアル・オプションは学習主義のいうように「やってみればあとはなんとなるさ」といった曖昧な考えではありません。不確実性を事前にきちんと洗い出し、分類し、そして段階投資にもとづいた複数の投資シナリオをきちんと分析して事前に計画に取り込んでおく、という意味で計画主義的な要素をあわせ持っているのです。この意味で、リアル・オプションは長いあいだ低迷していた経営戦略論のプランニング派の復活のきっかけになるのではないか、と私は期待しています。

リアル・オプションは今まさに研究が進められているフロンティアの研究分野です。今後研究が進むことで、さらに実践的で有用な事業計画法が考案されることを期待したいところです。

第13章

なぜ経営者は買収額を払い過ぎてしまうのか

［ファイナンス理論を超える「人間くさい」M&Aの研究］

最近は日本でも企業間の合併・買収（M&A）が経営の一手段としてすっかり定着したようです。二〇一一年には一六八七件の日本企業関連のM&Aが行われています(1)。

そこで注目されるのが、企業買収の金額です。買収額は経営者にとっても株主にとっても一大関心事です。高い買収額はそれだけ買収する側の企業の財務を圧迫しますから、経営者は株主やステークホルダーに対して説明責任が求められます。

たとえば二〇〇六年には東芝が米原子力発電の大手ウェスティングハウスを五〇億ドル（当時のレートで約五八〇〇億円）で買収して話題となりました。当初ウェスティングハウスを買収する本命は同社と付き合いの深かった三菱重工で、買収額は二〇億ドル程度であろう、という見方が

(1) ㈱レコフの調査による。

支配的でした。それがふたをあけてみたら東芝がその倍以上の金額でさらっていったのです。

二〇一一年にマイクロソフトがインターネット通話サービスのスカイプを八五億ドル（当時のレートで約六八〇〇億円）で買収したのも話題になりました。そもそもスカイプは二〇〇五年にネットオークション企業のイーベイが二六億ドルで買収したのですが、その後収益化ができずに手放したのです。それを今度はマイクロソフトが三倍以上の金額で買収したのですから、これは多くの人を驚かせました。


企業の買収額を決めるのは厄介です。

たとえばみなさんがキャベツを買いたいときには、八百屋に行けばすでにキャベツの価格は提示されています。もちろん交渉でさらに値切れるかもしれませんが、その際にもたとえばとなりのスーパーでも似たようなキャベツは売っているでしょうから、そこと比較して交渉の材料にできます。

企業はキャベツのようにはいきません。企業は一つ一つ、大きさも、ビジネスモデルも、おかれている経営環境も、経営資源も異なります。キャベツのように「となりの企業と値段を比べればいい」というわけにはいきません。

そこでファイナンスの教科書では、ディスカウント・キャッシュフロー法ですとかマルチプルといったバリュエーションの手法を使って企業価値を算定することになっています。そうして算出された企業価値をもとに、その企業を買収した場合に期待できる相乗効果（シナジー）や、逆にそこで発生するであろうコストなどもろもろの条件を組み込んだ「買収全体の価値」を決めていくのです。

企業買収の買い手側にとって望ましいのは、売り手側との交渉の中で、自分たちが見積もった「買収全体の価値」よりも安い金額で買収を実現することです。

しかし現実には、（少なくとも外部の人間から見るかぎり）そのような価値を上回っているようにしか見えない買収額が支払われることも少なくありません。

このようなとき経営者は株主に対して、シナジーとかバリューアップとかコストダウンといった、もっともらしい説明をして正当化することが多いものです。もちろんシナジーやコストダウンはＭ＆Ａの重要な目的ですから、それらの効果が期待できないわけではないでしょう。しかしながら、時としてあまりにも巨額に見える買収額は、はたしてこのような経営戦略上の理由だけを反映するものなのでしょうか。

実は経営学の研究によって、経営者は時にもっともらしい経営上の説明とは別の理由で巨額の買収額を払ってしまうこともわかってきているのです。そのキーワードは、経営者たちの「思い上がり」、「あせり」、そして「プライド」です。

本章では、経営者がなぜ非合理とも思われる買収額を払うのかについて、世界の経営学のフロンティアの研究を紹介していきましょう。

買収プレミアムとは

企業買収額の目安となるのが買収プレミアムです。本題に入る前に、まず買収プレミアムについて簡単に説明しましょう。

買収プレミアムとは株式市場に上場している企業を買収するときに使われる指標です。それは「買収交渉が成立したときに、買収する側の企業（買収企業）が買収される側の企業（ターゲット企業）に支払う価格が、それ以前のターゲットの企業の市場価値をどれくらい上回っていたか」を表します。

たとえば、二〇一一年八月一五日にグーグルが米通信機器大手のモトローラ・モビリティーの買収を発表しましたが、その買収額は総額で一二五億ドル（一株では四〇ドル）でした。他方でその三日前、八月一二日の同社の市場価値は総額で約七八億ドル（一株では約二五ドル）だったのです。

一二五億ドルは七八億ドルの約一・六倍です。グーグルは、三日前に市場が評価したモトローラ・モビリティーの市場価値に六〇％ものプレミアムをつけて同社を買収したことになります。

市場価値というのは、投資家たちの株の売り買いの末に決まっているものです。それに六〇％のプレムアムを上乗せして払ったということは、グーグルの経営者が「われわれがモトローラ・モビリティーを買収すれば、市場が評価しているよりも六〇％以上はその価値を引き上げることができる」と宣言していることと同じです。だからこそ、経営者は株主に対してなぜそのようなことが言えるのか、シナジーとかコストダウンといった言葉で正当化しようとするわけです。

通常、買収プレミアムというのはプラスになります。なぜならターゲット企業の（売り手となりうる）株主からすれば、その企業の株価を市場価格より高く買ってもらえなければその株を売る意味がないからです。

他方で買う側は、先ほど申し上げたように、「買収全体の価値」を何らかの方法で算定しているのが普通です。そしてその買収の価値が現在のターゲット企業の市場価値よりも高いからこそ（すなわちターゲット企業の潜在的な価値を市場より評価しているからこそ）、買収に踏み切ります。

したがって、買収企業は自社で見積もっている「買収全体の価値」よりは低く、しかし市場が評価しているターゲット企業の「市場価値」よりは高い買収額を支払うのが一般的ということになります。市場価値より高い買収額を払うということは、プレミアムがプラスになるということです[(2)]。

それ以外にもプレミアムを引き上げる要因はあります。たとえばターゲット企業の経営陣や株主が買収されることを拒否した場合には、買収企業は価格をつり上げてより魅力的なオファーをします。最近は日本でも株式公開買い付け（ＴＯＢ）がこのような敵対買収のときによく使われますが、ＴＯＢですと買収プレミアムは通常上昇します。

また、ターゲットを買収したい企業が他に現れた場合も、買収合戦になりますので値段はつり上がります。ターゲット企業が魅力的であれば、他社には取られたくないわけですから、高いお金を払ってでも買いにいく可能性があるからです。

支配権プレミアムというのもあります。たとえばターゲット企業の株式全体の二〇％しか買収しなかった場合と一〇〇％買収した場合では、後者だとターゲット企業の経営を完全にコントロールできますので、その「支配権」の分だけ追加してプレミアムを払うことがよくあります。

これらのある意味もっともらしい「合理的な」買収プレミアム上昇の理由については、すでにファイナンス分野などで多くの研究がされてきました。

(2) 日米の買収プレミアムを包括的に分析している例としては、一橋大学大学院の服部暢達客員教授の研究があります。服部教授によると、1997年から2006年にかけてアメリカの2億500万ドル以上の買収案件と日本における500万ドル以上の買収案件のプレミアムを分析した結果、アメリカでは平均35.6%、日本では平均19.9%のプレミアムが払われているようです。詳細は『実践M&Aハンドブック』（服部暢達著、日経BP社、2008年）をご覧ください。

それに対して経営学のフロンティアでは、経営者のもっと人間くさい心理に迫る研究が次々に発表されています。これらの研究によると、買収プレミアムというのは、現実にはもっと複雑で泥くさい経営者の心の中を写す鏡のようなものなのです。

本章では経営者の「思い上がり」、「あせり」、「プライド」にまつわる三つの研究を紹介しましょう。

「思い上がり」プレミアム

まずは、買収企業の経営者の「思い上がり」の研究から紹介しましょう。

先にも述べましたが、企業買収というのは多くの場合、買収企業の経営者たちが「われわれがこの企業を買収すればその価値をもっと高められる」と思っているからこそ行われます。だからこそ市場価値よりも高いプレミアムが支払われるのです。

もちろん、ターゲット企業を客観的に分析した結果としてそう判断することもあるでしょう。しかし、実は経営者の主観的な判断や思い込みが影響することも多いのではないか、というのが経営学者の主張なのです。

たとえば、もし買収企業の経営者が自らの経営手腕を過信していたら、すなわち自分の経営手腕に「思い上がり」があるならばどうでしょうか。そのような経営者は「私にはこのターゲット企業の価値を高められる手腕が備わっているのだから、買収額が高くても大丈夫だ」と考えるかもしれません。そうであれば、買収額はその思い上がりの分だけ上昇することが予想されます。

この可能性を検証したのが、現コロラド大学ボウルダー校のマシュー・ヘイワードと現ペンシルヴァニア州立大学のドナルド・ハンブリックが一九九七年に『アドミニストレイティブ・サイエンス・クォータリー』に発表した論文(3)です。

実際には「経営者の思い上がり」そのものをデータでとらえることは困難です。そこでヘイワードとハンブリックは、経営者の思い上がりに影響を与える要因に注目し、それらの要因と買収プレミアムの関係を分析しました。アメリカの一〇六の企業買収のデータを使って統計分析を行い、彼らは以下のような興味深い結果を得たのです。

第一に、過去に買収で成功をおさめた経験のあるCEOが率いる企業は、その後の買収で高いプレミアムを払う傾向があることがわかりました。これまでの成功がCEOの思い上がりを促し、「次の買収でも高い価値を生み出せるはずだ」と過信させ、その分高いプレミアムを払わせてしまうというわけです。

第二に、彼らはアメリカのマスメディアが買収企業のCEOをどのように評価しているかを指

(3) Hayward, Mathew L. A., and Donald C. Hambrick. 1997. "Explaining the Premiums Paid for Large Acquisitions: Evidence of CEO Hubris." *Administrative Science Quarterly* 42(1): 103-127.

標化しました。そして、メディアが賞賛しているCEOが率いている企業ほど高い買収プレミアムを払う傾向がある、という結果を得たのです。これは、メディアの注目がCEOの思い上がりを増長させ、結果として不必要に高いプレミアムを払わせると解釈できます。

第三に、買収企業のCEOの報酬もプレミアムに影響することを明らかにしました。報酬が高いCEOほど自身の経営手腕が高く評価されていると過信するために、その後の買収プレミアムが高くなるというのがその理由です。

さらにヘイワードとハンブリックは、この思い上がり効果が買収企業の企業統治に影響を受けることも明らかにしました。すなわち、(一)買収企業のCEOが取締役会の議長を兼ねている場合、そして(二)取締役会に社外取締役が少ない場合には、そのCEOの思い上がりが買収プレミアムを高める効果がとくに強くなる、という結果を得たのです。

CEOが取締役会の議長を兼ねたり取締役会が身内で固められる場合には、CEOに権限が集中していることが予想されます。したがって、思い上がったCEOが法外な買収プレミアムを払おうとしても誰もそれをおさえることができない、というわけです。

これらの結果にはうなずく方もいらっしゃるのではないでしょうか。

企業買収のような経営の重要な意思決定であっても、現実にはCEO個人の裁量に左右される部分は少なくありません。その結果、個人の思い上がりというある意味で経営合理性を欠く理由で高いプレミアムが払われている可能性があることを、ヘイワードとハンブリックは示したのです。

「あせり」プレミアム

第二の研究は、経営者の成長への「あせり」に注目したものです。

経営者にとっての重要な目標の一つが、企業の成長（売り上げの増加、規模の拡大）であることは言うまでもありません。もちろん高い利益率を実現することも大事ですが、現実には経営者の多くがつねに投資家や株主の目にさらされており、企業の売り上げを伸ばし規模を成長させるプレッシャーを日々受けています。

経営者にとって、企業規模をてっとり早く大きくする手段の一つは他の企業を買収することです。買収をすればとりあえず規模は大きくなりますし、それが今成長中の企業であれば、買収した企業が自社の今後の成長をもたらすことも期待できます。

しかし買収は言うまでもなくリスクを伴います。とくに高い買収額を払うことは大きなリスクです。したがってたとえ経営者が企業を成長させたくても、おいそれと簡単に高い買収額を払って他企業を買収するというわけにもいきません。

では経営者が「どうしても自社を成長させたい」とあせっていたらどうでしょうか。たとえば競合他社に比べて自社の成長スピードが遅ければ、それは経営者にとって大きなプレッシャーになります。このような経営者は、なんとか状況を挽回するために、多少リスクがあっても多額のお金を払ってターゲット企業を買収するかもしれません。

この仮説を分析したのが、欧州経営大学院（ＩＮＳＥＡＤ）のジェイ・キム、ジョージア大学のジョン・ハレブリアンと、ダートマス大学のシドニー・フィンケルシュタインが二〇一一年に『アドミニストレイティブ・サイエンス・クォータリー』に発表した論文[4]です。

一九九四年から二〇〇五年に米国の商業銀行業界で起きた八七八件のＭ＆Ａデータを用いた統計分析で、キムたちは次のことを発見しました。第一に、買収企業の過去三年間の成長率が業界の平均成長率を下回っていればいるほど、その企業が買収のときに払うプレミアムが高くなる傾向です。これは、ライバルよりも成長が遅い企業ほど経営者に「あせり」が出てくるために、リスクがあっても高いプレミアムを支払っていると解釈できます。

第二に、買収企業の過去の成長率（とくに直近の成長率）が低いほど、その企業は高いプレミアムを払う傾向があることも明らかになりました。これも経営者のあせりの表れと解釈できます。

(4) Kim, Ji-Yub, Jerayr Haleblian, and Sydney Finkelstein. 2011. "When Firms are Desperate to Grow via Acquisition: The Effect of Growth Patterns and Acquisition Experience on Acquisition Premiums." *Administrative Science Quarterly* 56(1): 26-60.

直近の成長率が低ければ、それだけ経営者に成長へのプレッシャーがかかっていると考えられるからです。

キムらは、経営者の「自社をなんとしても成長させなければならない」というあせりが高いプレミアムを払わせることを示したのです。

「国家のプライド」プレミアム

最後に紹介する論文は、国と国のあいだをまたぐ、いわゆるクロス・ボーダーM&Aについての研究です。

トロント大学のオレ・クリスティアン・ホープとダシャントゥクマール・ヴィアス、そしてオクラホマ大学のウェイン・トーマスの三人が、二〇一一年に『ジャーナル・オブ・インターナショナル・ビジネス・スタディーズ』に発表した論文[5]は、そのタイトルも「プライドのコスト(Cost of Pride)」という興味深いものでした。

この論文でホープたちは、一九九〇年から二〇〇七年までに発生した世界中の三八〇六件のクロス・ボーダーM&Aのデータを集めました。そして中国、インド、ブラジルなどのいわゆる「新興国」が、アメリカ、欧州、日本などの「先進国」の企業を買収するときには、他のクロス・

(5) Hope, Ole-Kristian, Wayne Thomas, and Dushyantkumar Vyas. 2011. "The Cost of Pride: Why Do Firms from Developing Countries Bid Higher?" *Journal of International Business Studies* 42(1): 128-151.

ボーダーM&Aと比べて平均一六%ポイントも高いプレミアムを払っていることを発見したのです。

なぜ新興国の企業は高いプレミアムを払うのでしょうか。

ホープたちは、新興国企業が先進国の企業を買収するときには、経営者たちのあいだで「われわれが母国を代表して先進国の企業を買っている」というプライドが高揚するため、その分高いプレミアムを払うのではないか、という仮説を立てました。

もちろん企業買収の決断は、政治家ではなく企業の経営者が下すものです。しかしこれまで組織理論などの研究で、ある個人が自分の所属する集団に強いアイデンティティを持っているときには、その人の意思決定は集団から強い影響を受けるということもわかっています。

国家というのは大きな単位の社会集団ですから、買収企業の経営者が国に対してアイデンティティを持っていれば、それが起因となって「自分が国を代表している」というプライドがプレミアムに反映されるということなのです。

たとえば二〇〇八年三月二八日付の読売新聞には、インドのタタ自動車がイギリスの高級車ブランドであるジャガーとランドローバーを買収した件について、以下のような記事が掲載されました。

タタ自動車による「ジャガー」「ランドローバー」の買収を英国在住のインド人は歓迎している。英金融街シティで働くインド出身の会社員ヘムラージ・ブルジューさん（三六）は「インド企業が英国の高級車ブランドの経営を担うのは素晴らしいことで、インド人として誇りに思う。タタはこれら高級ブランドを手に入れ、今後もいっそう利益を上げていくだろう」と話していた。（傍点筆者）

このように、新興国の企業が先進国の企業を買収することは、買収企業の母国の人々にとってはその当事者でなくとも「誇りに思う」もののようです。これが買収の当事者ならなおさらでしょう。

国際的に知名度の低い新興国の企業が先進国企業を買収するのは容易ではありません。逆にいえば、困難だからこそ「自分の母国を代表している」という意識の強い新興国の経営者はあえて高い金額を払ってでも先進国の企業を買収し、プライドを満足させるのではないかとホープたちは考えたのです。

この仮説を検証するため、ホープは前述の三八〇六件のクロス・ボーダーの企業買収について、新聞や業界誌などの情報から、買収企業の経営者が買収のときに母国のプライドに触れるような発言をしていないかをくまなくチェックし、統計分析を行いました。そして、新興国企業が先進国企業を買収するときのプレミアムが、「国家のプライド」で説明できることを確認したのです。

買収額は経営者の心を写す鏡である

この章では（一）経営者の思い上がり、（二）自社をどうしても成長させたいというあせり、（三）国家を代表しているというプライドが、経営者に高い買収プレミアムを支払わせているという研究を紹介してきました。

これらの研究から、みなさんはどのような示唆を得られたでしょうか。私からは二点述べておきます。

第一に、これらの研究が明らかにしているのは、本当の買収の価値を見定めてその範囲内に買収額をおさめることはとても難しい、ということです。

本書の冒頭で、私は企業の買収額の算定は難しいことを述べました。もちろんファイナンスの教科書通りにいえば、いろいろなバリュエーション手法を使って理論上の企業価値を算定することはできます。バリュエーション手法は一般に普及していますので、いまや専門のコンサルタントなどに頼らなくても大企業の財務部などでは自社内でターゲット企業の価値の算出をするところも多いと思います。

しかし、チャレンジはその後です。このように算出された企業価値にいろいろな買収後の条件を加味して「買収全体の価値」が決まるのですが、実際にはその買収の価値をも超えた巨額の買収額が支払われることもあるのです。なぜなら、直感的に言ってしまえば、バリュエーションそのものは財務部の仕事かもしれませんが、最後にお金を払う決断をするのはやはり経営者（CEO）だからです。

少なくともファイナンス的な合理性からいえば、見積もられた「買収全体の価値」を上回って買収額を払うことは望ましくありません。しかし実際には、これまで述べたような思い上がりやあせりやプライドが、ついつい経営者にそれをも超えるような高い額を支払わせてしまうこともある、ということをこれらの研究は示しています。シナジーとかコストダウンといったもっともらしい理由で説明されている買収額にも、実はこのような経営者の心理的影響で高額になっている部分があるかもしれないのです。

第二に、M&Aというビジネスの重要な局面でも、経営者の意思決定というのはとても人間くさいものであることをこれらの研究は教えてくれます。

私は本書の第一章で、「世界の経営学は科学を目指している。しかし、それはみなさんの日々のビジネスの泥くさい意思決定と反するものではない。むしろ世界の経営学は、それらの泥くさい意思決定をも科学的にとらえようと努力している」という主旨のことを書きました。

本章では、企業買収額の決定には、教科書で示されるようなきれいな話だけではすまない、経営者のプライドや思い上がり、あせりといった人間くさい側面が反映している可能性を紹介してきました。これこそが世界の経営学のフロンティアの分析対象なのです。

その意味で、企業の買収額やプレミアムは、経営者の心の中を見る鏡のようなものかもしれません。今後、企業買収のニュースで買収額が発表されたときには、シナジーやコストダウンといったもっともらしい話だけでなく、その背後にある人間くさい背景にも考えをめぐらしてみてはいかがでしょうか。

第14章 事業会社のベンチャー投資に求められることは何か

［コーポレート・ベンチャーキャピタル研究から得られる日本への示唆］

本章では、アメリカではすでに新たな潮流となっており、そして今日本企業のあいだでも取り組みが始まっている新しい企業戦略について、経営学の最新の研究を紹介しながらその示唆を探っていこうと思います。

それはコーポレート・ベンチャーキャピタル（以下、ＣＶＣ）投資と呼ばれます。日本でも「コーポレートベンチャリング」という言葉は広く知られているようですが、コーポレートベンチャリングと「コーポレート・ベンチャーキャピタル（ＣＶＣ）投資」は別のことを指します。前者は、大企業の内部において、あたかもスタートアップ企業のように自立性をもった新しい事業部署を立ち上げることです。

それに対してCVC投資は、ソニーやトヨタのような一般の事業会社が、あたかもベンチャーキャピタル企業のように若いスタートアップ企業（ベンチャー企業）に投資をすることです[1]。前者と比べてCVC投資という言葉には、なじみのない方も多いかもしれません。しかしこれは、アメリカではすでにハイテク系の大手事業会社のあいだでは重要な投資戦略の一部となっており、日本でも取り組む事業会社が目立ってきているのです。

コーポレート・ベンチャーキャピタルとは

スタートアップ企業には、通常はベンチャーキャピタルという専門企業が投資を行います。まだ若く先行きの不透明なスタートアップへの投資はリスクが高く、投資する側にも独自のノウハウが求められます。したがってこのような専門の投資会社がスタートアップに出資したり、あるいはファンドを通じて資金を集めて投資をします。

数年後にもしそのスタートアップ企業が株式市場に上場するか、あるいは他企業に買収されれば、投資家はそこから利益（キャピタルゲイン）を手にすることができます。ベンチャーキャピタル企業とは、このようにスタートアップへ投資してキャピタルゲインを得ることを目的とした、ハイリスク・ハイリターン投資の専門企業です。

(1) CVC投資は日本企業でも以前から行われてきた外部連携や子会社化とも異なります。たとえば取引先への部分出資や子会社設立の形で新規事業に参入することは日本企業でも以前から当たり前のように行われています。しかし前者はすでに取引をしている相手との関係を強固にするために行われることが多く、後者は企業内部の人材や経営資源を使って新しい事業を始めると意味ではむしろコーポレートベンチャリングに近いといえるでしょう。CVCは、設立まもない外部のスタートアップ企業にベンチャーキャピタル投資として出資をすることを指します。

ところが、アメリカではここ二〇年ぐらいのあいだにシスコやインテル、マイクロソフトといった一般の大手事業会社が、ベンチャーキャピタル企業と同じ方法でスタートアップに投資を行うようになっています。一九九〇年代以降のアメリカの国内ベンチャーキャピタル投資総額のうち一五%ぐらいは事業会社によるもの、すなわちCVC投資であるとされています(2)。

これはとても興味深いことではないでしょうか。

くり返しですが、ベンチャーキャピタルはリスクが高い投資です。だからこそ専門の投資会社が行っています。そこに、どちらかといえば投資業は素人であるはずの事業会社が参入しているのです。なぜ彼らはこのようなリスクのある投資をあえて行うのでしょうか。

表1は本章で紹介する研究の一つで公表されていたデータを私が加工したものです。アメリカの大手IT企業のうち、CVC投資額の大きい上位一〇社を並べています。アメリカでは名だたる大手IT企業がCVC投資をしていることがおわかりになるでしょう。

表1からはいくつかの点が読み取れます。第一に、一部の企業を除けば、各事業会社のCVC投資額は研究開発(R&D)投資額のおよそ一~三%にすぎないことです。CVCは注目されているとはいっても、各企業のR&D投資全体と比べればわずかな規模にすぎません。

第二に、多くの企業が投資したスタートアップ企業をその後買収していることも注目に値しま

(2) Dushnitsky, Gary. 2012. "THE VENTURE LAB." *Business Strategy Review* 23(2): 58-60による。

す。とくにシスコは、一九八七年から二〇〇三年のあいだにＣＶＣ投資をしたスタートアップのうち実に四六社を買収しています。

ＩＴ分野以外でもＣＶＣ投資は行われています。たとえば医薬品業界ではメルクやジョンソン・エンド・ジョンソンがＣＶＣ投資を積極的に行っています。ケーブルＴＶ業界ではコムキャストが、自動車業界ではフォードがＣＶＣ投資を行っています。ＣＶＣ投資はアメリカの大手事業会社に広く普及しつつあるのです。

チェスブロウの洞察

そもそもＣＶＣ投資のメリットとは何でしょう。

なぜ一般の大手事業会社がわざわざスタート

表 1　アメリカ IT 業界の CVC 投資額上位 10 社の状況（1987 〜 2003 年）

	CVC投資額〔A〕（年平均：一〇〇万ドル）	研究開発投資額〔B〕（年平均：一〇〇万ドル）	A／B（%）	CVC初投資年	買収したCVC投資ポートフォリオ企業（累計）
インテル	146.3	1867	7.8	1992	13
シスコシステムズ	70.6	1405	5.0	1994	46
ルーセント・テクノロジー	65.4	3327	2.0	1996	14
マイクロソフト	54.4	1601	3.4	1983	26
AT&T	46.1	2102	2.2	1989	6
ノーテルネットワークス	39.5	1863	2.1	1997	10
モトローラ	27.1	2271	1.2	1990	12
ヒューレット・パッカード	23.6	2258	1.0	1996	11
ジュニパーネットワークス	23.6	141	16.7	1999	1
アジレント・テクノロジー	17.5	1096	1.6	1999	1
サン・マイクロシステムズ	17.3	804	2.2	1999	15

Benson & Ziedonis (2009) より、筆者が抜粋・加工

アップ企業に投資するのでしょうか。CVCはベンチャーキャピタル投資ですから、株式上場益などのキャピタルゲインを目指していることが考えられます。しかし、それだけが事業会社にとってのメリットなのでしょうか。

実はアメリカの経営学界でもCVCにはなかなか学者の注目が集まりませんでした。これはCVC投資の最近のブームが一九九〇年代に入ってからであることに加えて、「事業会社が余ったお金をキャピタルゲインねらいで投資しているのだろう」という誤解があったことも原因かもしれません。

この経営学者たちの無関心に一石を投じたのが、現カリフォルニア大学バークレー校のヘンリー・チェスブロウです。二〇〇二年に『ハーバード・ビジネス・レビュー』に発表した論文(3)で、チェスブロウはマイクロソフトやアジレント・テクノロジーズなどの事業会社によるCVC投資の事例を紹介しました。

アメリカでは二〇〇〇年にいわゆるドットコム・バブルが崩壊し、多くのベンチャーキャピタル投資の専門企業がスタートアップからの投資を引き上げました。しかしバブル崩壊後もインテルやマイクロソフトといった事業会社はスタートアップからCVC投資を引き上げなかったという事実にチェスブロウは注目しました。そして、こういった事業会社のCVCにはキャピタルゲ

(3) Chesbrough, Henry W. 2002. "Making Sense of Corporate Venture Capital." *Harvard Business. Review* 80(3): 90-99.

インとは別の目的、すなわち「CVCを通じてオープン・イノベーションを活性化させる」目的があると論じたのです。

第七章で述べたように、企業同士が連携してイノベーションを実現するオープン・イノベーションは、今や欧米企業の基本戦略となっています。これまでの経営学者は、オープン・イノベーションの具体的な手段として提携（アライアンス）などに注目してきました。しかしチェスブロウは、CVC投資もまたオープン・イノベーションの一手段となりうることを主張したのです。

CVCはイノベーションの新しい手段である

チェスブロウの論文はCVCの新しい役割を指摘した点で注目を集めましたが、あくまでいくつかの企業の事例を紹介したにすぎず、経営学者には精緻な理論化と統計を用いた実証分析が求められました。

そしてその先陣をきったのが、若手のスター研究者、ゲイリー・ドゥシュニツキーです。

余談になりますが、私がアメリカで博士課程に入って間もないころ、当時ニューヨーク大学の博士課程の学生で就職活動をしていたドゥシュニツキーは、すでに学界ではちょっとしたスターでした。彼はその年に就職活動を行ったどの有望な博士課程学生よりも多くの大学からオファーをもらい、そして名門ペンシルヴァニア大学ウォートン・スクールのアシスタント・プロフェッサーに就任しました。ウォートンでCVCについて数々の業績を上げた彼は、二〇〇九年からロンドン・ビジネススクールのアソシエイト・プロフェッサーに就任しています。

ドゥシュニツキーの一連の研究での重要な貢献の一つは、チェスブロウが提示した「CVCは企業のオープン・イノベーション戦略の一環である」という洞察を定量的に分析したことにあるといえるでしょう。

ドゥシュニツキーが、現ヴァージニア大学のマイケル・レノックスと共同で二〇〇五年に『リサーチ・ポリシー』に発表した論文(4)では、アメリカの二二八九企業の三〇年間にわたるデータを用いて、各事業会社のCVC投資とイノベーション・パフォーマンス（主に特許の指標を使ったもの）の関係を統計的に分析しました。その結果、CVC投資が多い事業会社ほどイノベーション・パフォーマンスも高くなることがわかったのです。

さらに二人が二〇〇六年に『ジャーナル・オブ・ビジネス・ベンチャリング』に発表した論文(5)では、CVC投資の大きい事業会社のほうが企業価値が高くなることも明らかにしました。

(4) Dushnitsky, Gary, and Michael J. Lenox. 2005. "When Do Incumbents Learn from Entrepreneurial Ventures?: Corporate Venture Capital and Investing Firm Innovation Rates." *Research Policy* 34(5): 615-639.

(5) Dushnitsky, Gary, and Michael J. Lenox. 2006. "When Does Corporate Venture Capital Investment Create Firm Value?" *Journal of Business Venturing* 21(6): 753-772.

なぜ事業会社がスタートアップに投資を行うことで業績を高められるのでしょうか。ドゥシュニツキーとレノックスは三つの理由をあげています。

第一に、スタートアップが本当に投資に値するかを審査する過程（デューディリジェンス）で、そのスタートアップの技術について知ることができます。CVCのデューディリジェンスには、事業会社側のR＆Dの担当者が参加することも多いので、そういった専門家の目でスタートアップの持っている技術や新しい事業の可能性を学ぶことができるのです。

第二に、投資後に事業会社側の人材がそのスタートアップの取締役会メンバーやオブザーバーになることで、スタートアップの技術やビジネスモデルの深い情報を得ることができます。

第三に、投資先のスタートアップの業績そのものから、事業の将来性を判断することができます。たとえば新しいビジネス領域を創り出そうとしているスタートアップに投資した場合、仮にそのスタートアップがビジネスに失敗しても、事業会社はその失敗からこの事業の将来性について学べるというわけです。

では逆に、なぜスタートアップ側は投資専門のベンチャーキャピタル企業からではなく、事業会社からCVC投資を受けることがあるのでしょうか。それは、インテルやマイクロソフトといった事業会社は、投資専門のベンチャーキャピタル企業にはない経営資源を提供してくれる可能性があるからです。

たとえば、スタートアップがCVCを受け入れることで、彼らが開発中の技術の試験を行うための実験施設を事業会社が貸してくれるかもしれません。あるいは、事業会社のネットワークを使って顧客を紹介してくれる可能性もあるでしょう。製品が完成したあとの流通経路を事業会社が確保してくれることも期待できます。

このような点では、特定の製品や技術に精通した事業会社のほうが、投資専門のベンチャーキャピタル企業よりも多くの経営資源を持っています。スタートアップ側はCVCを受け入れて事業会社の協力を受けることで、そのような経営資源を手に入れることを期待するのです。

CVCは知の探索の手段である

まだ第七章を読んでいない方のために説明しますと、経営学には企業のイノベーション戦略を考える上で重要な「エクスプロレーション（知の探索）」と「エクスプロイテーション（知の深化）」というコンセプトがあります。

前者は「企業が新しい技術や知識を見つけるために行う活動のこと」であり、後者は「企業がすでに有している技術や知識を活用すること」を指します。そして成功経験に富んだ企業ほど、えてして自前の技術だけを使う「知の深化」に偏りがちになり、それがイノベーションを阻む要因になるとされています。

市場の変化が速く、技術がすぐに陳腐化する現代のテクノロジー産業では、オープン・イノベーション戦略により「知の探索」を継続することが大切です。

この意味でCVCは知の探索の格好の手段といえます。なぜなら、CVCの投資先はまさにこれからの技術を持つスタートアップだからです。もし将来が期待できる技術を持っているスタートアップを見つけたら、CVCを通じてその成功を助けてやる中で、スタートアップの技術や事業の可能性について学ぶことができます。CVC投資を行うことで効果的な知の探索が可能になるのです。

CVCはリアル・オプションである

さらにCVCをリアル・オプションのコンセプトでとらえることも可能です。第一三章で解説したように、リアル・オプションとは、簡単にいえば「不確実性の高い事業環境でリスクをおさえる一方でチャンスを逃がさないための投資手段」のことでした。

ここで本章の冒頭で紹介した表について私が申し上げたことを思い出してください。それは第一にCVCは事業会社のR&D投資総額の一〜三%程度にすぎないことであり、第二に事業会社はCVC投資したスタートアップをその後買収することがあるということです。

事業会社がスタートアップの技術に興味があるならば、一つの戦略はそのスタートアップを買収してしまうことです。スタートアップ側も買収されることは株式公開と並ぶ「エグジット」、すなわち成功の一つですから、買収を受け入れるかもしれません。

しかしながら企業を買収するということは、たとえ対象が規模の小さいスタートアップでも、少なからぬリスクとコストを伴うものです。なんといっても企業買収には多額の費用がかかります。また、そのスタートアップの技術が本当に事業会社のイノベーションにプラスになるかは容易にはわかりません。スタートアップへの投資には、高い不確実性があるのです。

その点CVC投資は、通常の企業買収よりも低いコストで、リスクをおさえながら不確実性の高いスタートアップの技術や事業モデルにアクセスできる手段となりえます。一件当たりのCVC投資額は一件当たりの企業買収額より小さいでしょうし、CVCならファンドを組んだり他企業と共同出資する（シンジケーションと呼ばれます）ことでリスクもおさえられます。

さらに事業会社はCVCを通じて、そのスタートアップが本当に買収対象として適切かどうかを精査することもできます。

事業会社側から派遣された人材がスタートアップの取締役会のメンバーになったり両者が協力活動を行ったりする中で、本当にその技術が将来性のあるものかを判断し、そして事業会社にとって確かな価値があるとわかったときにだけ、あらためて買収すればよいのです。すなわち柔軟性の高いＣＶＣ投資は、買収に代わるリアル・オプション戦略となりうるのです。

コロラド大ボウルダー校のトニー・トンとニューヨーク州立大学バッファロー校のヨン・リーが二〇一〇年に『オーガニゼーション・サイエンス』に発表した論文[6]では、インタビュー調査などを通じて、アメリカの事業会社がＣＶＣ投資を「スタートアップの技術を獲得するための買収に代わりうる手段」と認識していると述べています。さらに彼らは、ＣＶＣのほうが買収よりも柔軟な投資戦略として選ばれていること、すなわちリアル・オプション戦略であることも統計分析により明らかにしています。

ＣＶＣはサメである

さて、ここまでの話だけですとＣＶＣは良いことずくめのように聞こえるかもしれませんが、残念ながらそうとは限りません。むしろ最近の研究では、ＣＶＣがとても難しい投資であること

(6) Tong, Tony W., and Yong Li. 2011. "Real Options and Investment Mode: Evidence from Corporate Venture Capital and Acquisition." *Organization Science* 22(3): 659-674.

もわかってきています。

これまで述べたように、事業会社にとってCVC投資のメリットの一つは、投資を通じてスタートアップの技術を学ぶことにあります。逆にいえば、言い方はよくないかもしれませんが、スタートアップ側には「大企業に技術を奪われかねない」リスクがあるのです。

事業会社はスタートアップの技術に関心があって投資するわけですから、ややもすれば何らかの手段でその技術をコピーしたくなるインセンティブが潜在的にあることは否定できません。少なくともスタートアップ側はそれを、CVC投資を受ける際のリスクと考えるはずです。もしリスクが高すぎると感じれば、スタートアップは投資を受け入れないかもしれません。

ドゥシュニツキーがミネソタ大学のマイルズ・シェイバーと二〇〇九年に『ストラテジック・マネジメント・ジャーナル』に発表した論文(7)は、この点に注目したものでした。彼らの論文では、AMDなどの大手事業会社がCVC投資先のスタートアップの許可なく、似たような技術を開発した事例を紹介しています。

さらにこの論文では、スタートアップが事業会社に技術をコピーされるリスクは知的資産保護の強さに影響されると論じています。スタートアップの技術が特許を通じて保護されていれば、事業会社がスタートアップの技術を勝手に使うことはできません。逆に知的資産保護が弱ければ、

(7) Dushnitsky, Gary, and J. Myles Shaver. 2009. "Limitations to Interorganizational Knowledge Acquisition: The Paradox of Corporate Venture Capital." *Strategic Management Journal* 30(10): 1045-1064.

スタートアップの技術をコピーしやすくなります。

前出のドゥシュニツキーとレノックスの二〇〇五年の論文でもこの点が確認されています。アメリカでは医薬・バイオ産業で知的資産が比較的しっかりと保護されており、他方でＩＴ関連製品産業は知的資産保護が弱いことが知られています。彼らは、ＣＶＣが事業会社のイノベーションを促す効果はＩＴ関連製品産業などに限られたものであり、医薬・バイオ産業ではこの効果が認められないことを発見しています。ＣＶＣの企業イノベーションへのプラス効果は限定されたものなのです。


ＣＶＣにはもう一つリスクがあります。ＣＶＣ投資ではスタートアップや共同投資をする他のベンチャーキャピタル企業が、事業会社の都合に振り回されてしまう可能性が懸念されるのです。たとえば事業会社全体の戦略が何らかの理由で変わった場合、その理由で投資先のスタートアップからＣＶＣ投資を引き上げてしまうかもしれません。

また、ＣＶＣの担当者は事業会社の人事制度により頻繁に入れ替わるかもしれません。これはスタートアップや共同投資をする企業からすれば厄介です。人が代わればやることも違うのが世の常ですから、事業会社はスタートアップや共同投資相手との付き合い方をそのたびに変えてしまうかもしれません。

このような理由で、事業会社やその関連のＣＶＣ会社は、スタートアップから投資受け入れを拒否されてしまったり、他のベンチャーキャピタル会社から共同投資を敬遠されたりすることもあるのです。

二〇〇八年に『アドミニストレイティブ・サイエンス・クォータリー』に発表された、スタンフォード大学のリタ・カティーラとキャスリーン・アイゼンハート及びノミス・ソリューションズのジェフ・ローゼンバーガーの論文(8)は、スタートアップ企業が「投資専門のベンチャーキャピタル企業から投資を受けるか、あるいは事業会社からＣＶＣ投資を受けるか」を慎重に選択していることを明らかにしました。

余談ですが、彼女たちはこの論文に「サメとともに泳ぐ（Swimming with Sharks）」というタイトルをつけています。スタートアップにとってＣＶＣ投資を受けるということは、いつ彼らに自分たちの技術を「食べられてしまう」かもわからないという意味で、サメと泳いでいるようなものだというわけです。

求められるのはやはり信頼性

ここまでの議論を踏まえると、ＣＶＣ投資の成功のカギの一つが、ベンチャー投資業界で確固

(8) Katila, Riitta, Jeff D. Rosenberger, and Kathleen M. Eisenhardt. 2008. "Swimming with Sharks: Technology Ventures, Defense Mechanisms and Corporate Relationships." *Administrative Science Quarterly* 53(2): 295-332.

たる信頼を築き上げることであるのは明らかでしょう。

一般のベンチャーキャピタル企業にとっても、業界内で信頼を得ることが重要なことはよく知られています。しかしこれまで述べたような背景で、事業会社のCVC投資はそれ以上に周囲から「信頼されにくい」可能性があります。

したがって「この事業会社はCVCを通じてスタートアップを助けてくれるだけでなく、技術を盗用しないし、投資方針が事業会社全体の戦略に左右されることもない」という信頼を、時間をかけて業界内で築き上げることが重要なのです。

このような信頼を築き上げればスタートアップ側もCVC投資を受け入れやすくなりますし、周囲のベンチャーキャピタル企業も共同投資を躊躇しなくなるでしょう。逆に強引にスタートアップの技術や情報を奪おうとしたり、CVC投資をする部門（あるいは関連会社）が事業会社の戦略に振り回されすぎているかぎり、CVC投資はなかなかうまくいかない可能性が高いということになります。

この考え方を裏付けたのが、二〇〇九年に『オーガニゼーション・サイエンス』に発表された、ブリガムヤング大学のデビッド・ベンソンとミシガン大学のローズマリー・ジエドニスの論文(9)です。

(9) Benson, David, and Rosemarie H. Ziedonis. 2009. "Corporate Venture Capital as a Window on New Technologies: Implications for the Performance of Corporate Investors When Acquiring Startups." *Organization Science* 20(2): 329-351.

彼らは、アメリカのIT産業の事業会社がCVC投資先のスタートアップを買収したときの市場の反応を分析しました。彼らの分析からは、より継続的に安定してCVC投資を行うことで業界から信頼を得ている事業会社のほうが、投資先スタートアップを買収したときに市場から高い評価を得られることを明らかにしています。

どうやらCVC投資でも、人と人の関係と同じように、継続して何かを成し遂げることで周囲の信頼性を高めることが大切なようです。

日本にCVCは根付くか

ここまでの議論をまとめると以下のようになります。

- アメリカではCVC投資が事業会社の企業戦略の一環として普及・定着してきている。
- CVCは事業会社のオープン・イノベーション戦略の一手段となりうる。
- CVC投資はリスクも大きい。成功のために、事業会社は長期的に業界内での信用を築き上げることが重要である。

日本でもCVCへの関心は高まってきています。

とくに一九九〇年代後半から二〇〇〇年代前半にかけて、大手商社やパナソニック、ソニー、リコー、ジャストシステムなどの事業会社がシリコンバレーにベンチャーキャピタル関連企業を設立したりファンドを設立して、スタートアップへの投資を行ってきました。また最近では、グリーやDeNAなどが国内のスタートアップに積極的に投資を行っていますし、二〇一一年にはNTTドコモやKDDIなど大手携帯電話各社が国内あるいはアメリカ・アジアのネットベンチャーへの投資を拡大させています(10)。

とはいうものの、CVC先進国であるアメリカと比べれば、規模も普及度合いもまだまだこれからといったところでしょう。

私は日本でもCVCがさらに盛り上がることを期待している一人です。日本の長期的な経済発展を考えれば、企業イノベーションの活性化とベンチャー企業の創出が不可欠であることは言うまでもありません。CVCの盛り上がりはその両面で一助となる可能性があると考えるからです。

第一に、CVCは日本企業のオープン・イノベーションを活性化する可能性があります。

一部の伝統的な日本企業は、外部の有望なスタートアップとの連携や買収によるオープン・イノベーション戦略がまだそれほど得意ではないという印象が私にはあります。そしてその理由の

(10) 2012年5月26日付『日本経済新聞』「携帯3社、海外ネットVB取り込み 出資件数4倍」より

一つは、経営陣が投資リスクを恐れがちなことかもしれません。その意味で、CVCは低いコストで知の探索を行う有効なリアル・オプション戦略となりうるかもしれないのです。

第二に、日本でCVCが盛んになることはスタートアップ側にもメリットがあるかもしれません。

日本のベンチャーキャピタル企業の多くは金融機関の関連会社です。誤解をおそれずに申し上げれば、こういった企業はスタートアップの技術に十分に精通していない可能性もあるでしょう。もし技術に「目利き」のある事業会社がCVCを通じてスタートアップをサポートしてくれるのであれば、それは日本のスタートアップを助け、ひいては日本のベンチャー業界の活性化につながるかもしれません。

他方で、日本でCVCが盛り上がるためのハードルはまだまだ高い可能性も否定できません。とくに、いかに事業会社がCVC投資部門や関連投資会社への関与を減らしてベンチャー業界で安定した信頼を築いていけるかは、伝統的な日本企業の苦手な部分ではないでしょうか。

これまで議論してきたように、ベンチャー業界の中で信頼を得ることはCVC投資の成功のカギといえます。そのためには、たとえば事業会社は関連のCVC投資企業にできるだけ自立性をもたせ、場合によっては報酬体系も本社とは切り離して投資収益と連動させることも必要なのかもしれません。しかしそれは、これまで本社が関連会社に深く関与することの多かった日本企業の従来の仕組みを変えなければならないことを意味するともいえます。

このように考えると、もし日本が今から一〇年後にＣＶＣ投資をより活性化できているならば、それは日本企業の仕組みが大きく変わったということかもしれません。私はぜひそうなってほしいと期待しているのですが、みなさんはどうお考えになるでしょうか。

第15章

リソース・ベースト・ビューは経営理論といえるのか

［バーニーの論争から考える「経営理論の条件」とは］

本章では、十年ほど前に経営学者のあいだで大きな話題となったある経営理論をめぐる論争を紹介します。理論の話ですので他章よりも抽象的な内容になりますが、とくに「学問としての」経営学に関心のある方には一読をおすすめします。とはいえそうでない方にもわかりやすく解説していますので、ぜひ楽しんで読んでください。

その理論はリソース・ベースト・ビューといいます。日本では「資源ベース・アプローチ」とか「資源ベース理論」と呼ばれることも多いようです（本章では簡略化して、ＲＢＶと書くことにします）。

ＲＢＶは経営学でもっとも有名な理論の一つなので、名前を聞いたことがある方もいらっしゃるかもしれません。RBVが経営学の発展に重要な貢献を果たしてきたことは疑いの余地がありません。いまやMBAの経営戦略論の授業でRBVについて学ばないことはない、と言っても言い過ぎではないでしょう。

このRBVをめぐって、二〇〇一年に経営理論のトップ学術誌である『アカデミー・オブ・マネジメント・レビュー』を舞台にして激しい論争が起きました。そのきっかけはテキサス大学アーリントン校のリチャード・プリムと香港理工大学のジョン・バトラーによるRBVへの批判論文が掲載されたことでした。その主旨はなんと、

「RBVは、経営理論としての体《てい》をなしていない」

という、RBVの信奉者たちには看過することのできない、挑戦的な批判だったのです。

この批判に対して、まさに「RBVといえばこの人」と言ってよいであろう、現ユタ大学のスター教授ジェイ・バーニーが同じ『アカデミー・オブ・マネジメント・レビュー』で反論を展開しました。さらに同誌はバーニーの反論を受けたプリムとバトラーの再反論も掲載し、往復書簡のような形での論戦となったのです。

プリムとバトラーはなぜRBVを経営理論でないと切り捨てたのでしょうか。これほど経営学

に強い影響力を持つＲＢＶの何が問題なのでしょう。それに対してバーニーはどのように反論したのでしょうか。

本章では「ＲＢＶは理論といえるのか」というテーマをめぐって起こった三人の経営学者たちの論争を通じて、経営理論を構築することの課題に迫りたいと思います。

リソース・ベースト・ビューとは

まずは論争の焦点となったリソース・ベースト・ビュー（ＲＢＶ）について解説しましょう。ＲＢＶとはまさにその名の通り、企業の持つ経営資源（リソース）についての理論です。

企業は製品・サービスを顧客に提供することで収益を得るわけですが、そもそもどのような製品・サービスを生み出すにもリソースが不可欠です。

企業はさまざまな有形無形のリソースを持っています。人材、技術、ブランドなどはその代表例です。企業内で蓄積された知識も重要なリソースです。ＲＢＶとは、企業が優れたパフォーマンスを実現するためにはこのような内部リソースに注目すべきである、という考えです。

ＲＢＶを語るときに必ず出てくる経営学者が、現ユタ大学のジェイ・バーニーです。彼が一九九一年に『ジャーナル・オブ・マネジメント』に発表した論文[1]はRBVを論じる上でもっとも重要な論文の一つとされています。

しかしバーニーがRBVの創始者というわけではありません。バーニーの登場以前から、経済学者のエディス・ペンローズに代表されるように、企業リソースの重要性に注目した学者は少なからずいました。

なかでもマサチューセッツ工科大学のバーガー・ワーナーフェルトが一九八四年に『ストラテジック・マネジメント・ジャーナル』に発表した論文[2]は、タイトルも「企業のリソース・ベースト・ビュー（A resource-based view of the firm）」という、経営学のRBV時代を切り開くものでした。

この論文でワーナーフェルトは、マイケル・ポーターが考案して当時すでに普及していたSCPパラダイムの考えを企業リソースの分析に応用することを提案しました。

SCPパラダイムの仔細については第四章をご覧いただきたいのですが、簡単に言ってしまえば、それは自社の製品・サービスをライバル社のものと差別化したり参入障壁の高い産業に身をおいたりすることで、企業が独占的な利益を生み出そうとする理論です。

これに対してワーナーフェルトは、独占的な利益の追求は製品・サービス市場においてだけでなく、企業リソースにも応用できると論じたのです。

(1) Barney, Jay B. 1991. "Firm Resources and Sustained Competitive Advantage." *Journal of Management* 17(1): 99-120.

(2) Wernerfelt, Birger. 1984. "A Resource-Based View of the Firm." *Strategic Management Journal* 5(2): 171-180.

たとえば、もしある企業が持っているリソース（たとえば優れた技術）が何らかの理由（たとえば特許）によってライバル企業が模倣できないようになっていれば、企業はそのリソースから得られる便益を独占できるでしょう。この意味でＲＢＶはＳＣＰと裏表の関係にあるといえます。ＳＣＰが製品・サービスに注目した「表側」の経営戦略理論であるのに対し、リソースに注目するＲＢＶは「裏側」にあたるというわけです。

バーニーの命題

ワーナーフェルトの論文以降、多くの経営学者が企業リソースに注目した研究を発表するようになりました。その流れの中で、いよいよジェイ・バーニーが一九九一年に「企業の資源と持続的な競争優位」（筆者訳）という論文を[3]『ジャーナル・オブ・マネジメント』に発表します。この論文は現在の経営学でもっとも引用されている論文の一つです。

余談ですが、このきわめて有名な論文が『ジャーナル・オブ・マネジメント』に掲載されたというのもおもしろいところです。というのも、これはまちがいなく優れたジャーナルですが、「Ａジャーナル」といわれる『アカデミー・オブ・マネジメント・レビュー』や『ストラテジック・マネジメント・ジャーナル』などと比べるとやや格下とみなされることもある学術誌なので

(3) Barney, Jay B. 1991. "Firm Resources and Sustained Competitive Advantage." *Journal of Management* 17(1): 99-120.

す。

なぜ『ジャーナル・オブ・マネジメント』に掲載された論文が経営学にとってエポックメーキングな存在となったのでしょうか。いくつかの理由が考えられますが、なかでもこの論文は経営資源（リソース）が企業のパフォーマンスに与える影響の条件を、とても簡潔な、それでいて説得力のある命題としてまとめたことにあるのではないかと私は思います。

その命題は以下のようなものです。もちろん本文は英語ですが、以下私の責任で和訳して解説します。

命題①▼ある企業の経営資源（リソース）に価値があり（valuable）、それが希少なとき（rare）、その企業は競争優位を獲得する。

命題②▼そのリソースが、他社には模倣不可能で（inimitable）、またそれを代替するようなものがないとき（not-substitutale）、その企業は持続的な競争優位を獲得する。

アメリカで経営戦略論を研究している学者の中でこの命題を知らない人はいないと言っていいかもしれません。それほど有名な命題です。

この意味を確認しましょう。まず「持続的な競争優位」とは経営戦略論において企業が追求すべき目的とされるものです。第四章で私は、持続的な競争優位を「企業が長期にわたって高い業績を維持できる力」と説明しましたが、ここではもう少し厳密に定義しましょう。

まず「競争優位」については、経営学では一般に「企業の競合相手にはできない価値創造戦略を導入する能力」と定義されます。バーニーの論文でもほぼこれと同じ定義を用いています。

企業がライバルには実現できない価値創造戦略を持つことができれば、結局のところその企業の高い業績（高い利益率、成長率、マーケットシェアなど）につながります。第一の命題では、企業がこの競争優位を獲得するためには、二つの条件、すなわちリソースに「価値があり、希少であること」を満たさなければならないと述べているわけです。

第二の命題は、そのような競争優位が長期にわたって持続するには、リソースが「他企業に模倣されず、他に代替するものがないこと」が必要ということです。

経営理論の中でこれほどシンプルでありながら含意のある命題も珍しいかもしれません。ペンローズやワーナーフェルトに始まる企業リソースに関する考え方のエッセンスをこのシンプルな命題にまとめてしまったことに、稀代の経営理論家であるバーニーの真骨頂があるのかもしれません。

プリムとバトラーの批判

バーニーが『ジャーナル・オブ・マネジメント』に論文を発表してから一〇年後、リチャード・プリムとジョン・バトラーが『アカデミー・オブ・マネジメント・レビュー』に掲載した論文[4]のタイトルは「ＲＢＶは経営戦略論研究にとって有用な考えなのか？」（筆者訳）という、当時すでに学界で確固たる地位を確立していたＲＢＶ、そしてバーニーに真っ向から挑戦するものでした。

プリム＝バトラー論文の要旨は、ＲＢＶの命題の論理構成を厳密に検証すると、社会科学にとって正しい「理論」としての体をなしていないというものです。

彼らの論文は複数のポイントからＲＢＶを批判していますが、本章ではその中でもっとも重要とされる（そして三人の学者がもっとも意見を戦わせた）部分に焦点を絞りましょう。

ここでもう一度バーニーの命題を載せておきましょう。この命題を眺めていただいて、はたしてどこに理論的命題として問題があるのか、みなさんもお考えいただきたいと思います。

命題①▼ある企業の経営資源（リソース）に価値があり（valuable）、それが希少なとき（rare）、その企業は競争優位を獲得する。

(4) Priem, Richard L., and John E. Butler. 2001. "Is the Resource-Based "View" a Useful Perspective for Strategic Management Research?" *Academy of Management Review* 26(1): 22-40.

命題②▼そのリソースの模倣が他社には不可能で（inimitable）、またそれを代替するようなものがないとき（not-substitutale）、その企業は持続的な競争優位を獲得する。

何かおかしい点は見つかったでしょうか。

この命題の問題点を理解するには、まず「競争優位」という言葉に注目する必要があります。先ほども述べたように、競争優位は企業の「競合相手にはできない価値創造戦略を導入する能力」と定義されます。

ここでお気づきになった方もいるかもしれません。そうです、この競争優位の定義にも、「価値」という言葉が出てくるのです。

競争優位を持つ企業は、定義として他企業よりも高い価値を生み出すことになります。さらにいえば、その戦略が「競合相手には（導入）できない」ということは、その競争優位は「希少な」ものであるということにほかなりません。

すなわち、競争優位を言い換えれば、それは「企業が『価値があり』、『稀少な』戦略を導入できる能力」となるのです。

プリムとバトラーは、この定義をバーニーの命題①にある競争優位という言葉と入れ替えてみることを提案しました。書き替えられた命題は以下のようになります。

命題①▼ある企業のリソースに価値があり、希少なとき、その企業は価値があり希少な戦略を導入できる。

これが果たして「論理的な」文章といえるでしょうか。これでは主語と述語が同義になってしまいます。「美しい人は美人である」と言っているのと変わらないではありませんか。

反証不可能なものは理論命題とはいえない

これは論理学におけるトートロジー（類語反復）の状態に近いといえます。トートロジーとは「つねに真となる論理命題」のことです。先ほどの美人の例はまさにトートロジーになっています。

科学理論の規範となる考えを確立した哲学者カール・ポパーによると、科学理論にとって重要な条件はその命題が反証可能であること、すなわち「その命題が正しくない可能性が論理的に存在すること」です[5]。

(5) Popper, Karl. *The Logic of Scientific Discovery*. Basic Books, 1959.

なぜ反証可能であることが重要なのでしょうか。それは、理論命題は反証が可能なときだけ、それが現実世界で正しいか正しくないかを実証分析できるからです。第二章で述べたように、理論とはこの世の真理を探究するものです。したがってある理論命題が打ち立てられたら、観測・実験・データ解析などの実証研究を行い、その命題が現実世界にあてはまるかどうかを検証する必要があります。

たとえば「ペンギンは空を飛べない」という命題があったとしましょう。

このとき、もしこの世のどこかに（たとえば南極の最果てに）、空を飛ぶペンギンが存在する可能性が少しでもあるなら、南極で観測調査をする（すなわち実証研究をする）ことで、その可能性を確認することが科学的に重要になります。つまり空を飛ぶペンギンがいる可能性が残るかぎりこの命題は反証可能であり、意味のある命題となるのです。

では、もしペンギンであることの条件の一つが「空を飛べない」ことであったらどうでしょう。すなわち空を飛べる鳥はそもそもペンギンにはなりえない、というわけです。この場合、言葉のすり替えをすると、「空を飛べない鳥であるペンギンは、空を飛べない」となりますので、トートロジーとなります。これはつねに正しいわけですから、そもそもその命題を正しいと実証的に証明する意味がなく、したがってそれは科学的に理論的な命題とはいえないのです。

プリムとバトラーによると、バーニーが打ち立てたこの命題は、言葉のすり替え作業をしてみるとトートロジーとなり、反証が不可能なのです。したがって彼らはＲＢＶが理論命題としての体をなしていないと主張したのです。

バーニーの反論

二〇〇一年の『アカデミー・オブ・マネジメント・レビュー』のおもしろいところは、プリム＝バトラー論文のすぐ後にバーニーの反論[6]を掲載しているところです。『アカデミー・オブ・マネジメント・レビュー』の編集者たちがプリム＝バトラーの論文の掲載を決めた時点で、バーニーにそれに対する論文を書くことを依頼したのでしょう。バーニーはどのように応えたのでしょうか。

実はバーニーは、プリムとバトラーが行った「言葉のすり替え」という手法そのものを批判したのです。この言葉のすり替えは文章の論理性をチェックする有用な手段のように見えますが、他方でこの手法を用いればどのような経営学の理論命題もトートロジーになってしまう、

(6) Barney, Jay B. 2001. "Is the Resource-Based 'View' a Useful Perspective for Strategic management Research? Yes." *Academy of Management Review* 26(1): 41-56.

とバーニーは主張します。

その一例として、バーニーは前述のマイケル・ポーターのSCPパラダイムに言葉のすり替え手法をあてはめてみせます。

先ほども述べたように、SCPは企業の産業内でのポジショニングや産業構造に注目する経営理論です。SCPではたとえば「競争的でない（企業のあいだの競争が激しくない）産業にいる企業は、そうでない企業よりも収益性が高くなりやすい」という命題があります。

しかし、そもそも企業間の競争が激しくないということは、当然ながらそこにいる企業には望ましい状況です。

ではこの「望ましい」という言葉を使って上記の命題にすり替え手法を適用してみると、「望ましい産業にいる企業は、そうでない産業にいる企業よりも、収益性が高い」ということになります。さらに「望ましい」と「収益性が高い」は経営学的には同義語に近いですから、この命題は「望ましい産業にいる企業は、そうでない産業にいる企業よりも、望ましい」と言っているのと変わらない、すなわちトートロジーのように見えてきます。

このように「言葉のすり替え」という手法を使えば、どのような経営理論でも反証が不可能な命題が作れてしまい、ひいてはすべての経営理論をトートロジーにすることが可能である。したがって、言葉のすり替えをもって『ＲＢＶがトートロジーである』とする考え方がそもそもまちがっている」というのがバーニーの主張なのです。

では上記のＳＣＰの命題は、現実のデータを使って実証分析をすることは不可能なのでしょうか。

そんなことはありません。たとえば、産業における企業のあいだの競争の激しさは、産業集中度という指標を計算することで分析が可能です。世の中のいろいろな産業の集中度を計算して、他方でそれらの産業にいる企業の収益率を計算して両者の関係を検証すれば、実証分析は十分に可能です。

ＲＢＶは実証可能か

すなわち、バーニーは経営学の理論においてもっとも重要なことは、「トートロジーになるような言葉のすり替えが可能か」ではなく、「その理論命題が実証研究できるか、すなわち、データをとって数値化することが可能か」である、と主張します。実証分析ができるということは、現実のデータを使って科学的な検証ができるということですから、その理論命題は科学的に意味があるということなのです。

ではRBVは実証研究が可能なのでしょうか。たとえば命題にある「価値があるリソース」をデータ化することは可能なのでしょうか。

バーニーの答えはイエスです。なぜなら、価値のあるリソースというのは、それぞれの企業のいる競争環境においてどのようなリソースに価値があるかさえわかれば、データ化することが可能だからです。もう一つの重要な言葉である「企業の競争優位」はその企業の業績に密接に関連しますから、利益率などの指標を使ってデータ化することが可能でしょう。

一例として、コロンビア大学のダニー・ミラーと現ミシガン州立大学のジャマール・シャムジーが一九九六年に『アカデミー・オブ・マネジメント・ジャーナル』に発表した有名な論文(7)を取り上げましょう。彼らは米ハリウッドの映画産業の一九三六年から二〇年間にわたるデータを用いて、映画スタジオのどのようなリソースがその業績に貢献するかを実証分析しました。

ミラーとシャムジーは、ハリウッドでは一九三六年以降の最初の一〇年間は競争環境が比較的安定していたのに対し、後半の一〇年間は競争環境が不安定であったことに注目しました。

そこで彼らは、ハリウッド産業では、安定期には大スターとの長期契約など「資産ベースのリソース」に価値があるのに対し、不安定な競争環境ではプロダクションの映画製作能力などの「知識ベースのリソース」に価値があると考えました。同じ映画産業でも時代が違えば価値のあ

(7) Miller, Danny, and Jamal Shamsie. 1996. "The Resource-Based View of the Firm in Two Environments: The Hollywood Film Studios from 1936 to 1965." *The Academy of Management Journal* 39(3): 519-543.

るリソースも異なる、というわけです。

彼らは、各映画会社の大スターとの長期契約や、プロダクションの制作能力をデータ化しました。そしてこれらのリソースが映画会社の利益率や市場シェアに及ぼす影響を実証分析した結果、彼らは仮説を支持する結果を得たのです。

ミラー＝シャムジーの論文は、ＲＢＶが実証分析できることを示した代表的な論文といえます。このような例を引き合いに出してバーニーは、ＲＢＶは実証分析できるのだから科学的な経営理論であり、プリムとバトラーの批判はあてはまらないと反論したのです。

プリムとバトラーの再批判

さらにおもしろいことに、『アカデミー・オブ・マネジメント・レビュー』には、このバーニーの反論に対するプリム＝バトラーからの再反論論文[8]も掲載されています。

プリム＝バトラーは、バーニーの「理論の反証不可能性を確認するのに重要なことは、言葉のすり替えではなく、理論命題が実証研究できるか、すなわちデータ化できるかである」という点にかみつきました。この主張こそがバーニーが社会科学の理論の本質を理解していない証拠だ、

(8) Priem, Richard L., and John E. Butler. 2001. "Tautology in the Resource-Based View and the Implications of Externally Determined Resource Value: Further Comments." *Academy of Management Review* 26(1): 57-66.

というのです。

これはどういうことでしょう。

ここからはさらに抽象的になりますが、プリムとバトラーは、「理論の世界」と「実証研究の世界」は分けて考えられるべきであり、にもかかわらずバーニーは両方の世界を混同した議論をしている、というのです。

社会科学では、「リソース」や「競争優位」といった理論に使われる抽象化された概念のことを、コンストラクト（Construct）といいます。しかし、これらはあくまで頭の中で考える概念です。概念そのものがこの世に実存しているわけではありません。したがって実証研究を行う場合には、コンストラクトをこの世で体現していると考えられる変数（Variable）をデータから作る必要があります。

図1をご覧ください。先ほどのミラー＝シャムジーの研究の例でいえば、「価値のある資産ベースのリソース」はコンストラクトです。これ自体は抽象的でデータ化できません。

しかし「映画スタジオが契約しているスターの数」はデータ化できますから、これがその変数となりえます。ですから実証研究もできるのです。

そもそもRBVがトートロジーであるというのは、理論の世界においてそのコンストラクトの関係がトートロジーになっている、ということです。

プリムとバトラーは、「理論の世界で生じている問題は理論の世界の中で解決されるべきである」と主張します。理論の世界で問題になっていることを、「実証の世界でデータがとれるから深刻な問題ではない」と主張するのは、根本的に社会科学における理論とは何かということをバーニーがわかっていないからだ、というのが二人の意見なのです。

経営学の理論を構築するとはどういうことか

二〇〇一年に『アカデミー・オブ・マネジメント・レビュー』誌上で交わされたプリム＝バトラーとバーニーの論戦は、このプリム＝バトラー側の再批判でいったん終了しています。

この三人の論戦を通じてみなさんはどのような感想をお持ちに

図1　ミラー＝シャムジー論文における理論と実証分析の対応関係

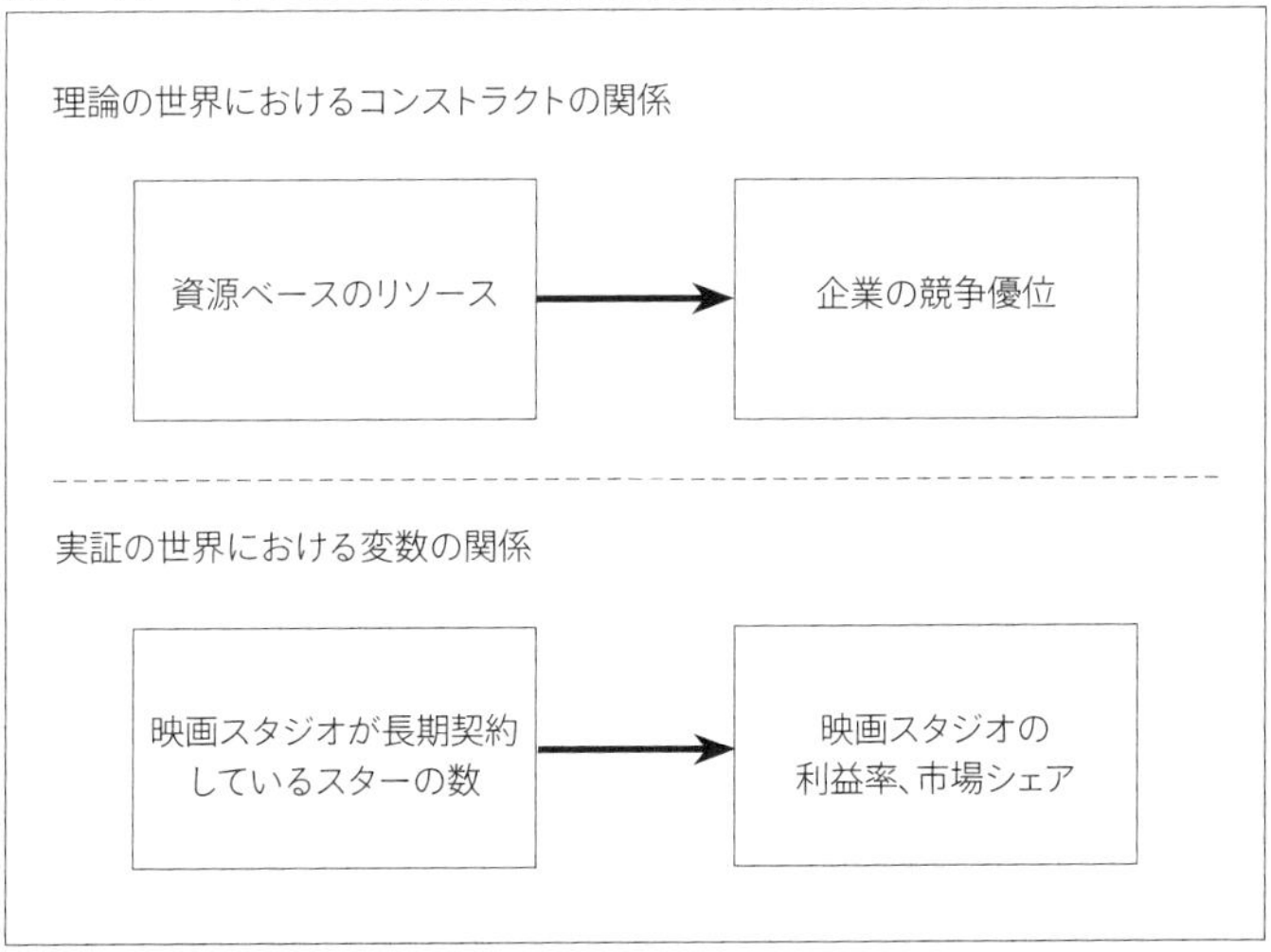

なりましたか。
率直に言って「こんな論争に何の意味があるのか」とか、あるいは「経営学者はこんなバカバカしいことを議論しているのか」と思った方もいらっしゃるのではないでしょうか。私だって、自分が経営学者でなければそのような印象を持ったかもしれません。

ここからは私見になりますが、この一見バカバカしい、傍目には言葉遊びのようにさえ見えることが、社会科学としてまだ発展途上の経営学では大事であることもまた確かだろう、と私は思います。

世界のフロンティアで進められている経営学のおもしろいところは、実証手法については（数学の基礎知識を必要とする）統計分析が多く用いられている一方で、理論の表記には多くの場合自然言語（すなわち多くは英語）が使われるところです。

私は日本で学生をしていたころは経済学を勉強していました。近代経済学では、理論モデルの構築には数学表記が使われます。数学を用いることで論理の曖昧性をできるだけなくし、モデルが数学的に破綻なく解けることが理論モデルとしての最低条件となります。

経営学者の中にも数学を使う人はいますが、経営戦略論や組織論などではその多くが自然言語を使って理論を記述しています。

そして自然言語を用いるために、経営学者は経済学者とは異なった問題、たとえば本章で紹介したような、「そもそもその法則は反証不可能なのではないか」、あるいは「コンストラクトに対応する変数は実在するのか」といったことにこだわる傾向があるように私には見えます。

実をいいますと、アメリカで経営学の勉強を始めたころ、私はこの一見言葉遊びのような経営理論の議論になじめませんでした。博士課程のセミナーでは、よく黒板に「君たちの議論していることは結局数式で書くとこういうことだろう」などとやっていたのを思い出します。しかし経営学者のはしくれとなった今では、自然言語で理論を書くことの必要性も、またその難しさもわかってきたつもりです。

第三章で述べたように、経営学はとても学際的な領域です。多様な理論視座をもった研究者たちが議論をすり合わせるには、自然言語で論理表現をするのはとても効果的です。他方で、自然言語で厳密に理論的な文章を書くというのは、日頃私たちが思っている以上に難しいのかもしれません。

本章でポパーの反証可能性がカギになったように、自然言語を使って科学的に厳密な理論を構築するには、反証可能性や、コンストラクトと変数の違いなど、ときに論理学や科学哲学の基本知識が必要になる場面があります。

では経営学者がどこまでこのような基本知識に精通しているかというと、少なくとも私の知るかぎり、そのような基礎を博士課程でみっちり鍛えられたという話はあまり聞きません。数学を使う経済学者が博士課程の最初で数学の基礎をみっちり鍛えられるのとは対照的です。

私は第一章で、経営学者は科学的に経営事象をとらえるトレーニングを積んでいる、と申し上げました。それ自体はまちがいのないことだと思います。しかし同時に個人的な意見として、経営学者を志す人たちに対して、論理学や科学哲学を踏まえながら、より徹底して理論的に自然言語を書くトレーニングを施すことも重要なのではないか、と考えています。

私のような若手が力不足をいつも感じるのはもちろんのこと、なにせバーニーのような大家でも批判をあびるのですから。これは、自然言語を使いながら「科学のようなもの」を目指している経営学にとっての課題なのかもしれません。

この論争は二〇〇一年に刊行された『アカデミー・オブ・マネジメント・レビュー』に掲載されたものでした。それから約十年以上の年月がたつわけですが、私の知るかぎり、上記の議論に決着がついているようには見えません。ご関心のある方は、どうすればこの問題が解消できるのかについて、ご自身でじっくり考えてみてはいかがでしょうか。

PART III

経営学に未来はあるか

第16章 経営学は本当に役に立つのか

本章と次章で、この本を締めくくりたいと思います。

この本では、世界の経営学者がそのフロンティアで何を研究し、議論し、論争しているのかを知っていただくために、いくつかのトピックを選んで紹介してきました。みなさんが好奇心をかきたてられるような話題を少しでも見つけられたのであれば、この本の役割は果たせたことになります。

さて、ここまでの各章で私があえて書くことを避けてきた論点があります。これは経営学に関心がある方は、誰もが共有する疑問かもしれません。それは、

――経営学の研究って、本当に役に立つのだろうか――

ということです。

世界のフロンティアで経営学者が研究しているその成果は、みなさんのビジネスに本当に役立つのでしょうか。そのためにはどのような課題があるのでしょうか。

実はこれから述べるように、経営学が社会科学の一分野として確立し、他方で「実学」としてみなさんのビジネスにより役立つようになるには、まだ本質的な課題が残っていると私は考えています。これらの課題は、これまで研究者が積み上げてきた成果を否定するものではありません。しかし私のような若手だけでなく、実際に著名な学者たちが経営学の重要な問題点を指摘しているのです。

この章では、世界の経営学がいま直面している課題を、とくに本書で多くとりあげてきた経営戦略論を中心に考えていきます。なお本章は他の章と比べて私の個人的な見解が強めに反映されていることを、あらかじめお断りしておきます。

サファリ化する経営戦略理論

SCPパラダイム、リソース・ベースト・ビュー、ダイナミック・ケイパビリティ、取引費用理論、エージェンシー理論、リアル・オプション、組織エコロジー、ネットワーク理論、制度理論、資源依存理論、ソーシャル・エクスチェンジ理論、学習理論、レッド・クイーン、オーストリアン経済学……

これらはすべて、経営戦略論で使われる「理論」フレームワークの名称です。私が今ぱっと思いつくだけでも、経営戦略論ではこれだけ多くの種類の理論が使われています。本書の範囲である包括的な「経営学（経営戦略論、組織論、国際経営論、アントレプレナーシップなどを含む）」で考えれば、その理論の数はさらに多くなります。

なぜ経営戦略論、そして経営学にはこれほど多くの理論があるのでしょうか。

一つの理由は、その学際性にあるのかもしれません。

第三章で述べたように、現在の経営学は経済学、社会学、認知心理学の三分野の理論基盤を応用することで成立しています。したがって研究者がどれに近い立場をとるかによって、重視される基盤は異なります。結果として理論も多様化していると推察できます。

それにしても経営学では「理論」と呼ばれるものが多すぎる気がします。マギル大学のヘンリー・ミンツバーグは、有名な古典的著書『戦略サファリ』(1)で、経営戦略論には一〇の大きな理論的視点があると述べました。ミンツバーグがこの本を出版したのは一九九八年です。それから十数年たった現在、私には当時よりもさらに多くの理論があるように感じられます。

(1) ヘンリー・ミンツバーグ、ジョセフ・ランペル、ブルース・アルストランド『戦略サファリ――戦略マネジメント・ガイドブック』（斎藤嘉則、奥沢朋美、木村充、山口あけも訳、東洋経済新報社、1999年）

実際、世界のフロンティアの経営学者の多くは、理論の発展を学術的貢献として重視する傾向があります。「経営学を社会科学たらしめるためには強固な理論が必要であり、経営学研究の目的はまず理論の発展におかれるべきだ」という考えが支配的であるようにさえ私には見えるのです。

たとえば、国際的な学術誌の一つである『アカデミー・オブ・マネジメント・ジャーナル』は、その編集方針の中で「本誌に掲載される論文には、経営理論の発展に重要な貢献がなければならない」（筆者訳）と記しています。

興味深いのは、『アカデミー・オブ・マネジメント・ジャーナル』は実証研究を対象とした学術誌であって、理論を専門に扱う学術誌ではないということです（理論と実証の関係については、第二章をご参照ください）。『アカデミー・オブ・マネジメント・ジャーナル』を編集しているアカデミー・オブ・マネジメントという学会は、他に理論専門の学術誌も出版しています。にもかかわらず実証研究の学術誌でも、あえて理論的な貢献を強く求めているのです。

このような世界の経営学者の理論重視の傾向が、理論フレームワークの「サファリ化」という結果に表れている可能性は否めません。すなわち、業績を高める（＝トップジャーナルに論文を掲載する）ための近道とは、既存の経営理論に異議を唱えたり、理論の修正を試みたり、新しい経営理論を提示することなのです。

したがって、フロンティアで活動する経営学者、――とくに業績のほしい若手の研究者――は目新しい理論に注目しがちです。逆に古くなった理論は、たとえ実証研究による検証が十分でなくともそのまま放置されることすらあります。結果として新しい理論が大量生産され、古い理論はそのまま放置され、そして「理論」という冠のついたものがまるでサファリのように乱立するという事態になっているといえます。

経営学や経営戦略論における理論のサファリ化が必ずしもまちがっているというわけではありません。経営学はまだ若い学問領域ですから、真理の探求のために新しい理論的な視座が与えられることは不可欠です。第二章で述べたように、理論は現実を切る刀のようなものであり、理論がなくては複雑な企業や組織の行動を精緻に分析することはできません。

しかし他方で、この理論のサファリ化に警鐘をならしている学者がいることもまた事実なのです。

ハンブリックの批判

ペンシルヴァニア州立大学の著名な経営学者であるドナルド・ハンブリックは、その代表格でしょう。彼は二〇〇四年に『ストラテジック・オーガニゼーション』で、[2] そして二〇〇七年には『アカデミー・オブ・マネジメント・ジャーナル』で、[3] 現在の経営学の理論偏重の風潮を痛烈に批判しています。

二〇〇七年の論文で、ハンブリックは「どんなに重要な経営現象をデータから明らかにしても、そこに理論的な貢献がなければトップの学術誌に論文を発表できない」という現在の経営学の風潮はきわめて問題であると指摘しています。

経営学のこの理論偏重は、他のビジネスに関連する分野――たとえばマーケティング、ファイナンス、会計学など――と比べて異質であり、この意味で経営学はこれらの分野よりもはるかに遅れていると主張しているのです。

ハンブリックによると、二〇〇五年にマーケティング、ファイナンス、アカウンティングの主要な学術誌に掲載された論文のうち、「理論（Theory）」という単語がその中で一度も使われなかった論文が全体の二割以上もあったのに対し、経営学の主要な学術誌ではなんと一〇〇％、すべての論文に「理論」という単語が用いられていたというのです。これも経営学の理論偏重の証左といえるでしょう。

ハンブリックはさらに辛辣です。

(2) Hambrick, Donald C. 2004. "The Disintegration of Strategic Management: It's Time to Consolidate Our Gains." *Strategic Organization* 2(1): 91-98.

(3) Hambrick, Donald C. 2007. "The Field of Management's Devotion to Theory: Too Much of a Good Thing?" *Academy of Management Journal* 50(6): 1346-1352.

たとえば、医学・疫学の世界では、特定の現象と現象（たとえば、喫煙率と死亡率）のあいだに統計的に確かな関係性が確認できれば、たとえ理論的なメカニズムが解明されていなくても、それは重要な発見とされます。

喫煙が死亡率を高めるという事実法則が発見されたことが重要なのです。なぜなら、喫煙率を下げれば死亡率を減らせることがわかったわけですから、たとえ理論的な説明ができなくとも、死亡率を下げるための対処（たとえば禁煙キャンペーン）がとれるからです。

ここでハンブリックは「もし『喫煙率と死亡率のあいだに統計的に確かな関係がある』というような論文が（『アカデミー・オブ・マネジメント・ジャーナル』のような）経営学の学術誌に投稿されても（もちろん現実には医学論文が投稿されることはないのですが、たとえば、の話です）、その論文は（理論への貢献がないので）掲載されないであろう」とさえ述べています。

これはかなりきついジョークですが、まさに現在の経営学の本質を突いた指摘といえるでしょう。

ハンブリックに呼応するように、他の著名な経営学者たちも理論偏重の傾向に疑問を投げかけています。たとえば、ダートマス大学のコンサンティヌ・ヘルファットは、二〇〇七年に『ストラテジック・オーガニゼーション』に発表した論文(4)の中で、実際の経営現象を解明するには、経営学は理論への偏重をやめ「定型化された事実（Stylized Fact）」を検証することにもっと力を入

(4) Helfat, Constance E. 2007. "Stylized Facts, Empirical Research and Theory Development in Management." *Strategic Organization* 5(2): 185-192.

れるべきだと主張しています。

経営学はおもしろくなくてはならないのか

上の点と関連する問題をもう一つあげましょう。それは、現代の経営学では「おもしろい」ということが、優れた研究の絶対的な評価尺度であるということです。

私がピッツバーグ大学の博士課程にいたときにあるセミナーで読んだ論文に、社会学者のマレー・デイヴィスが書いた「これはおもしろい！（That's Interesting!）」という論文[5]があります。一九七一年に出版された古い論文ですが、その後おとなりのカーネギーメロン大学のセミナーでもこの論文を読まされましたし、ベテランの学者からこの論文を読むことを勧められたこともあります。経営学者の多くが一度は目を通す論文といえるでしょう。

この「これはおもしろい！」は、社会科学におけるおもしろい研究とは何か、ということを論じています。その主旨を端的にいうと、「おもしろい」ということは、それまで常識として考えられていたことをくつがえしたり、あるいは今まで考えていたことと異なる意見を主張したり、誰もが考えていなかったようなことを提示することなのです。

実際、みなさんが本を読んだり誰かの講演を聞いたりしているときも、自分が知っていること

(5) Davis, Murry S. 1971. "That's Interesting!: Towards a Phenomenology of Sociology and a Sociology of Phenomenology." *Philosophy of the Social Sciences* 1(4): 309-344.

を何度もくり返されたら退屈に感じるのではないでしょうか。逆に自分が知らなかったことや、自分がこれまで考えていたことと反対の主張を提示されたとき、人は知的興奮を覚えるものです。
つまり、私たちが知的好奇心を刺激されるという意味で「おもしろい」と感じるのは、自分の考えていたことが裏切られるような話を聞いたときなのです。

さて厄介なのは、この「おもしろい」が、世界のフロンティアの経営学者にとっては最上級の褒め言葉だということです。実際、論文を国際的な上位の学術誌に載せるためには、論文は絶対に知的におもしろくなくてはいけません。言い換えれば、これまで当然と思われていた常識を裏切った論文こそが、高く評価される傾向があるのです。

ではこの「おもしろい＝これまでの常識をくつがえす」という基準は、経営学の発展にどこまで貢献しているのでしょうか。

ここに興味深いデータがあります。フロリダ州立大学のミッシェル・カクマールとジョージア・カレッジ州立大学のマイケル・ウィットフィールドが二〇〇〇年に『オーガニゼーショナル・リサーチ・メソッズ』に発表した調査[6]によると、経営学の代表的な「理論」専門の学術誌である『アカデミー・オブ・マネジメント・レビュー』に掲載された理論的仮説のうち、実際にその後研究者によって実証研究された仮説は、実は全体の九％しかないというのです。

(6) Kacmar, Michele K., and Michael J. Whitfield. 2000. "An Additional Rating Method for Journal Articles in the Field of Management." *Organizational Research Methods* 3(4): 392-406.

逆にいえば、実に九〇％以上の理論仮説が、いわば理論家が「言いっぱなし」の状態のままで、本当に現実に即しているのかを検証されないまま放っておかれているのです。

『アカデミー・オブ・マネジメント・レビュー』のようなトップクラスの学術誌に載る経営理論の論文は、読んでいておもしろいことはまちがいありません。それらはつねに斬新で、私たちがこれまで抱いていた経営の常識をくつがえすようなアイデアに満ちています。

しかし、経営理論のおもしろさを追求するということは、現実の経営問題を解決する上でどこまで役に立っているのでしょうか。実証研究でその正しさを検証されることもなく、ただ私たちの常識をくつがえしたように聞こえるだけの理論が、実践のビジネスで経営学を活用したい人々に求められているのでしょうか。

あくまで個人的な意見ですが、私は現在の「知的なおもしろさ」を重視する経営学の風潮はどこかで少し歯止めがかかったほうがよいのではないか、と考えています。経営学はやはり実学としての役割が重視されるべきだと考えているからです。今世界の経営学が重視すべきなのは、たとえ退屈であっても、まさにヘルファットが述べたように、堅固な実証研究に裏付けられた「定型化された事実法則」なのではないかと思うのです。

「なぜサウスウエスト航空が優れているか」は分析できない？

さらにもう一点、重要な課題をあげましょう。

第二章で述べたように、世界の経営学の実証研究では統計的な手法が頻繁に使われます。本書で紹介した研究の数々も、その多くが統計的手法を用いていました。

統計学の普及が世界の経営学の発展に貢献してきたことには疑いの余地がありません。いまや北米や欧州はもちろん香港・シンガポールの経営学の博士課程でも、計量経済学や構造方程式モデルなどの統計手法を学ぶことは必須となっています。

他方で近年になって、従来の統計手法による研究が経営学にどこまで役に立っているのか、という疑問も提示されるようになってきました。それは、統計学とは根本的に「平均」の概念にもとづいた手法であり、そのことが経営学の目的になじまないこともあるのではないか、という疑問なのです。

ここでは複雑な説明は避けますが、経営学で用いられている統計手法は一般にガウシアン統計学と呼ばれ、それはとてもおおまかに言って「平均」の学問です。経営学者はガウシアン統計の仮定のもとに、経営事象のあいだの平均的な関係を検証しているのです。

たとえば、あるデータベースから一〇〇〇企業のサンプルをとって、企業の多角化戦略が利益率に与える影響を、回帰分析（たとえば最小二乗法）というガウシアン統計手法を用いて検証するとしましょう。

分析の結果、マイナス3という統計的に意味のある回帰係数を得たとすると、この結果は「平均すれば、企業の多角化が一単位進展するごとに利益率が三単位低下する」と言っていることになります。

ここで疑問を提示しましょう。私たちが経営戦略論の研究を通じて本当に知りたいのは、はたしてガウシアン統計の手法で得られるような企業戦略の「平均的な傾向」なのでしょうか。

他の学問分野――たとえば経済学――であれば、平均的な傾向を知ることはとても重要です。たとえば「三％の消費税率の増税が平均して個人消費を五％低下させる」ということが統計分析を通じてわかれば、その結果は税制を検討する上で重要な情報となります。

では経営学でも経済学と同じように、すべての企業に関する平均の傾向を求めることがいつも重要なのでしょうか。言い換えれば、経営学者が知るべきこと、そしてみなさんが知りたいことは、平均的な企業戦略の傾向なのでしょうか。

第四章でもとりあげましたが、ここでもサウスウエスト航空を例にあげましょう。

サウスウエスト航空は低価格の航空料金を実現しながら高い顧客サービスも同時に実現するという、ある意味矛盾した戦略を同時に実現している、航空業界では異質の企業です。また、従業員のモチベーションを重視しレイオフをしないという経営方針も、アメリカの航空業界ではきわめて特殊といえます。

この特殊な経営手法を用いながら、同社は株主資本利益率一五％という航空業界では異例ともいえる高い業績を長いあいだ堅持してきました。

サウスウエスト航空は、独創的な経営手法とその成功ゆえに、多くのビジネススクールの授業でケース分析の対象としてとりあげられます。注目したいのは、サウスウエスト航空以外にも、ビジネススクールの授業で頻繁にとりあげられる企業は、アップル、ＧＥ、グーグルなど、独創的な経営戦略をとっているにもかかわらず（あるいはそれがゆえに）優れた成功をおさめているように見える企業なのです。

他方で、この独創的な経営戦略で知られるサウスウエスト航空は、平均的な傾向を分析するガウシアン統計では分析できないかもしれない、という批判があります。

なぜなら、もしサウスウエストが独創的なのに高い業績を出しているのであれば、この企業を回帰分析の対象としてサンプルに含めると、平均的な傾向の直線（回帰線）からかけ離れたところに位置づけられるかもしれないからです。サウスウエスト航空は、いわゆる「外れ値」になってしまうかもしれないのです。

しかし実際は、その外れていること、つまり独創的であることこそが、この企業の競争力の理由なのかもしれません。もしそれが事実なら、もはやガウシアン統計学にもとづいた手法ではサウスウエスト航空については分析できないことになります。

ガウシアン統計が通用しない条件

もちろん、このことは、ガウシアン統計学を使ったこれまでの経営学がまちがっている、という意味ではまったくありませんので注意してください。

第一に、そもそもこれは経営学が何を目的とするかに依存します。

世界の経営学の目的の一つは、第二章で申し上げたように、居酒屋でみなさんが話されているような「経営法則らしきもの」が、多くの企業に一般的にあてはまるのか、経営の真理に近いのかを科学的に検証することにあります。だとすれば企業の平均的な（一般的な）傾向を分析するガウシアン統計分析を使うのはもっともです。

第二に、仮にみなさんが知りたいのが経営の一般法則ではなく、回帰分析で外れ値のようになってしまう特殊な企業のことだとしましょう。しかしその場合でも、「そもそも本当にその企業が回帰線の傾向から外れているのか、そして外れていることが本当にその企業の優れた業績の理由なのか」をまず科学的に検証することは重要です。そしてそのためにはガウシアン統計は有用なのです。

もし仮にサウスウエストが独創的に見える戦略をとりつつ高い業績をあげていても、サウスウエスト一社だけをとりあげて、「この企業は独創的に見えるからガウシアン統計分析の対象としては意味がない」というのは、科学的な態度とはいえないでしょう。なぜなら一社だけをとりあげても、本当にこの企業が他社と比べて独創的なのか、そしてその独創性が業績に本当によい効果をもたらしているのか、検証できないからです。

サウスウエストを他の企業と同じサンプルに加えてしっかりした統計分析を行い、その上でサウスウエストがどうやっても平均的な傾向から逸脱するかどうかを検証することは、同社の独創性を評価するためにも重要であり、そのためにやはりガウシアン統計学は重要なのです。

第三に、シンプルな回帰分析では一見外れ値に見えてしまうような企業も、より精度の高いガウシアン統計手法を用いれば十分に「平均」の範囲内で分析できてしまうことは多くあるのです。やや専門的になりますが、たとえば先ほどの多角化の利益率への影響の例でも、固定効果（Fixed Effect）という手法を使うことができれば、データだけではとらえきれない企業それぞれの固有の特性が利益率に与える影響を考慮することができます。

また、ある企業が一見外れ値のように見えてしまうのは、多角化と利益率の関係が（シンプルな回帰分析が想定するような）いわゆる「正比例」の直線関係になっていないだけなのかもしれません。

たとえば、他企業よりも多角化の度合いが一単位大きいだけなのに、利益率は（正比例の回帰線で想定される）三単位ではなく、五単位も高くなるという一見特殊に見える企業が存在するとしましょう。この場合、それは単に多角化と利益率の関係が正比例でなく、二次曲線のように曲がった関係にあるだけなのかもしれません。だとすれば、二次曲線の関係を回帰分析にあてはめて、その「曲線的な平均傾向」を分析すれば問題は解消します。

さらに、ノンパラメトリック手法というものを使うこともあります。

ノンパラメトリック手法とは、かなりおおざっぱにいえば、「多角化度の高い企業ほど（多角化度の低い企業より）利益率の順位が上になる」という順番を焦点にして分析し、その順番が分析できれば回帰線そのものは正比例だろうが多少曲がっていようがかまわない、というものだと考えてください。このアプローチを使えば、それまで外れ値のように見えていた企業も「順番の平均的な傾向」の範囲に収まるかもしれません。

このように、これまで経営学で用いられてきたガウシアン統計手法は、まちがいなくとても有用です。おそらく多くの一見独創的に見える企業も、洗練された手法を使えば「平均的な傾向」の範囲に落ちる可能性が十分にあります。「サウスウエストは特殊な成功企業の例でありガウシアン統計では分析できない」と主張するには、まずは精度の高いガウシアン統計のあらゆる手法を試し、その上でどうしてもサウスウエストはそれらでとらえきれない、と主張する必要があるでしょう。

しかし、もし本当にサウスウエストがそのようなあらゆる手続きを通してもどうやっても外れ値になり、そしてそれでも（あるいは、だからこそ）サウスウエストが成功しているのはなぜかという秘密をみなさんが知りたがっているのであれば、それは実学としての経営学を考える上で、ガウシアン統計以外の手法を模索する必要があるのかもしれません。

これは経営学の本質的な課題でもあります。

すでに触れたように、経済の平均的な傾向を分析することを主目的とした経済学とは異なり、経営学では「特殊だからこそ成功している企業」にみなさんの関心があることが多いはずです。多くの企業が厳しい競争を行っている中で「ごく一部の勝者」が存在するのがビジネスの現実です。アップルやグーグル、あるいはトヨタやサムスンはその代表例です。実際、ビジネススクールの授業では、こうした企業ばかりがケース分析の題材にとりあげられるのです。

もしこのようなごく一部の勝者が、平均的な企業とはまったく違うメカニズムで勝っているのであれば、そしてそれが既存のガウシアン統計では何をどうやってもとらえきれないのであれば、それらをどのように分析していくかは、経営学をより「役に立つ」ものにするための重要な課題といえるでしょう。

経営学の課題のまとめ

さて、ここまで議論してきた経営学の課題を整理してみましょう。

課題①▼経営学者の理論への偏重が、理論の乱立化を引き起こしている。

課題②▼おもしろい理論への偏重が、重要な経営の事実・法則を分析することを妨げている。

課題③▼平均にもとづく統計手法では、独創的な経営手法で成功している企業を分析できない可能性が残る。

このどれもが、現在の経営学の重要な課題といえます。

では世界の経営学者は、これらの課題に対して、ただ手をこまねいているだけなのでしょうか。そんなことはありません。完全な回答がすべての課題に出ているわけではありませんが、これらの課題を克服するための新たな試みは、すでに経営学者から提示されつつあるのです。

最終章では、フロンティアの経営学者がその本質的な課題に挑戦している新たな試みをご紹介します。

第17章 それでも経営学は進化しつづける

前章では、世界の経営学が直面している三つの課題を議論しました。

課題①▼研究者の理論への偏重が、経営理論の乱立化を引き起こしている。
課題②▼おもしろい理論への偏重が、重要な経営の事実法則を分析することを妨げている。
課題③▼平均にもとづく統計手法では、独創的な経営手法で成功している企業を分析できない可能性が残る。

逆にいえば、これらを克服していくことが、経営学を科学的かつ実用的な分野としてさらに発展させていくための条件なのかもしれません。

ここで私が強調したいことは、このような課題を克服するために新しい試みを行っている研究者もまた多く存在するということです。

彼らの試みがこれらの課題を根本的に解決できるかは、まだわかりません。しかし少なくとも多くの学者が、経営学の本質的な課題に真摯に向き合い、それを克服するための方法を模索していることは事実なのです。

この章では、経営学をさらに「科学的でありながら役に立つ」ものにするために、研究者たちが今まさに進めているフロンティアの試みを紹介します。

エビデンス・ベースト・マネジメント

前章で紹介したハンブリックの批判に呼応するように、一部の著名な学者のあいだでエビデンス・ベースト・マネジメントという考え方が主張されるようになっています。

その代表格はスタンフォード大学の大御所ジェフリー・フェファーやロバート・サットンであり、カーネギーメロン大学のデニス・ルソーでしょう。

ルソーが世界最大の経営学会アカデミー・オブ・マネジメントの総裁を務めていた二〇〇六年

に『アカデミー・オブ・マネジメント・レビュー』に発表した論文(1)は、なかなかの話題となりました。

組織行動研究の第一人者であり、カーネギーメロンのビジネススクールで教鞭《きょうべん》をとる彼女は、この論文の中で彼女の教育人生において大きな失望があったことを述べています。それは、実社会に戻ったＭＢＡホルダーの多くが、ビジネススクールの授業で学んだことを実務ではあまり使わず、以前と変わらず自分の経験や勘、あるいはコンサルティング会社の意見を重用し、「経営学的に正しくない」意思決定をしてしまうことだというのです。

ルソーは、これはけっしてＭＢＡホルダーたちに非があるのではなく、経営学そしてビジネススクール教育のあり方そのものに問題があるためではないか、と主張します。その解決策の一つとして、経営学者がエビデンス・ベースト・マネジメントに注目することを提唱したのです。

エビデンス・ベースト・マネジメントとは、多くの実証研究で確認された経営法則、すなわち「定型化された事実法則」を企業経営の実践にそのまま応用しようという考えです。

前章のハンブリックの論文で紹介されていた医学・疫学での例を思い出してください。

医学・疫学では、たとえ理論的な説明が十分でなくとも、「喫煙と死亡率」のように統計的に確かな証拠（エビデンス）さえあれば、その結果をもとに死亡率を下げるための対処法を考えます。

(1) Rousseau, Denise M. 2006. "Is There Such a Thing as 'Evidence-Based Management'?" *Academy of Management Review* 31(2): 256-269.

エビデンス・ベースト・マネジメントとは、まさにこのやり方を経営学にあてはめようとするものなのです。

経営学には、これまでの実証研究の蓄積により定型化されつつある事実法則がいくつもあります。たとえばこのルソーの論文によると、「高い目標を設定したチームのほうが、そうでないチームよりも優れたパフォーマンスをあげる」ということは組織行動研究の分野では定型化された法則となっているようです。

このような定型化された事実法則を、実際の企業の経営計画や組織デザインに適用することを通じて、その法則の効果を検証したり、その法則の導入プロセスで発生する問題を検証し、そこで得た知見を研究やビジネススクール教育にフィードバックしよう、ということなのです。

エビデンス・ベースト・マネジメントで重要なことは、理論的な説明を重視しないことです。あくまで「定型化された事実法則」を現実の経営にあてはめ、そこからエビデンスをひろってこよう、という考え方なのです。この手法は、まさに理論に偏重した現在の経営学に対するアンチテーゼといえるかもしれません。

エビデンス・ベースト・マネジメントは緒についたばかりで、まだ十分な成果があがっているとはいえません。何よりもこの手法は企業の協力が不可欠であり、企業側としては学者の実験に付き合うようなものですから、それなりのリスクを負担することになります。このような手法は、すでに名を成した学者がコンサルティングの一環として行うことは可能でしょうが、知名度もなく予算も少ない若手の研究者が実施することは難しいかもしれません。

とはいえ、フェファー、サットン、ルソーのような時代を築いた学者たちがこの手法を提唱していることは注目に値します。近い将来、世界中の研究者からエビデンス・ベースト・マネジメントの研究成果が発表されてくることが期待されます。

研究を研究するメタ・アナリシス

さて、ここまで読まれたみなさんの中には、そもそも経営学者はどうやって「定型化された法則」を見分けるのか、という疑問を持った方もいらっしゃるかもしれません。

実は経営学者のいう「定型化された法則」というのは、多くの場合、たんに学者間のコンセンサスによるものです。たとえば、もし「多角化は企業全体の利益率を下げる」という法則が確認されたとしたら、それは「学者の誰もがおおむね『それは正しい』と合意している」ということにほかならないのです。

しかし、このような主観的な合意をもって「その法則が科学的に証明された」と言うことには問題もあるはずです。

たとえば「多角化は企業全体の利益率を下げる」という法則を検証した論文が一〇〇本あったとして、そのうちの六〇本がその法則を支持する一方で、四〇本はそれを支持していなかったらどうでしょうか。この状況でも学者たちはコンセンサスをとれるのでしょうか。仮にその法則を支持するコンセンサスがとれたとして、そのコンセンサス自体が科学的に正しいといえるのでしょうか。客観的にその法則が定型化されたと確認する手段はないのでしょうか。

このような問題意識に対して、経営学者のあいだで近年用いられるようになっているのが「メタ・アナリシス」です。


メタ・アナリシスは、企業データを使う従来の分析手法とは大きく異なっています。それは、これまで蓄積されてきた研究結果そのものをデータとして統計解析を行い、その法則が正しいかどうかを検証する方法なのです。

たとえば「多角化は企業全体の利益率を下げる」という法則が定型化されたものといえるかを検証するとしましょう。

このために理想的な方法の一つは、世界中のあらゆる国のあらゆる産業からあらゆる時点の企業データをとってきて、大規模なサンプルでこの法則を検証することでしょう。しかし実際には、そのようなデータをとることは現実的ではありません。仮に可能だとしても、少数の研究者が行うには時間的・金銭的な負担が計り知れないものとなるでしょう。

これに対して、多角化が利益率に与える影響を分析した過去の研究論文を収集することは、はるかに容易な作業です。今ではインターネットを使えば、一つのテーマに関する既存研究を瞬時に数多く見つけだすことができます。

仮に一〇〇本の過去の論文が見つかったとしましょう。メタ・アナリシスでは、これら一〇〇本の既存研究から、多角化と業績の関係を示すパラメータ（たとえば、回帰分析の回帰係数）などを集めます。そして、その集められた情報を使って、「多角化が企業利益率にマイナスの影響を与える」という法則が正しいかを統計的に検証するのです。

このようにメタ・アナリシスとは「研究を研究する」手法なのです。

この一〇〇本の研究は、対象産業や対象国、対象期間も多岐にわたるでしょう。つまり、わざわざ世界中からあらゆる産業・時点の企業データを収集しなくとも、その法則が普遍性の高いものかどうかを検証できるのです。

経営学でもメタ・アナリシスを使った研究成果が発表されるようになってきています。

たとえばインディアナ大学のダン・ダルトン、キャサリン・デイリー、ジェフリー・コーヴィン、そして米国防総省のデビッド・キングの四人が二〇〇四年に『ストラテジック・マネジメント・ジャーナル』に発表した論文[2]では、企業買収について九六の論文をメタ・アナリシスにより分析し、「他社を買収した企業はその企業価値を下げる」傾向を確認しています。すなわちこの事実法則は定型化されつつある、ということができます。

エビデンス・ベースト・マネジメントやメタ・アナリシスは、前章で議論した経営学の課題のうちの課題①と課題②に対する、経営学者からの回答といえるかもしれません。いずれの手法も、事実を積み上げることを目的としており、けっして知的におもしろい経営理論を生み出すものではありません。しかしこのような地道な事実の積み上げこそが経営学を押し進める原動力となっていくものと、私は期待しています。

「外れ値」企業は分析できるのか

では課題③については経営学者からの回答はあるのでしょうか。独創的な企業、すなわち従来のガウシアン統計分析ではどうしても「外れ値」になってしまう企業を分析することは可能なのでしょうか。

(2) King, David R., Dan R. Dalton, Catherine M. Daily, and Jeffrey G. Covin. 2004. "Meta-Analyses of Post-Acquisition Performance: Indications of Unidentified Moderators." *Strategic Management Journal* 25(2): 187-200.

まず一つの大きな可能性は、統計分析以外の手法、すなわち定性的な手法（ケース・スタディー）に再注目するということではないでしょうか。

私は第二章で、世界の経営学では統計分析が重視されるようになってきており、国際的なトップクラスの学術誌に掲載されるケース・スタディー研究は少数派になってきていることを述べました。

しかし、もし経営学の目的がそもそもガウシアン統計ではとらえきれない「外れ値」の企業を研究するためのものであれば、そのような企業の内状を定性的に深く分析するケース・スタディーはやはり有用なはずです。実際、日本にいらっしゃる経営学者の方々がケース・スタディーを重視する背景の一つにはこのような問題意識もあると私は聞いたことがあります。

その意味で、第二章でも述べたように、近年になって『アカデミー・オブ・マネジメント・ジャーナル』や『ジャーナル・オブ・インターナショナル・ビジネス・スタディーズ』などの主要な国際的学術誌が相次いで定性分析の特集号を組んだことは注目に値します。これは、上記のような背景もあり、定性分析にあらためて注目する必要性を海外の経営学者たちが感じ取っていることの証左なのかもしれません。

第二に、現時点の主流である統計学的なアプローチでも、この「外れ値」問題に対処するために経営学者たちはいろいろと新たな方法を主張しているのです。ここでは代表的な二つを紹介します。

まず、ベイズ統計という考えを使うことが一部の学者から提唱されています。ベイズ統計について議論することは本書の内容を超えてしまいますが、ごく簡単に言って、サンプル（あるいは母集団）全体の平均的な傾向ではなく、観測対象となっている企業一つ一つのパラメーターを確率的にとらえる手法であると考えてください（これでも十分に難解な言葉になってしまっていますが）。こうすることで、企業一つ一つの特性を考慮した分析ができますので、ガウシアン統計では平均から外れてしまう企業についても、その特殊性を考慮した分析ができるのです。

ブリガムヤング大学のマーク・ハンセンとリー・ペリーそしてシェーン・リーセが二〇〇四年に『ストラテジック・マネジメント・ジャーナル』に発表した論文(3)では、ベイズ統計を使ってリソース・ベースト・ビューの検証をしています。

複雑系は経営学に応用できるか

本章ではもう一つのアプローチを少し詳細に説明しましょう。それは複雑系の考え方を経営学に応用しようとする試みです。

(3) Hansen, Mark H., Lee T. Perry, and C. Shane Reese. 2004. "A Bayesian Operationalization of the Resource-Based View." *Strategic Management Journal* 25(13): 1279-1295.

この複雑系（Complex Systems）という言葉も、みなさんにはあまりなじみがないかもしれません。

前章で述べたように、これまで経営学で用いられてきたガウシアン統計は「平均」にもとづいた考えです。前章の例では、「企業の多角化が利益率を三単位押し下げる」という分析結果が得られたならば、その「三単位押し下げる」ということは、企業の多角化と利益率の関係においてもっとも見られやすい平均的な傾向ということになります。

他方、もしサウスウエスト航空が独創的な企業であれば、それは平均的な傾向から離れたとてもまれなケースということになります。そうであれば、ガウシアン統計でとらえきれない可能性が出てきます。

他方で複雑系とは、そもそも事象に安定した平均は存在せず、まれにはとても極端なケースが生じうる、ということを最初から組み込んだ考えなのです。専門的な用語を使うと、これは「ベキ法則」と呼ばれます。

実際、この世の多くの自然現象や社会現象がこのベキ法則に従うことが確認されています。

たとえば、英文における言葉の使用頻度はその代表例です。

分厚い英和辞典を見ていただければわかるように、この世にはとてつもない数の英単語がありますが、その中で人々が頻繁に使う単語の数はきわめて少数です。ごく少数の単語だけが極端に使用頻度が高いという意味で、「平均的な使用頻度」といった考えが通用しない状況なのです。すなわちガウシアン統計ではこの現象を十分にとらえきれないのです。

ビジネス事象で代表的なのは、ＩＴ業界などでよく言われる「八〇対二〇の法則」でしょう。たとえばアマゾンなどが提供するオンライン・ショッピングでは、ある分野のわずか二〇％の商品の売り上げが、その分野の売り上げ全体の八〇％を占める傾向が知られています。これも従来の平均を使った考えではとらえきれない、ベキ法則に即した事象です。

カリフォルニア大学ロサンゼルス校のビル・マッケルビーが英ダーラム大学のピエルパオロ・アンドリアーニと二〇〇七年に『ジャーナル・オブ・インターナショナル・ビジネス・スタディーズ』に発表した論文(4)では、「これからの経営学は、複雑系の発想を取り入れることで独創的な企業に焦点をあてた研究をすべきである」という主張が展開されています。

これまで述べたように、企業の中にはグーグルやマイクロソフトやアップルのように、この世の企業全体から見たらごくまれで、それでいて極端に成功した企業が存在します。そのようなまれで極端な企業をガウシアン統計でとらえるのは限界があり、場合によってベキ法則の分析を活用すべきである、というのがその主旨なのです。

(4) Andriani, Pierpaolo, and Bill McKelvey. 2007. "Beyond Gaussian Averages: Redirecting International Business and Management Research toward Extreme Events and Power Laws." *Journal of International Business Studies* 38(7): 1212-1230.

二〇〇三年に『ストラテジック・マネジメント・ジャーナル』に発表された、現オックスフォード大学のトーマス・パウエルの研究(5)は、私の知るかぎりではベキ法則にもとづく実証研究を行って経営学のトップジャーナルに掲載された最初の論文です。

パウエルはこの論文で、従来の研究が、利益率や市場シェアを企業パフォーマンスの指標として用いていたのに対し、その市場での「勝利(Winning)」の回数、すなわち、業界でランキング一位を獲得した回数を分析しています。

そして企業がその属する産業で一位をとる回数は、見事なまでにベキ法則にしたがっていることを明らかにしました。すなわち、業界ごとにごく一部の特定企業だけが何回も一位をとる、という極端な事例が発生しているのです。

経営学に複雑系を応用すべきという主張は、近年一部の研究者から主張されはじめたものであり、まさに今フロンティアとして立ち上がりつつあるテーマです。したがって、これが本当に経営学の研究を前進させるかは、まだ不透明と言わざるをえません。しかし、私のまわりでもこの考えを応用しようとする若手研究者が出てきていますし、静かなムーブメントになりつつあることはまちがいありません。

(5) Powell, Thomas C. 2003. "Varieties of Competitive Parity." *Strategic Management Journal* 24(1): 61-86.

今後の研究の進展次第では、これらの経営学にもたらされている新しい実証分析手法が、課題③に対する回答となる日が来るのかもしれません。

経営学の未来

この最終章では、これまでの経営学の研究アプローチを根本から考え直すような、新たな動きがあることについて解説しました。

私は、経営学の未来は明るいと思っています。何よりも、前章と本章で紹介したように、ハンブリック、ルソー、パウエルといった大物の研究者たちが、既存の研究のあり方に満足せず、新しいアプローチを提唱していることに未来を感じるのです。そして本書では紹介しきれませんでしたが、彼らの呼びかけに応じるように、中堅・若手の研究者も革新的な研究を次々に発表しています。

経営学はとても若い分野です。たとえば経営戦略論を確立した第一人者であるマイケル・ポーターが『競争の戦略』を出版したのは一九八〇年のことです。他の社会科学分野では、たとえば経済学の父と呼ばれるアダム・スミスが『国富論』を出版したのが一七七六年、ケインズが『雇用・利子および貨幣の一般理論』を発表したのは一九三六年です。そう考えてみると、経営学という学術分野はまだ赤ん坊のようなものかもしれません。

それだけに、経営学研究のあるべき姿については今後も論争が繰り広げられていくことでしょう。そのような論争を通じて経営学が発展することで、日々のビジネスに使える経営学の知見を求めているみなさんにも、その研究の成果がもっと役立っていくのではないかと私は期待しています。

何よりも、本書を通じて紹介したように、世界中の学者が経営学の知のフロンティアを押し進めようと日夜奮闘しているのです。きっと一〇年後には、今とはまったく異なるフロンティアが見えていることでしょう。それを楽しみにしながら、本書を終わりたいと思います。

この本を読んでくださった方へ

本書を読んでいただき、ありがとうございました。

さて今になって本文を読み返すと、ところどころに「念のために」とか「誤解のないように」といった表現が散見されます。大胆なことをそのまま言い切れない小心な私の性格がよく出ている気がします。

そのついでというわけではありませんが、このあとがきでも、本書を読んでくださったみなさんに誤解のないように、三つのことを書かせてください。

第一に、この本ではたびたび「世界の経営学」という言葉を使ってきましたが、実は私はこの言葉を使うのを当初ためらいました。なぜなら「世界の」という表現には、海外のありとあらゆるすべての国が含まれているような印象があるからです。

日本には、海外の経営学を総称して「アメリカ式の経営学」と呼ぶ方がいらっしゃいます。私はその表現には半分賛成で、そして半分は的を射ていないのではないかと思っています。

まず的を射ている点は、海外で普及しつつある経営学の中心となっているのは、やはりまずはアメリカであろうということです。本書で紹介したフロンティアの研究の多くは北米の経営学者によるものですし、理論や実証分析の手法も、最近は欧州やアジア発のものもかなり増えていますが、それでも北米発が多いのが現状だと思います。

では、それを他のすべての国の経営学者がおしなべて採用しているかというと、必ずしもそういうわけではありません。たとえば欧州でも、イギリスやフランスのトップスクールの研究者と比べると、ドイツではまだ同国の伝統的なアプローチが重視されている印象が私にはあります。この本でもドイツの経営学者の研究は紹介できていません。経営学はまだ国によって濃淡があるのです。

他方で残りの半分、すなわち「アメリカ式の経営学」という表現が的を射ていないと思う理由は、趨勢としては、経営学の国際的な標準化が急速に進んでいることはまちがいないからです。

たとえば十数年前まではイギリスの伝統的なアプローチを使う研究者が多かったオックスフォード大学も、最近では国際標準になりつつある（すなわち多くはアメリカ発の）研究アプローチを使う経営学者を外から引き抜いています。フランスでも、もともとアメリカの影響が強いINSEADは言うまでもなく、伝統的なグランゼコールであるHECやESSECの研究者も、本書で紹介したような研究アプローチを使って、本書で紹介したような学術誌に論文を数多く発表するようになっています。

アジアでも状況は同じです。英語圏である香港やシンガポールの大学は言うまでもなく、最近では韓国や中国本土のトップ校も、欧米で博士号をとった経営学者を優先して教員に採用しています。彼らはその国際標準（になりつつある）経営学の基礎を身につけ、本書で紹介したような学術誌への論文掲載を目指しています。

このように、国によって濃淡はあるものの、世界の多くの国で経営学の研究アプローチ、基本的な考え方、投稿すべき学術誌、参加すべき学会、などについての標準化が進みつつあるのです。したがって、より正確にいえば本書がいう「世界の経営学」とは、「世界中のすべての経営学者が必ずしも使っているわけではないけれど、それでも多くの国で急速に標準化が進んできている経営学」のことであると理解していただくのがよいかと思います。

私がみなさんに述べておきたい二点目は、本書で紹介された経営学の研究方法や考え方が「経営学として望ましいありかたである」と、私が主張しているわけではないことです。

社会科学には実証性と規範性という二つの考え方があります。

実証性とは、起きている現象や事実をありのままに記述したり、そのメカニズムを分析することです。他方で規範性とは、それが「社会（あるいは組織・個人）にとって望ましいのか」という、価値判断を議論するものです。

たとえば第一章で私は、アメリカの経営学者はドラッカーをあまり読まないと述べました。それは（私の目を通した）事実、すなわち実証的な話です。ではアメリカの経営学者がドラッカーに興味がないことが「良いことなのか、悪いことなのか」、あるいは「アメリカの経営学者もドラッカーを読むべきなのか」、それは規範的な問題です。

また本書で何度も述べたように、国際標準になりつつある経営学では統計分析が多く用いられます。それ自体はまちがいのないこと、すなわち実証性のある話です。しかしだからといって、それが「経営学の手法として望ましいか」は別の話です。

本書の目的は、世界の経営学のフロンティアの現状をみなさんにわかりやすく知っていただくこと、すなわち実証的な側面に重きをおいています。本文もくだけた表現を使ってはいますが、なるべく実証性を保つように気をつけたつもりです。

他方で規範性の高い主張をしたいときには、「個人的な意見としては」とか、「私はそう思います」といった表現を使って、あくまで私個人の価値判断によるものであることがわかるように書いたつもりです。パートⅢの二章はとくにその風合いを強くしています。

ですから、この本を読んだからといって「世界の経営学はこう進んでいるのだから、経営学はこうあるべきなのだ」と安直に思い込まないでいただきたいのです。少なくともそれは本書の主旨ではありません。

経営学はまだ若い学問です。これからの研究の積み重ねでさらに大きく変化・成長していくでしょう。本書が、経営学に少しでも関心のあるみなさんにとって、「経営学はどうあるべきか」ということをご自身で考える契機になるのであれば、それは素晴らしいことだと思います。

第三に強調しておきたいことは、本書で紹介されたトピックは、世界の経営学のフロンティアで議論されている知の、ほんの、ほんの、ほんの氷山の一角だということです。

世界中で行われている経営学の研究テーマの数はあまりにも膨大です。たとえば二〇一二年に世界最大の経営学会であるアカデミー・オブ・マネジメントの年次総会に投稿された論文の数は六六〇〇を超えます。それだけ違う研究テーマがあるのです。本書だけではこれらをとうていカバーできません。

この本は、あくまで私の独断で「これはみなさんに興味を持ってもらえそうだ」と感じたトピックをいくつかだけ選んで、それをエッセイ風にまとめたものです。みなさんが本書を読んで、その背後にある世界の「経営学の知」がいかに膨大なものかを感じていただけたのであれば嬉しいと思っています。

ではこの本を読んだ後で、世界の経営学のフロンティアをもっと知りたい、と関心をお持ちになった方はどうすればいいのでしょうか。

まず、本書で紹介した経営学者が書いた本の中には日本語に訳されたものもありますので、それらを読むのは一案かもしれません。また日本の経営学者の中にも海外で学位を取ったり、海外の研究事情に精通している方もいらっしゃいますから、そうした方々の著作を読むのも勉強になるでしょう。

『ハーバード・ビジネス・レビュー』も有用です。第一章で申し上げた通りこの雑誌は純粋な学術誌ではありませんが、それでも第一線の学者の研究を経営の実践に応用できるように書き直した「実務論文」が多く掲載されています。『一橋ビジネスレビュー』に代表されるように、日本の素晴らしい経営学者の方々が寄稿している雑誌にも、参考になる知識は多いはずです。

しかし、やはり一番望ましいのは、本書で紹介されたような学術誌に載っている論文を原書で読むことだと思います。

そもそもこれが本書の問題意識だったわけですが、世界の経営学のフロンティアを体系的にまとめたような、しかも日本語で書かれた都合のよい本は、私の知るかぎりこの世にありません。その意味では、おそらくこの本が（トピックはとても限定的ですが）、やはり唯一の本だと思います。

したがって、この本を超えてそのフロンティアの深い知識を得るには、論文を原書で読むのが近道です。もちろんそれには英語の読解力や統計学の知識も必要になりますが、とくに学生さんなどで意欲のある方はぜひ挑戦されてみてください。

さて、本書を執筆する上では多くの方にお世話になりました。

本来は私のキャリアを支えて下さっている方も含めて、もっともっと多くの方の名前を挙げたいのですが、紙幅の都合もありますので、ここでは本書を書くのに直接お世話になった方々のお名前だけ挙げさせていただきます。

なかでも中央大学の山野井順一氏、早稲田大学の樋原伸彦氏、独マンハイム大学の髙橋悠也氏、英オックスフォード大学博士課程の琴坂将広氏、米カリフォルニア大学サンディエゴ校博士課程の牧兼充氏、そして私の親友でもあるベイン・アンド・カンパニーの山本知弘氏及び三菱総合研究所の山本泰史氏には、それぞれ専門家としての立場から本書の草稿を読んでいただき、たいへん貴重なコメントをいただきました。ここにあらためて感謝いたします。

また、英治出版を紹介してくれた慶応大学の井上英之氏と奥様の井上有紀氏にもお礼を言いたいと思います。いまや日本のソーシャルベンチャー界を引っ張っている井上君もまた私の二〇年来の親友なのですが、この本を書くにあたってもまず彼と有紀さんに相談したところ、「それならここがいい」ということで英治出版を紹介してくれて、この本を書くことが決まったのです。
そして、英治出版編集長である高野達成氏にもお礼を申し上げます。私がこの本を書き始めたのは二〇〇九年のことですからすでに三年が経っています。その間、怠惰で遅筆な私に辛抱強くつきあってくださいました。高野さんが担当でなければ、私はとっくに筆ならぬキーボードを投げ出していたでしょう。

このように多くの方々に支えられて完成した本書ですが、言うまでもなく文責はすべて私にあります。本書の内容にいかなるまちがいがあっても、すべて私の責任によるものです。

最後に、本書と直接の関わりはありませんが、私を産み育ててくれた母の紗枝と五年前に他界した父、章男に心から感謝をしたいと思います。

そしてなによりも、奔放に行動する私をいつもあたたかく見守ってくれ、そして私に素晴らしい生き甲斐を与えてくれている息子の章太郎、娘の実紗、そして妻の裕実に言葉に尽くせない感謝をして、本書のあとがきとさせていただきます。

二〇一二年初夏　ニューヨーク州ウィリアムズヴィルにて

入山　章栄

● 著者

入山 章栄
Akie Iriyama

1996年慶應義塾大学経済学部卒業。1998年同大学大学院経済学研究科修士課程修了。三菱総合研究所で主に自動車メーカーや国内外政府機関への調査・コンサルティング業務に従事した後、2003年に同社を退社し、米ピッツバーグ大学経営大学院博士課程に進学。2008年に同大学院より博士号（Ph.D.）を取得。同年よりニューヨーク州立大学バッファロー校ビジネススクールのアシスタント・プロフェッサーに就任し、現在に至る。専門は経営戦略論および国際経営論。

● 英治出版からのお知らせ

本書に関するご意見・ご感想を E-mail (editor@eijipress.co.jp) で受け付けています。
また、英治出版ではメールマガジン、ブログ、ツイッターなどで新刊情報やイベント情報を配信しております。ぜひ一度、アクセスしてみてください。

メールマガジン：会員登録はホームページにて
ブログ　：www.eijipress.co.jp/blog
ツイッター ID　：@eijipress
フェイスブック　：www.facebook.com/eijipress

●『世界の経営学者はいま何を考えているのか』公式ページ

本書の参考文献の一覧や著者へのインタビュー等を掲載しています。
http://www.eijipress.co.jp/sp/keieigaku/

世界の経営学者はいま何を考えているのか
知られざるビジネスの知のフロンティア

発行日　2012年11月25日　第1版　第1刷
　　　　2012年12月12日　第1版　第4刷
著者　入山章栄（いりやま・あきえ）

発行人　原田英治
発行　英治出版株式会社
〒150-0022 東京都渋谷区恵比寿南1-9-12 ピトレスクビル4F
電話　03-5773-0193　　FAX　03-5773-0194
http://www.eijipress.co.jp/
プロデューサー　高野達成
スタッフ　原田涼子　岩田大志　藤竹賢一郎　山下智也
杉崎真名　鈴木美穂　下田理　原口さとみ
山本有子　千葉英樹　村上航
印刷・製本　大日本印刷株式会社
装丁　英治出版デザイン室

ISBN978-4-86276-109-5　C0034　Printed in Japan